© Background Digitals Publishing GmbH
Alle Rechte vorbehalten
ISBN 3-9807328-0-0

Herstellung: Libri Books on Demand

Der Sinnbildner
Hela Bog

I. Kapitel   -Rondas Welt-

Achtzehn Jahre alt, im Jahr 2013, entschlüpfte ich dem belgischen Heimatnest Ronse. In Ronse geboren, Ronda genannt, angeblich haben sich meine Eltern nichts Besonderes dabei gedacht. 2014 und 2015 habe ich Ronse wiedergesehen, zum Weihnachtsfest, bei den Eltern. 2016 sind sie nach Liege gezogen.

Vor ein paar Monaten hatte ich, neugierig auf die alten Schulfreunde, ein Klassentreffen organisiert. Mehr als dreißig Jahre nach Schulabschluss war es erstaunlich einfach, die Daten der alten Kumpel ausfindig zu machen. Sie waren alle in irgendeiner ungeschützten Datenbank registriert. Gekommen sind fast alle, aber es war ernüchternd. Wir hatten uns in der alten Schulkneipe getroffen. Natürlich gibt es die Kneipe noch genauso wie die Schule. Viele waren bis heute in Ronse geblieben. „Auf dem Kommu-Sofa versteinern", nenne ich so etwas. Internet und Fernsehen mögen zwar vor dem puren Verblöden bewahren, aber mit dem wirklichen Leben haben sie wenig zu tun. Einige hatten sogar studiert und sind Lehrer oder Rechtsanwalt geworden, aber trotz ihrer Bildung waren sie totlangweilig - fast schon gestorben -.

Ich hätte meinen alten Kumpanen viel zu erzählen gehabt, aber sie hatten kein Interesse. Ich glaube, ein paar ärgerten sich sogar, dass sie das Kommu-Sofa gegen den Stuhl in unserer Schulkneipe eingetauscht hatten, vermutlich verpassten sie gerade irgendeine Interaktiv-Show. Ein paar Gläser dunkles Bier haben wir getrunken und versucht, alte Geschichten und Lehrer zu erinnern, doch trotz aller Auflockerungsversuche war das Ganze ein Flop.

Meine besten Freunde aus alten Tagen, Zazo und Michel, waren nicht gekommen. Zazo musste ein Computerprogramm umschreiben, und Michel hing vermutlich in Italien zwischen zwei Olivenbäumen in der Hängematte.

Im Anschluss an diesen trostlosen Abend kam mir die Idee, meine Geschichte als Drehbuch zu schreiben. Zugegeben, mich treibt ein gewisser missionarischer Geist, aber ich bin sicher, ein geschickter Produzent würde meine Geschichte so verfilmen, dass Tausende aus ihrer Versteinerung gerissen würden. Das Buch musste ich sowieso schreiben, allerdings aus einem anderen Grund.

Also, 2013, ich war 18, mein Bruder zwei Jahre älter und meine Eltern harmlos. Sie versuchten ständig Harmonie zu organisieren, allerdings mit naiven Methoden. Die Widersprüche des Lebens versuchten sie zu bewältigen, indem sie sich auf das sogenannte „Gute" konzentrierten und das „Schlechte" wo immer möglich verdrängten. Zu diesem Zweck hatten sie einige praktische Schubladen angelegt, in die das Leben sortiert wurde. Ordnung, Fleiß und: „Was du nicht willst, das man dir tu, das füg` auch keinem anderen zu", kamen in die guten Schubladen, während Chaos, Aggression und Zweifel in die schlechten kamen. Natürlich war ich schlecht, als ich mit 18 nach Paris ging, in die kriminelle, abgefuckte französische Hauptstadt.

Dort lebte ich, genauso wie meine Eltern und –zig Millionen andere Arbeitslose von der staatlichen Lebenshilfe, die der französische Staat, beziehungsweise die EU verteilte. Es reichte für ein graues Leben. Ab und zu musste man für die Behörde irgendwelche dummen Arbeiten erledigen. In Paris war Picknickmüllsammeln in den Wiesen und Wäldern der Vorstädte angesagt. Daheim in Belgien ging es um Unkrautzupfen und Fabrikruinen renovieren. Aber wo in den geregelten Bahnen Belgiens Langeweile und Depression Ralley fuhren, war ich in Paris echt gefordert. Hier wollte jeder jedem an die Wäsche, in welchem Sinne auch immer. Natürlich gab es auch in Paris eine gewisse trübsinnige Atmosphäre, weil auch hier, vielleicht noch mehr als in den kleinen Heileweltstädten, die Mehrzahl der Jugendlichen keine Perspektive hatte. Man war arbeitslos, funktionslos, sinnlos und hatte außerdem keine Ahnung, wie das Leben zusammenhing. Aber es gab weniger Kontrolle und dadurch mehr Überlebenstraining. Es war eindeutig die schlechte Schublade.

Nach ein paar Wochen nahm mein Leben in Paris Konturen an: im Vorort St. Denis wurde mir eine Wohnung im Wohnblock >Taurus III d< zugewiesen. Zum Übernachten war das Appartement mit 16 Quadratmetern und schmuddeliger Wohnduschküche minimal besser als die Brücken und Abbruchhäuser, die mich bis dahin beherbergt hatten. In St. Denis waren die Straßen in der Hand schwarzer Gangs.
Unbedarft wie ich war, kam ich in der ersten Nacht singend zu Taurus III d zurück. Angetrunken, unbekannt und weiße Hautfarbe, das konnte nicht gut gehen. Sie hatten einen Winzling vorgeschickt, um mich zu testen. Ein beliebtes Spiel, wie ich später herausfand. Dieser Knabe also tauchte vor mir auf und erklärte, der Wegezoll betrage 100 Euro, worauf ich ihn aus dem Weg schubste. Die Bande, die nach ihm kam, war nicht so leicht aus dem Weg zu schubsen. Aber ich schlug mich wacker. Mindestens drei Mullas habe ich krankenhausreif gekickt. Leider war ich es selber dann auch. Zwei Wochen dauerte mein Aufenthalt im Hospiz und als bleibende Erinnerung an einen hinterhältigen Messerstich habe ich noch heute eine Narbe am Bauch, die regelmäßig schmerzt, wenn sich schlechtes Wetter ankündigt.

Nach der Genesung begannen meine Recherchen nach dieser Gang. So war ich nun mal. Wer mir Übles tat, musste mit Rache rechnen. Ganz vorsichtig fragte ich mich durch, benutzte die Kinder und die Alten im Wohnblock, um den lokalen Matadoren auf die Spur zu kommen. Es dauerte keinen Monat, dann kannte ich die Bande. Ich wusste, wann und wo sie sich trafen und dass sie sich „Jungle Noir" nannten – wie einfallsreich!
Weil ich technisch schon immer ein geschicktes Händchen hatte, installierte ich in ihrem Treffpunkt-Heizungskeller eine

kleine Wanze, die mir ihre Pläne und Ideen verriet. Der Boss wurde von seinen Untertanen respektvoll „Mouräne" genannt und war auch genauso bissig. Ein Kolloss von einem Mann, Hände wie Bratpfannen und Augen, schnell und gierig. Er war ein Raubtier. Komisch, es gibt immer diese Bosse. Und immer laufen Horden von Blödmännern voller Inbrunst hinter solchen Helden her. Für Mouräne war ein Menschenleben ein Dreck, „Fliegendreck", sagte er und ging über Leichen. Ich machte ihn und seine brutale Ader höchstpersönlich für meine Verletzungen verantwortlich. Je näher ich ihn kennenlernte, um so mehr reifte mein Entschluss, ihm eine bleibende Lektion zu erteilen.

Da ich schon immer ein umsichtiger Mensch war, ging ich systematisch an die Sache heran. Mouräne wollte ich langsam aber sicher grillen. Mehr als zwei Monate sammelte ich Informationen über ihn und seine Truppe. Dann unternahm ich den ersten Schritt. Als sie beschlossen, einen Supermarkt zu knacken, gab ich den Bullen einen anonymen Tip. Groß war mein Erstaunen, als ich merkte, dass die Bullen nichts unternahmen. Mein kleiner Sender verriet mir bald den Grund: die Bullen hatten Schiss, außerdem war der lokale Sozialbulle in ihrer Hand, wegen irgendwelcher Sex-Dinge.

Aber Mouräne wusste nun, dass ihn jemand verraten hatte. Natürlich vermutete er den Verräter in den eigenen Reihen, und das war gut so. Es begann Teil zwei meines Grillfestes. Mouräne setzte seine Jungs unter Druck. Er nahm sich einen nach dem anderen vor und quälte sie alle. Niemand wollte ihn verraten haben. Alle schworen ewige Treue. Mouräne war wütend und ratlos. Für den nächsten Coup kündigte er Einzelgespräche an, die alte Vertraulichkeit war dahin. Zwischendurch praktizierte er diverse Tests und Tricks, die mit: „jetzt weiß ich, dass du es warst" und Pistole an die Schläfe setzen, neues Misstrauen und Animositäten schufen. Es kristallisierte sich heraus, dass Mouräne seinem

Kumpanen Franque am meisten vertraute. Mit ihm baldoverte er aus, wie man den Verräter ausfindig machen könnte. Auch erwähnte er Franque gegenüber, dass er beabsichtige, sich mit den >Cool Devils<, einer Nachbargang, zu verbünden, weshalb er jedes Risiko in den eigenen Reihen eliminieren wollte. Die Cool Devils waren eine schwache Truppe, die nur zwei Wohnblocks kontrollierten. Mouräne wollte sie schlichtweg schlucken.
Mein nächster Schachzug war eine coole anonyme Nachricht an die Cool Devils und zwar dahingehend, dass die Jungle Noir Führungsprobleme haben und Mouräne nicht mehr Herr der Lage sei. Ich ließ die Cool Devils wissen, wo Mouräne am kommenden Sonntag mit seinem Unterhäuptling Franque essen ging. In meinem coolen Brief ließ ich außerdem anklingen, dass es nicht unklug wäre, Unterhäuptling Franque ungeschoren zu lassen, da dieser für eine Vergrößerung der Cool Devils gute Dienste leisten könne. Die Antwort ließ nicht lange auf sich warten. Die Cool Devils servierten am Sonntag das Dessert und Mouräne war, deutlich länger als ich, fünf Wochen lang im Krankenhaus. Sein Transport in die Klinik war die optimale Einstiegssituation für mich.
Die heimatlosen Dschungelbrüder fand ich –wo auch sonst– in der Computer-Animations-Spielhalle. Ich war spendabel, und bei einigen Spielen und Drinks lernten mich die Jungs kennen. Meine Freigiebigkeit und mein Erfindungsgeist kamen mir sehr zu Nutze. Ich wusste, was sie wollten: Geld und Abenteuer, und genau das besorgte ich ihnen.
Ich hatte ein paar optimale Einstiegsmöglichkeiten in Luxusvillen ausgekundschaftet und ging grüppchenweise mit den verwaisten Dschungelbrüdern auf Tour. Es gab kaum jemanden, der meine Ideen nicht gut fand. Als Mouräne aus dem Krankenhaus kam, hatten seine Jungs Vertrauen zu mir gefasst. Es stellte sich heraus, dass ich trotz der Kürze der Zeit bessere Karten als Mouräne hatte. Niemand wollte zu Mouräne zurück und das, obwohl ich jedem klarmachte, dass ich nicht böse drum wäre. Sie hatten gemerkt, dass ich der klügere und damit wohl erfolgreichere Boss war. Natürlich

hatte ich die Jungs mental und organisatorisch optimal auf Mouränes Rückkehr vorbereitet.

Mouränes Hass auf Franque und die Cool Devils war unsäglich. Klar, dass er sich im Halbkoma zusammengereimt hatte, dass nur Franque der Verräter sein konnte, denn nur der hatte vom Sonntagsessen gewusst. Auch war ihm, dem schlauen Mouräne, trotz allem Kampfgetümmel aufgefallen, wie merkwürdig zurückhaltend die Cool Devils auf Franque eingedroschen hatten. Die Sache war klar und Franque in Mouränes Sprachjargon „dd" (declared dead). Aus Sicherheitsgründen wollte Mouräne die Cool Devils endgültig erledigen, doch dazu brauchte er die anderen Jungs. Als Mouräne also anfing, seine alten Kumpanen wieder zusammenzusuchen, haben wir ihm eine böse Falle gestellt. Die Details sind mir heute etwas peinlich. Nur soviel sei gesagt: Mouränes Vorstellungskraft ging über das Körperliche kaum hinaus. Wir verabreichten ihm deshalb, gemeinsam mit den Cool Devils, mit denen wir im übrigen freundliche Nachbarschaft pflegten, eine neuerliche heftige Tracht Prügel. Außerdem sorgte ich dafür, dass Mouräne für ein halbes Jahr im Tropenkrankenhaus in Quarantäne verschwand. Mouräne ist später nach Marseille gegangen und von dort aus auf ein Schiff nach Afrika. Ab diesem Zeitpunkt war er mir egal.

Auf diese Art und Weise war ich eher zufällig zum Häuptling einer Vorstadtgang geworden. Weil das nächste Kapitel meiner Geschichte, aus heutiger Sicht, etwas düster ist, möchte ich zur Rechtfertigung vorab ein paar Informationen los werden.

Zu meiner Pariser Zeit waren die Güter der Welt ungerecht verteilt. Es gab die sogenannten „Superreichen", die weltweit noch nicht einmal 5% der Bevölkerung ausmachten, aber mehr als 70% aller Werte besaßen. Diese Leute wurden automatisch immer reicher, was in Frankreich nicht anders war, als in den anderen Industriestaaten. Die meisten

Superreichen saßen in Amerika, die wenigsten in den sogenannten „Entwicklungsländern". Andererseits gab es immer mehr Arbeitslose, denn immer mehr Arbeit wurde von Robotern und Computern erledigt. Der Grund für beides: für die wachsende Arbeitslosigkeit und für den wachsenden Reichtum der Superreichen war das sogenannte >shareholder-value-Prinzip<. Nach diesem Prinzip funktionierte die Weltwirtschaft. Es räumte Unternehmensgewinnen absolute Priorität ein. Mit ständig steigender Tendenz lag die Arbeitslosigkeit in Europa bei real 40%, offiziell bei 20%, denn die Regierungen versuchten, die Tatsache der knappen Arbeit durch Beschäftigungsprogramme zu vertuschen. Die Masse der Jugendlichen war ohne Perspektive. So wie meine Dschungelbrüder tanzten sie orientierungslos durchs Leben. Okay, es gab Sex und Sport (meist Kampf- und Krafttraining), aber wenn das der einzige Sinn ist, dann sind Frust und Verblödung nicht weit. Politiker waren Politiker, weil sie machtgeil waren, und Macht bekamen sie als Marionetten der Superreichen. Sie begründeten ihre Hilflosigkeit mit „Sachzwängen", denn, wo die Politik nicht spurte, gingen die Superreichen mit ihren Produktionen und Werten woandershin, dorthin, wo sie bessere „Rahmenbedingungen", sprich bessere Marionetten fanden. Wie gesagt, der fatalste Effekt des shareholder-value-Wirtschaftens war der ständig wachsende Einsatz von immer perfekteren Robotern und Computern. Vor diesem Hintergrund lebte mehr als die Hälfte der Menschheit in Armut. Alle waren hilflos. Ich war es nicht. Ich benutzte einen Teil meiner Truppe zum Kampf gegen die Ungerechtigkeit, nämlich gegen die vermeintlich Superreichen.

Die Dschungelbrüder waren meine Tarnung. Mit ihnen ging ich auf kleine Touren und half der örtlichen Polizei bei ihren Aufgaben. Wir lebten recht angenehm, und die Blocks, die unter meiner Kontrolle waren, hatten keine Sorgen. Mein Ideenreichtum und die körperliche Kampfkraft meiner Jungs bescherten uns einen beachtlichen Ruf. Schon nach einem

Jahr waren wir in den Wohnblocks Taurus bis Aries mit über 50 aktiven Kämpfern unangefochtene Marktführer. Die Straßenbande, die wir nach außen hin abgaben, war wie gesagt nur die halbe Wahrheit. Die Bande war eine perfekte Tarnung für eine kleine, interne Spezialtruppe. Die fünf klügsten Köpfe meiner Truppe hatte ich nämlich zu den „Insidern" gemacht, einer Elitetruppe, deren Mitglieder niemand außer uns selbst kannte. Wir Insider agierten selten aber effektiv. Unsere Spezialität waren die Superreichen. Truppen wie unsere bildeten sich zeitgleich in Amsterdam, London und Berlin, und das ohne Absprachen und Kontakte. Es waren die Zeichen der Zeit. Paris jedenfalls zollte uns Respekt. Die Pariser Polizei bildete eine Spezialeinheit zu unserer Bekämpfung und die Presse nannte uns „Mistral", weil wir genauso unverhofft und heftig kamen. Mit dem Namen machten wir sogar einer Automarke Konkurrenz. Niemand, auch nicht unsere Frauen, wußten, wer hinter „Mistral" steckte. Für sie waren wir >Jungle Noir<. Mit >Mistral< wurde ich zum Pariser Robin Hood. Wo immer Reiche zu erwischen waren, wir erwischten sie. Wir plünderten ihre Villen, setzten ihre Autos und Motoryachten in Brand und ließen sie für ihren Schutz gut bezahlen. Die Gelder dirigierten wir direkt an Kindergärten, Suppenküchen und Jugendzentren in den Slums. So hatten wir mit der leidigen Übergabeproblematik keine Last. Die Armen mochten uns, wenn auch die Presse alles tat, uns zu verteufeln.

Im Nachhinein muss ich zugeben, falsch gehandelt zu haben. Wir haben zwar niemals Gewalt gegen Menschen angewandt, auch als Insider nicht, doch heute weiß ich, dass Gewalt immer Gegengewalt erzeugt und nichts besser macht. Das Thema Gewalt war für mich damals nichts Besonderes. Gewalt war allgegenwärtig und notwendig. Zumindest dann, wenn man wie ich, auf der Straße lebte. Es kam immer wieder einer, der den Obermohren spielen wollte. Klar, dass der ein paar auf die Ohren bekommen musste. Außerdem gab es Tausende von Verrückte, die zu viel Glotze gesehen hatten und glaubten, dass Schießen und Schlagen den Helden macht. In der Straße regierte die Gewalt, zumindest in unserem Viertel in Paris. Ich habe damals, nachdem ich in einer Schießerei meinen ersten Kandidaten erschossen hatte, ein Gedicht über Gewalt geschrieben. Hier ist es. Wer keine Gedichte mag, so wie ich, soll es überschlagen.

Gewalt

Jesus sagte seinen Feinden:
>Ich wehre mich nicht,
und halte auch die andere Wange hin.<
Er wurde ans Kreuz genagelt.

Ich sagte: >Ich wehre mich.<
Und schoss den Mann,
der mich schießen wollte
ins Grab.

Jesus vergaß die Dummheit der Massen.
Ich vergaß meine eigene Klugheit.
Die Frage ist, wer der Dümmere war,
der Idealist oder der Aktivist.

Wer Opfer vermeiden will,
soll zu Hause bleiben,
die Begegnung mit der Realität
ist immer brutal..

Okay, es reimt sich nicht. Aber ein Gedicht ist es trotzdem. Gewalt jedenfalls, das weiß ich heute, ändert nichts zum Guten. Wenn mich heute jemand angreift, bin ich klug genug, den Geisteskranken zu spielen, wegzulaufen oder von Mensch zu Mensch zu diskutieren, je nachdem, wer da kommt. In der Politik haben die letzten Jahre dasselbe bewiesen: der

Wandel zu einer gerechteren Welt konnte nur friedlich und demokratisch über die Bühne gehen.

Zurück zu den Insidern. Wir haben außerdem den Fehler gemacht, nicht zwischen solchen Reichen zu unterscheiden, die aus eigener Kraft reich geworden sind, und solchen, die nur ihr Supererbe verwalten. Die Notwendigkeit dieser Unterscheidung habe ich erst später durch das Global Justice Movement gelernt. Auch wußte ich damals noch nicht, dass die wirklich Superreichen nach außen hin eher bescheiden auftraten und Glanz und Gloria den Neureichen überließen. Einmal allerdings habe ich die Superreichen mit Sicherheit erwischt, nämlich als wir ein Fest des spanischen Königs im Ritz aufgemischt haben. Wir hatten damals so kostbare Juwelen erbeutet, dass wir sie nur mit Müh und Not in Antwerpen zum Zerschneiden loswerden konnten. Das Echo auf diesen Coup war gewaltig. Aus aller Welt wurden Spezialeinheiten geschickt, um uns zu erledigen. Wir haben die Insider damals einschlafen lassen.

Im Winter 2014 kam ich dazu, mich intensiver mit dem Internet zu beschäftigen. Dort gab es eine politische Entwicklung, die gut zu meiner Robin-Hood-Philosophie passte. Es ging um die Gründung der französischen Global Justice Party (F-GJP).

Überall in Europa und Nordamerika wurden zu dieser Zeit globale Gerechtigkeitsparteien (GJPs) gegründet. Dahinter steckte die Idee des Global Justice Movement (GJM). Die Idee entsprang einem kleinen Roman und verbreitete sich wie der Wind. Es war eine wissenschaftliche Idee und sie war so plausibel, dass sie sogar dem Dümmsten einleuchtete; die genialste Politik-Idee seit Jahrhunderten. Sie räumte mit uralten Ungerechtigkeiten auf. Möglich wurde das GJM durch das Internet, denn fast alle GJPs gründeten sich über das Internet. Dort konnte man diskutieren, Wahrheiten finden und sich weltweit einheitlich verbreiten. Ich war durch den Tip meines Zeitungsverkäufers darauf gekommen. Er hatte mir einen Zettel gegeben, auf dem die Adresse: www.global-justice.org stand. „Sieh mal rein", meinte er, „könnte dich interessieren". Wenn ich es recht überlege, war dieser Zeitungsverkäufer entscheidend für mein weiteres Leben. Vielleicht hat er auch mehr über mich gewusst, als ich dachte.

Also, ich sah unter www.global-justice.org ins Internet und dort erschien folgende Seite. Ich habe sie damals ausdrucken lassen.

GJM = Global Justice Movement

Wir stellen mit weltweiter Geltung fest:

Gerechtigkeit bedeutet eine faire Ausgangsposition für jeden Menschen zu schaffen, die durch Maschinen und Roboter knapp gewordene menschliche Arbeit, leisten zu können.
Gerechtigkeit bedeutet, die Ressourcen der Erde so zu verteilen, dass die, die in der Marktwirtschaft nicht arbeiten können oder wollen, gegen minimale Arbeit in einem globalen Versorgungssystem von dort mit dem Lebensnotwendigen und fairer Bildungsmöglichkeit versorgt werden.
Gerechtigkeit bedeutet, den Erfolgreichen ihr Erworbenes zu belassen aber maximal ein Drittel zu besteuern.
Gerechtigkeit bedeutet, daß pro Lebenspartner (maximal zwei Personen) und Abkömmling ersten Grades höchstens 1,5 Millionen US $ vererbt werden kann und darüber hinaus jedem anderen Erben (maximal drei Personen/Institutuionen) höchstens 100.000 US $ vererbet werden kann. Die frei werdenden Gelder sind zur Schaffung der globalen Gerechtigkeit nach den GJM-Grundsätzen zu verwenden.

Gerechtigkeit bedeutet, dass alle politischen Grundsätze durch demokratische Prozesse bewirkt werden.

Wir stellen weiter fest:

Weder die Europäische Union, noch die NAFTA, noch die ASEAN, noch die MERCOSUR, noch die Einzelstaaten dieser Erde sind in der Lage, allein oder im Bündnis, Gerechtigkeit nach den Grundsätzen des GJM zu organisieren, denn die Macht der Superreichen, die weltweit weniger als 5% der Bevölkerung ausmachen, aber mehr als 70% aller produktiven Vermögenswerte angesammelt haben, beherrscht die heutige Weltpolitik, weshalb C.nur die Organisation völlig neuer Parteien (Global Justice Parties), die den Grundsätzen des GJM strikt verschrieben sind, geeignet sein wird, dieses zu ändern, wobei diese Änderung weltweit so zu geschehen hat, daß in möglichst allen Ländern über demokratische Prozesse GJPs an die politische Macht kommen, und per Gesetzgebung dem Erbe der Superreichen jegliche Fluchtmöglichkeit nehmen.

Zuerst habe ich die Bedeutung dieser Sätzen nicht begriffen. „Schon wieder so ein radikal-politisches Gesabbel", habe ich gedacht und wollte schon weiterklicken, zur Webside einer wirklich süßen Maus, als ich wohl eher aus Verbundenheit zu meinem Zeitungsverkäufer noch einmal auf den button >Diskussion< klickte. Ich wunderte mich sehr, eine hochinteressante, heftige Diskussion zu den Leitsätzen vorzufinden, und nach und nach wurde mir klar, dass hier womöglich eine echte Weltrevolution im Anmarsch war. Würde man das Erbe der Superreichen für eine weltweite Grundversorgung verwenden, würde sich die Welt ziemlich verändern. Es würde, zum ersten Mal in der Geschichte der Menschheit, eine globale Planwirtschaft entstehen. Natürlich wehrten sich die Superreichen. Sie wollten mehr als 1,5

Millionen US $ pro Kind und Lebenspartner vererben und engagierten die besten Wissenschaftler, um die Undurchführbarkeit und die katastrophalen Auswirkungen dieser Idee zu beweisen. Es ging um viel Geld. Ein amerikanischer Harvard Professor hatte ausgerechnet, dass innerhalb der nächsten zwanzig Jahre mindestens 8.000 Milliarden US $ für das Global Justice Movement (GJM) anfallen würden.

Zur Erbschaftsgrenze von 1,5 Millionen US Dollar gab es hochwissenschaftliche Untersuchungen, dass zumindest dieser Betrag frei vererbbar sein müsse um den Anreiz in der Marktwirtschaft groß genug zu halten. Denn ohne Marktwirtschaft würde das ganze System nicht funktionieren. Im Programm des GJM stand, dass die freiwerdenden Gelder einer überstaatlichen Organisation, wie den Vereinten Nationen (UN), zur Verwirklichung der globalen Verteilung zukommen sollten. Der demokratische, weltweite Aufbau von GJPs auf der Grundlage der >Global-Justice-Idee< sollte in den einzelnen Staaten für entsprechende Gesetze sorgen. So einleuchtend und plausibel die Idee war, so schwierig erwies sie sich in der Diskussion. Statistiker und Staatsrechtler aus den reichen Ländern rechneten vor, wieviel schlechter man sich stünde, wenn man dieser „Wahnsinnsidee" verfallen würde. Volkswirtschaftler stritten um die Auswirkungen auf große und kleine Unternehmen, die Weltwirtschaft, die Börsen, die Staatsfinanzen und so weiter.

Ich will hier nicht mit Einzelheiten langweilen, aber aus zwei Gründen wurde die Diskussion im Internet für meine persönliche Geschichte wichtig.

Die Menschen, die um die Machbarkeit der globalen Gerechtigkeitsidee stritten, waren hochintelligente Spezialisten. Leute, wie ich, konnten nur staunen, mit welchen Argumenten sie aufeinander losgingen. Zum Glück hatten ein paar französische und deutsche Studenten einen Service für Normalsterbliche eingerichtet, wo die wichtigsten Diskussionsergebnisse einmal pro Woche in französisch, englisch und deutsch und zwar allgemeinverständlich zusammengefasst wurden. Unter www.global-justice-party.org veröffentlichten sie ihren Service. Komisch, immer wieder haben Studenten aus diesen beiden Ländern den Gang der Geschichte maßgeblich beeinflußt. Ich sah mir die Entwicklung des GJM ein paar Wochen lang an und kam zu dem Schluss, dass es mir als Pariser Robin Hood gut zu Gesicht stünde, der französischen GJP beizutreten. Aus meiner Sicht stand fest, dass die Idee realisierbar war. Weder Weltkonzerne noch kleinere Betriebe würden zugrunde gehen. Man würde die Finanzämter der Einzelstaaten einbinden, um das Erbe zu erfassen und Tricksereien aufzudecken. Dafür würde im Gegenzug den Einzelstaaten ein Teil des Erbes überlassen. Man würde die Grundversorgung auf Grundnahrungsmittel, Minimalwohnraum, Energie, Wasser, medizinische Grundversorgung und Bildung beschränken und somit der Marktwirtschaft genügend Raum lassen. Spezialisten hatten berechnet, dass 60% der Gesamtwirtschaft durch eine gut funktionierende Marktwirtschaft abgedeckt wäre.

Überall fanden die GJPs regen Zulauf. In Amerika versuchte man, sie verfassungsrechtlich zu verbieten, was an den liberalen amerikanischen Verfassungsrichtern scheiterte. Wir in Paris druckten Flugblätter, verteilten sie in der Stadt und machten unsere GJP überall bekannt. Dabei vereinfachten wir die Sache ein bißchen, aber wir mobilisierten die Massen. Unsere Flugblätter sahen ungefähr wie folgt aus:

In der heutigen Marktwirtschaft hat die Hälfte der Menschheit keine Chance mehr.
Die Superreichen besitzen 70 % der Instrumente der Marktwirtschaft, weshalb die Marktwirtschaft vor allem ihnen nutzt.
1.500.000 US $ pro Kind und Lebenspartner sind genug als Erbe!

Die globale Gerechtigkeitspartei will die Welt wieder ins Gleichgewicht bringen.
Die Erde wirft genug für alle Menschen ab.
Wir sind für die Marktwirtschaft, doch wo sie keine Chancen lässt, soll das Lebensnotwendige über eine globale Planwirtschaft verteilt werden.
Darum wählt die französische Global Justice Party.
Infos unter: www.global-justice-party.org

Ich habe leider kein Flugblatt mehr von damals, so dass ich nur aus der Erinnerung schreiben kann. Wir haben mit unseren Sprüchen jedenfalls erfolgreich für das GJM geworben.

Was die Diskussion im Internet anging, war ich bis dahin nur Beobachter. Mit dieser Passivität war Schluss, als es darum ging 200 Millionen US $ sinnvoll einzusetzen, die einige Reiche, denen die Idee des GJM gut gefiel, spontan dem GJM, beziehungsweise den verschiedenen GJPs gespendet hatten. Im Internet diskutierte man darum, wie man das Geld verwenden sollte. Klar war, dass es nicht in den GJP-Parteien versickern sollte. Man wollte Spektakuläres damit tun. Was die hohen Herren im Internet zusammendiskutierten, war aber aus meiner Sicht ziemlich kurzsichtig. Die Mehrheit der Spezialisten hatte sich nämlich dafür ausgesprochen, das Geld den Vereinten Nationen zu geben, damit dort an der Verwirklichung der globalen Gerechtigkeitsidee gearbeitet werden konnte. Der Präsident der UN hatte, genauso wie einige andere hohe UN-Beamte, die Diskussion in diese Richtung gelenkt. Zugegeben, auch im GJM-Programm war die UN als möglicher Träger der globalen Verteilung genannt worden, aber aus meiner Sicht handelte es sich bei der UN-Organisation um einen nicht gerade zuverlässigen Kandidaten. Nicht, dass ich UN-Spezialist war, aber eine gewisse Ahnung sagte mir, dass man mit diesem Verein vorsichtig sein musste. Ich dachte darüber nach, wie ich als Superreicher einen Angriff des GJM abwehren würde und kam zu dem Schluss, dass ich eine Falle organisieren würde. Die Vereinten Nationen hatten zwar ehrenvolle Ziele, aber sie waren jahrzehntelang Spielball der reichen Länder gewesen. Ihre Finanzen und Führungspositionen unterlagen zu einem nicht geringen Teil der Kontrolle der reichen Länder und damit der Superreichen. Was wäre, wenn die UN die Gelder kassieren und dann alles verzögern, zerreden würden. Vielleicht würden sie UN-Beschlüsse fassen, die das GJM-Ziel so abschwächen, dass es für die Superreichen erträglich wäre. Wie gesagt, es war nur so eine Ahnung. Ich setzte mich also hin und formulierte ein Schreiben, das ich schließlich ins Diskussionsforum: www.global-justice.org schickte. Das Schreiben lautete wie folgt:

Sehr geehrte Damen und Herren,
ich bin nur ein einfacher Mensch, aber bei der Vergabe der GJM-Gelder bitte ich zu bedenken, dass die Vereinten Nationen womöglich offiziell überhaupt nicht bereit sind, die Idee des GJM 100%ig zu vertreten. Aus meiner Sicht wäre es unverantwortlich, den Vereinten Nationen GJM-Gelder auf das persönliche Votum ihres Präsidenten und einiger hoher Vertreter anzuvertrauen, ohne zuvor ein offizielles, eindeutiges Votum der UN „100% pro GJM" eingeholt zu haben. Vielleicht müsste man sich sogar trotz eines solchen Votums Sicherheiten geben lassen.

Mit freundlichen Grüßen

P1
Kopie dieses Schreibens gelangt an meine Partei, die GJP-France, Paris.

Soweit so gut. Die Antwort ließ nicht lange auf sich warten. Der Vorstand unserer französischen GJP gratulierte mir per e-mail zu meinem klugen Einwand. Auch in der Diskussion der Spezialisten setzte sich zunächst zögernd, dann jedoch verstärkt die Meinung durch, dass der „P1-Einwand" gar nicht so dumm sei. Man rang sich durch, von der UN ein offizielles, 100%iges Bekenntnis zu den GJM-Grundsätzen zu fordern.

Und nun ging die Ralley los. Die Vereinten Nationen spalteten sich. Die Vertreter der armen Länder und der UN-Präsident setzten sich pro GJM ein. Der amerikanische Staat signalisierte, dass mit jeglicher UN-Subvention für immer und ewig Schluss sei, falls die Mitglieder der UN sich mehrheitlich für das GJM aussprechen würden. Einige europäische Länder meinten, dass die sogenannte „Entwicklungshilfe" schon alles richtet. Am Ende überwog die Meinung, dass eine solch ehrwürdige Institution wie die Vereinten Nationen unabhängig bleiben müsse und ihr Schicksal nicht mit waghalsigen Experimenten a` la GJM verknüpfen dürfte.

Der „P1-Einwand" –überall wurde er so genannt- hatte gezogen. Man feierte mich als Retter der GJM-Gelder. Zugegeben, ich war stolz. Was ein paar Tage später kam, glich einem Stoss ins kalte Wasser. In meiner Mailbox fand ich folgendes Schreiben:

Absender: Koordinationsrat der Global Union,
Adressat: P1 z.Zt. Paris, Rue de la Galette, France,
Sehr geehrter „P1",
Wir würden uns sehr freuen, wenn Sie dem neu gegründeten Koordinationsrat beitreten würden. Der Koordinationsrat hat sich gebildet, nachdem die Vereinten Nationen in ihrer Sitzung vom 02.03.2015 beschlossen haben, nicht Träger der weltweit einheitlichen Erbschaftsregelung des GJM sein zu wollen. Wir wollen als globalen Träger des GJM die Global Union (GU) gründen.
Die GU soll der Träger der globalen Gerechtigkeitsbewegung werden. Näheres wird der Koordinationsrat erarbeiten. Bitte kontakten Sie uns unter: http.gu-koordinationsrat.579.gb .
Geben Sie diese Adresse bitte nicht weiter, da sie nur einem ausgewählten Personenkreis bekannt gegeben wird, um die

Ausgewogenheit und Effektivität unserer Diskussion zu gewährleisten.

Mit den besten Grüßen
GU-Koordinationsrat
Serena Costa

Ich sollte also Mitglied dieses Koordinationsrates werden, um den Aufbau der „Global Union (GU)" zu organisieren. Ich sah unter: gu-koordinationsrat-579.gb nach und fand die Diskussion bereits in vollem Gange. Hier ein Auszug aus den Protokollen, die ich mir damals habe ausdrucken lassen:

Prof. Bouvier (aus Paris): „Die Idee der globalen Gerechtigkeit wurde geboren, um das Problem der weltweiten Arbeitslosigkeit zu lösen. Es wäre nur folgerichtig, wenn wir mit dem ersten Geld etwas Sinnbildliches für dieses Problem tun. Symbole bewegen die Welt. Wir sollten als Symbol einer neuen Ära das Zentrum der Global Union bauen. Ein monumentales Gebäude."

John Darwell (Amerikaner): „Symbole sind bisher immer zerstört worden. Baut ein Symbol und irgendjemand wird es in die Luft sprengen."

Prof Kent (Deutschland): „Als erstes müssen wir die Idee des GJM stärken, das heißt: wir müssen die GJPs fördern. In vielen Ländern haben die GJPs nicht das Geld, sich ordentlich zu organisieren, geschweige denn, ihren Mitgliedern Computer fürs Internet zur Verfügung zu stellen. In einigen Ländern gibt es keine GJPs. Die ersten Gelder sollten eingesetzt werden, um den GJPs den Weg zu bahnen."

Isma Mbumara (Nigeria): „ Auf unserem Kontinent sterben in jeder Minute 2 Kinder. Wenn ihr wirklich Wichtiges leisten wollt, dann gebt ihnen Medizin und Nahrung."

Frau Iljakowa (Rußland): „Sowohl als Symbol als auch als Nahrungsquelle schlage ich vor, die ersten Weizenfelder zu kaufen. Jeder sollte sehen, das die GU Ernst macht mit der Idee der Grundmittelversorgung."

Mr. Wright (England): „Wo es um Verteilung geht, geht es um Begehrlichkeiten. Es ist mit absoluter Priorität vonnöten, ein unmanipulierbares Computersystem zu entwickeln, das Bewirtschaftung, Bedarfsermittlung und Verteilung organisiert."

„Wir müssen für die Global Union als erstes einen Vorstand und einen parlamentarischen Beirat gründen", wollte Jose Maria Lopez aus Brasilien wissen.

Mit den unterschiedlichsten Argumenten wurde gestritten, und ich saß wieder staunend vor dem Bildschirm. Schließlich druckte ich diejenigen Vorschläge aus, die mir am besten gefielen. Aus dieser Sammlung kluger Gedanken bildete ich, so gut es ging, Symbiosen, die ich dann als Lösungsvorschläge brachte. So wurde ich zwar nicht zum Vater neuer Gedanken, aber den einen oder anderen Denkanstoß habe ich wohl doch gegeben. Spezialisten irren manchmal in ihren Gedankentunneln umher und sehen vor lauter Spezialisierung das Licht nicht mehr. Ich war wohl einer der wenigen im Koordinationsrat, dessen Heimat die Straße war, oder besser gesagt, ich war jemand, der es trotz dieser niederen Herkunft wagte, den Mund aufzumachen. Eine Frau Dreyer, von der ich damals noch nicht ahnte, dass sie einmal wichtig für mich werden sollte, machte mir per e-mail Mut:

„Sehr geehrter P1, Sie sagen, dass Sie von der Straße kommen. Seien Sie stolz darauf. Ihr praktisches Denken hat uns schon einmal gerettet."

Wir diskutierten einen Monat lang und kamen schließlich zu folgender Entscheidung: Wir kauften 80.000 acre Weizenfelder in Südrußland und gaben GUGLOBE in Auftrag. Im Vergleich zu heute war GUGLOBE damals eine winzige Computeranlage. GUGLOBE sollte die globale Planwirtschaft steuern. In den Grundzügen wollten wir das Programm schon jetzt auf sämtliche spätere Aufgaben vorbereiten. Damit hatten wir zwei Fliegen mit einer Klappe geschlagen: Zum einen konnte die Global Union 2018 zum ersten Mal Lebensmittel für die schlimmsten Notfälle selber ernten und zum zweiten hatten wir eine echte Testmöglichkeit für GUGLOBE. Wir wollten in der Praxis überprüfen, ob das System funktioniert. Alles sollte einsatzbereit sein, wenn die GJPs in den Parlamenten erfolgreich waren und der Global Union (GU) die Erbschafts-Gelder besorgten. Die Tests verliefen problemlos, so dass wir ein Jahr später als dritten Effekt eine schöne Reklame für die GU hatten. Bei unserer ersten Entscheidung im Koordinationsrat war zudem noch genügend Geld übrig, um in Lagos/Nigeria das erste GU-Gesundheitszentrum zu bauen.

Die Arbeit des Koordinationsrates dauerte länger als geplant, denn je mehr Menschen sahen, dass die Idee der globalen Gerechtigkeit Wirklichkeit wurde, um so mehr Parteibeitritte und Spendengelder bekamen wir. Wir wählten einen GU-Vorstand, der aber wenig zu sagen hatte. GUGLOBES Kompetenzen waren schon damals so weitreichend, dass für menschliche Entscheidungen kaum Raum war. GUGLOBE zog seine Daten aus verlässlichen Quellen, er analysierte wissenschaftliche Statistiken, Forschungen, Bevölkerungsentwicklungen, medizinische Daten, Wettereinflüsse, Satellitenbilder und vieles mehr. Aus all diesen Daten entwickelte er Entscheidungs- und Handlungsvorschläge für die Bebauung von Agrarflächen, Wohnungen, Krankenhäusern und Energieversorgern. Aufgabe des Vorstands war hauptsächlich die Plausibilitätsprüfung.

Die Mitgliedschaft im Koordinationsrat war ein Ehrenamt, das heißt, wir bekamen kein Geld dafür. Auch die Funktionäre der

GJPs bekamen kein Geld. Die globale Gerechtigkeitsbewegung wollte sich eindeutig von den üblichen politischen Parteien unterscheiden. Ich weiß nicht mehr, wie lange ich dort im Internet diskutiert habe, aber zwei Jahre werden es wohl gewesen sein. Je mehr Geld die GU bekam, umso mehr Beschlüsse fassten wir. GUGLOBE und der neue Vorstand übernahmen unsere Arbeit nach einer gründlichen Testphase erst im Jahre 2019.

Eine Sache, die wir im Koordinationsrat noch angeleiert haben, und die der neue Vorstand dann in die Tat umgesetzt hat, war die Geschichte mit den Sinngebern und Sinnbildnern. Ich will die Hintergründe kurz erzählen, weil mein persönliches Schicksal damit zu tun hat:

Es gibt den Spruch >Der Mensch lebt nicht vom Brot allein, die Seele will auch genährt sein<. Dieser Spruch wurde schon damals immer wichtiger. Zu Urzeiten, als der Mensch mit Steinen hinter wilden Tieren herjagte, waren seelische Bedürfnisse eher unwichtig. Man hatte genug mit leiblichen Bedürfnissen zu tun. Im Laufe der Jahrhunderte entsprang dem Menschengeschlecht der eine oder andere Philosoph und Religionsstifter, was den Erdbewohnern ein bißchen mehr Geist bescherte. Trotzdem war bis ins dritte Jahrtausend die Arbeit das Wichtigste, sozusagen die Fortsetzung der Steinzeitjagd. Tagein, tagaus musste man für Brot und Butter kämpfen, sprich arbeiten. Dann kamen die Computer und Roboter. Sie übernahmen die Arbeit und viele Menschen wurden frei. Man hatte plötzlich Zeit und keine Arbeit mehr. Mancher kam damit nicht zurecht und wurde unglücklich. Manche Leute waren genetisch oder durch Erziehung so sehr auf „Leistung und Arbeit" getrimmt, dass sie nichts gleichwertig befriedigen konnte. Freizeit konnte keine Sinn-Alternativen bieten. Ich wurde in dieser Zeit geboren und mit mir meine Jungle Noir und Millionen anderer frustrierter Jugendlicher. Das sogenannte Establishment hielt krampfhaft an den Idealen „Erfolg durch Leistung und Arbeit" fest. Ihm ging es um die Aufrechterhaltung der alten Ordnung und vor allem um Machterhalt. Zu diesem Zwecke dienten ihnen Medien- und Filmproduktionen. Dort wurde unverdrossen das hohe Lied der Marktwirtschaft gesungen. Menschlicher Erfindungsgeist und menschliche Arbeit wurden als erreichbares Ideal hingestellt. Einzelne Staaten und Machtblöcke konkurrierten um Wachstum und Marktanteile. Der Versuch, das menschliche Leben über die Marktwirtschaft zu organisieren, obwohl die meiste Arbeit von Maschinen erledigt wurde, konnte logischerweise im Ergebnis für fast die Hälfte der Menschheit zu keinem Erfolg führen. Wirklich erfolgreich waren diejenigen, denen es gelang, Computer und Roboter noch effektiver zu gestalten. Das aber beschleunigte den Umbruch-Prozess.

Wir, in den Straßen der Städte, wussten genau, dass diese high-tech-Welt für uns keinen Platz hatte. Wir waren nicht qualifiziert genug. Wir waren Tür- und Eckensteher und ab und zu auch Papiersammler. Wir waren Sinnlose, genauso wie die Unterprivilegierten der sogenannten Entwicklungsländer. Genau wie sie waren wir von der Gnade irgendwelcher Staatsorgane abhängig. Ja, es war eine Gnade, in dieser marktwirtschaftlich organisierten Gesellschaft als Arbeitsloser durchgefüttert zu werden. So waren die Definitionen, und deshalb waren wir frustrierte Sinnlose. Eigentlich hätte man von uns mehr erwartet. Und weil wir sowieso Versager waren, kam es auf die eine oder andere Untat auch gar nicht an. Schlimmer konnte es sowieso nicht kommen. Wenn wir für ein paar Wochen oder Monate im Knast saßen, dann war das O.K., dann waren wir unter uns und hatten einen geregelten Tagesablauf, vielleicht sogar einen Anflug von Sinn und Arbeit. Ich kannte genug Frustrierte, denen alles so verhasst war, dass ihnen ihr eigenes Leben nichts wert war. Sie riskierten ihr bißchen Leben, indem sie auf fahrende Containerzüge sprangen oder sich mit anderen Frustrierten heftige Schießereien lieferten.

In Amerika hatte diese Entwicklung absolut skurrile Formen angenommen. Konkurrenzkampf wurde nirgendwo so verherrlicht, wie dort, und ständig lief irgendwo einer Amok. Der Staat vollstreckte eine Todesstrafe nach der anderen und wunderte sich, dass die Lebensverachtung der Menschen ständig zunahm.

Aus diesen Gründen hatten wir im Koordinationsrat beschlossen, den Arbeitslosen der Welt nicht nur materiell, sondern auch seelisch zu helfen, zumindest am Anfang. Wir waren überzeugt, dass die GU den Arbeitslosen besser helfen konnte, als irgendeine andere Organisation. Immerhin war die GU völlig frei von marktwirtschaftlichen Idealen. Sogar die Kirchen versuchten nämlich damals, ›profit-center‹ aufzubauen. Der Bacillus profit-maximus hatte fast den gesamten Erdball infiziert. Aber auch nur fast, denn es gab uns. Für uns konnte das Leben auch unabhängig von Angebot und Nachfrage gesund sein. Den Jugendlichen der Großstädte wollten wir „Sinngeber" zur Seite zu stellen, die keine Ideale predigten. Im Gegensatz zu traditionellen Sinnvermittlern verkauften wir keine Träume, weder von fairen Chancen in der Marktwirtschaft, noch von irgendwelchen Religionen. Unser Programm war anders. Bei uns konnte man etwas finden, das eigentlich für immer verloren schien, nämlich eine idealtypische Welt, jenseits von Leistungen und Konkurrenzen. Während die Ideale der Marktwirtschaft „Kampf und Profit" hießen, war unser Thema „Gerechtigkeit". Wir hatten ein reales Ideal. Wer wollte bestreiten, dass „Leistung und Konkurrenz" eher mit „Kampf und Steinzeit" zu tun haben, als mit erstrebenswerten Fortschritten der Zivilisation. Unser Begriff von Gerechtigkeit ließ die Seelen-Herzen höher schlagen. Abgesehen davon war für die Hälfte der Menschheit „Leistung und Konkurrenz" sowieso ein illusorisches Ideal, denn es gab objektiv zu wenig menschliche Arbeit.

Wir drehten den Spieß also um. Wir machten aus den Verlierern der Markt- und Konkurrenzwelt die Gewinner der neuen Gerechtigkeitswelt. Wir machten jedem klar, dass die Marktwirtschaft für die Hälfte der Menschheit ein unerreichbarer Traum war, und dass mit der Idee der Globalen Gerechtigkeit eine neue zweite Welt, eine gerechte Verteilungswelt entstehen konnte. Wir bauten die planende Schwesterwelt der Marktwirtschaft. Wir brauchten keine Konkurrenz und keinen Leistungsdruck. Wir brauchten ideelle Unterstützung und überzeugte Menschen für unsere Idee. Wer uns half, half gleichzeitig sich selber, und die einzigen, die durch unsere Idee Schaden erlitten, waren die Erben der Superreichen. Doch selbst denen ließen wir soviel, dass sie sich keine Sorgen machen mussten. Wir entdeckten die Planwirtschaft neu. Nach ihrem diktatorischen Desaster in den früheren kommunistischen Staaten war sie totgesagt gewesen. Wir machten die Planwirtschaft zum demokratischen zweiten Teil der Weltwirtschaft, zu dem Teil, in dem die Verlierer der Marktwirtschaft leben konnten und zwar ohne das Gefühl, versagt zu haben, oder Schmarotzer zu sein. Wir forderten die Jugend der Welt auf: „Helft uns, eine neue Welt zu bauen. Die Marktwirtschaft braucht eine starke Schwester." Zugegeben, der Slogan hat die Sache ein wenig vereinfacht, aber im Kern hat er deutlich gemacht, dass es darum ging, eine neue Welt der Gerechtigkeit aufzubauen.

All das hatte ich im Koordinationsrat mitberaten, diskutiert. Vor allem hatte ich Ratschläge gegeben, mit welchen Formulierungen man die Jugendlichen der Städte ansprechen musste, um unsere Idee plausibel zu machen. Gerade bei diesem Thema hatte man mich immer wieder um Rat gefragt. Ich war schließlich Spezialist auf dem Gebiet „Straßenkinder". Trotzdem staunte ich nicht schlecht, als ich vom Vorstand der GU folgende mail bekam:
Werter P1, Sie haben der Global Union in der Vergangenheit unschätzbare Dienste erwiesen. Ihre Sachkenntnis und Kreativität verdienen Bewunderung. Da Sie einen natürlichen Zugang zu den Jugendlichen von Paris haben, möchten wir Ihnen den Posten des ersten Sinngebers von Paris anbieten.

Konditionen und nähere Einzelheiten besprechen Sie bitte mit Frau Dreyer: dreyer@global-union.org .
Herzlichen Glückwunsch.
Mit den besten Grüßen
Global Union –der Vorstand-

Spontan lehnte ich ab. „Soweit kommt es noch", dachte ich. Ich und Ordnungshüter… O.K., Sinngeber waren keine Polizisten, aber ich war trotzdem eher das Gegenteil. Auch wenn ich im Koordinationsrat Ratschläge für Sinngeber gegeben hatte, gehörte ich zu denen, die die Sinngeber bekehren sollten. Ich war der Boß von Jungle Noir -von meinen Mistral-Insidern mal ganz zu schweigen-.

Natürlich wollte man mit diesem Angebot meine Mitwirkung im Koordinationsrat belohnen, weshalb meine Absage den Vorstand der GU wohl vor den Kopf gestoßen hat. Mir war das egal. Ordnungskraft oder Sozialarbeiter, solche Spießigkeiten passten nicht zu mir.

Ich hatte das Sinngeber-Angebot fast vergessen, als besagte Frau Dreyer –nicht dumm– über Ben, unseren armen Sozialpolizisten, Kontakt zu mir suchte. Dreyer, der Name kam mir bekannt vor, aber ich konnte ihn nicht mehr einordnen. Das erste Treffen mit ihr werde ich nicht vergessen. Es war Dezember 2018. Seit langem hatte Paris mal wieder Schnee und das weihnachtliche Konsumkarussell zentrifugierte menschliche Güte.

Sie war mir sofort sympathisch. Etwa 50 Jahre alt, mit Augen, die lebendiger nicht sein konnten. Ihre weißen Haare hatte sie zu einem Zopf zusammengebunden. So, wie sie mir gegenüberstand, schien sie in ihrem Inneren ständig zu lächeln. Alle möglichen Kleinigkeiten begeisterten sie, und was am Leben merkwürdig und ärgerlich war, amüsierten sie eher, als dass sie sich darüber aufregte. Wenn es so etwas wie positive Menschen gibt, dann war sie einer. Für ihren

Besuch bei mir hatte sie einen burschikosen Auftritt gewählt. Lange braune Lederhosen und eine dicke Felljacke gaben ihr den Touch einer kanadischen Rancherin. Wir saßen in meinem Lieblingscafe, als mir klar wurde, dass diese Frau vom Vorstand der Global Union kam. Sie sagte: „Sie wollten mich nicht besuchen, also komme ich zu Ihnen." Ich versuchte ihr klarzumachen, dass ihr Besuch vergeblich sei. „Falls Sie versuchen sollten, mich zum Sinngeber zu machen, tut es mir leid", sagte ich. „Ich werde niemandes Angestellter sein, dafür liebe ich meine Freiheit zu sehr."

Sie lächelte nachsichtig, was ich jedem anderen als Überheblichkeit angekreidet hätte. Bei ihr war es anders, sie wusste, sie würde gewinnen, und ich glaube, ich ahnte es auch schon am Anfang.

Ihre Art zu reden war sanft und massiv. Mit keinem Wort war sie vorwurfsvoll, und doch entblößte sie mein kleines eigennütziges Ich. Sie machte mir klar, dass ich mein Leben als Kampf- und Lusteinsatz begriff. Ich gab ihr Recht; denn meiner Überzeugung nach ging es immer nur um Liebe, Geld, Anerkennung und Revierkämpfe. Ich war egoistisch und zwar mit Überzeugung. Innerhalb von drei Stunden bewies sie mir, dass das Leben mehr ist. Sie verpasste mir sozusagen eine Grundlektion in Sachen Sinnfindung. Zuerst baute sie mich auf: „Sie haben Charisma und Köpfchen. Nicht zufällig sind Sie Boss einer Straßengang. Mit Ihren Gaben tragen Sie heute schon für mehrere Personen Verantwortung. Ihre Jungle Noir sind Ihre Schutzbefohlenen, und wenn Sie ehrlich sind, überfordert Sie das nicht im geringsten. Sie könnten mehr Aktivitäten vertragen, oder?" Eigenartig verschmitzt grinste sie mich an, und ich fragte mich, ob sie etwas von den „Insidern" wußte. Aber sie wollte auf etwas anderes hinaus. Sie betonte –was ich im übrigen schon wusste–, dass die Global Union eine sehr spezielle Organisation sei. Nicht vergleichbar mit etwas Dagewesenem. „Wir verschmelzen viele Ideen der Gerechtigkeit", erklärte sie und erzählte

Hochtrabendes von Freiheit und Gleichheit, von historischen Ausmaßen und Verantwortungen. Hellhörig wurde ich erst, als sie mir ihre Idee des Lebens erzählte.

Sie erklärte: „Jeder Mensch hat zwei Kraftzentren, die bei Geburt gleich stark sind: das materielle und das seelische Kraftzentrum. In der Regel gewinnt das materielle Zentrum die Überhand. Diesem materiellen Zentrum geht es um Begierden: um Hunger, Durst, Sexualität und Geltungsdrang. Es mobilisiert enorme Kräfte. Was tun wir nicht alles für Geld und Liebe…! Ursache dieser Begierden ist unsere materielle Existenz, unser Körper. Fast ständig schreit er nach mehr, nach Essen, Trinken, Geld, Macht und Sex."

Das alles war mir nichts Neues. Sie fuhr fort: „Das materielle Zentrum ist Ihre hauptsächliche Kraftquelle, aber Sie tragen auch diese zweite, vernachlässigte Quelle in sich, das Kraftzentrum der Seele. Auch Ihr Geist versucht, Ihrer Seele Nahrung zu geben. Musik, Naturgenuss, Freundschaften und gute Bildern sind Seelennahrung genauso wie Philosophie und Religionen. Damit will die Seele dem Leben mehr entlocken, als schlichte Triebbefriedigungen. Seelen wollen wachsen und sich vervollkommnen. Sie erahnen Wahrheiten und bewirken intuitive Handlungen. Ich glaube, sie sind der göttliche Teil in uns Menschen."

Frau Dreyer lachte: „Ist es nicht komisch, wir mühen uns so sehr ab, für den materiellen Teil von uns, der sowieso bald stirbt, und für die Seele, die göttlich, vielleicht unsterblich ist, tun wir so wenig."

Ich fragte sie, ob sie einer bestimmten Religion angehört, und sie antwortete Erstaunliches: „Religionen sind, wie gesagt, der schöne Versuch, der Seele Nahrung zu geben. Ob es Christentum, Islam, Hinduismus oder Buddhismus ist, alle Religionen sind gleichermaßen gut. Ich glaube, es gab viele Boten Gottes auf der Erde, nicht nur Mohammed, Buddha und Jesus. Sieht man das Leben ohne persönliche Begierden, aus der Sicht der Seele, könnte man die Idee haben, dass wir Menschen auf der Erde im Urlaub sind."

„Im Urlaub?", überrascht sah ich sie an. „Wieso im Urlaub?" – „Urlaub vom Geist", antwortete sie und lachte herzhaft. Dazu schlürfte sie genussvoll ihren Milchcafe. „Stellen Sie sich vor, falls die Seele wirklich göttlich, vielleicht unsterblich ist, dann lebt sie vermutlich nach dem Ende unserer materiellen Existenz in einer geistigen Welt ohne Körper weiter. Kein Mensch weiß, wie diese Welt aussieht. Aber stellen Sie sich vor: eine Welt voller Seelen. Es gibt nur geistige Beschäftigungen. Keine Materie. Kein Duft von Blumen, kein Meer, keine Zärtlichkeit der Haut und kein Geschmack von süßem Milchcafe oder salzigen Cashewkernen. Glauben Sie nicht, dass die Seele irgendwann Lust auf all diese materiellen Köstlichkeiten bekommt? Immer nur geistige Nahrung und niemals Nougatschokolade? Irgendwann rauschen die Seelen zu Gott oder zum göttlichen Urlaubsbeamten und reichen Urlaubsantrag ein: Genussurlaub auf der Erde. Der ist sicher besonders beliebt."

„Und was ist mit den Tausenden, die verhungern, was ist mit den Kindern, die im Krieg erschossen werden? Die haben sicher keinen Spaß im Urlaub." – „Das," so meinte Frau Dreyer, „ist das Problem der eigenen Verantwortlichkeit. Wir Menschen sind verantwortlich für unser Tun. Stellen Sie sich vor, Gott würde sofort eingreifen, wenn Ungerechtigkeiten oder Brutalitäten geschehen. Es gäbe zwar keine Ungerechtigkeiten und Kriege mehr, aber was wäre der Preis? Würde Gott jede Ungerechtigkeit korrigieren, würden wir uns am laufenden Band wundern, warum die Dinge anders kommen, als es die Naturgesetze vorschreiben. Und würden Übeltäter Gottes Strafe direkt erleiden, es gäbe aus Furcht vor der automatischen Strafe keine Übeltäter mehr. Es wäre eine Welt ohne eigene Verantwortlichkeit und ohne Freiheit, eine merkwürdige Welt. Da ist unsere Welt zum Glück anders.

In unserer Welt gelten die Naturgesetze, und weil das so ist, sind wir in unseren Entscheidungen frei. Wir müssen, besser gesagt, wir dürfen wählen, was wir tun. Wir wählen zwischen Gerechtigkeit und Ungerechtigkeit, zwischen Brutalität und Sanftmut, Krieg und Frieden. Und wenn Menschen Kriege führen und kleine Kinder töten, dann können sie das, weil sie in ihrer Entscheidung frei sind. Vermutlich muss ihre Seele dafür geradestehen. Und wenn Menschen hungern, obwohl die Erde genug Nahrung für alle hat, dann ist das möglich, weil die Menschen in ihren Entscheidungen frei sind. Vermutlich müssen die Seelen derer, die für eine solche Verteilung Verantwortung tragen, dafür geradestehen. Vielleicht ist es sogar so, dass die Entscheidungen zwischen >gerecht< und >ungerecht< oder >gut< und >böse< zum Urlaub dazugehören. Vielleicht sind wir nicht nur im Genussurlaub, sondern auch im Bildungsurlaub für die Seele. Ein Bildungsurlaub, vielleicht zum Thema >gut und böse<, wer weiß das?"

Die Idee, das Leben als Urlaub zu begreifen, begeisterte mich. Es war das Gegenteil von dem, was die meisten Religionen predigten. Dort kam man zum Urlaub, zum Paradies, erst nach einem gottgerechten Leben. Frau Dreyers Paradies existierte heute schon, hier vor meinen Augen. Mir war diese Vorstellung –obwohl ich an den ganzen religiösen Käse ohnehin nicht glaubte– eher sympathisch, als die Idee, sich erst benehmen und abstrampeln zu müssen, bevor man –nach dem Tode– gut behandelt wird. Seit langem hatte mir keine Idee so gefallen. Spontan sagte ich, dass ich jetzt, wissend um die galaktische Urlaubstheorie, sicher sei, dass meine Seele Urlaub und nicht Arbeit bräuchte. Frau Dreyer lachte herzhaft. Wir diskutierten das Für und Wider ihrer Theorie mit viel Spaß, und je länger wir sprachen umso klarer wurde mir, dass diese Erklärung des Lebens plausibler war, als alle anderen Theorien und Religionen. Frau Dreyer nutzte meine Begeisterung schamlos aus: „Natürlich sind Sie wie jeder andere Mensch frei, sich für eine gerechtere Welt einzusetzen, oder nicht. Wenn es Ihnen genügt, das nächste Käsebrot oder die nächste hübsche Frau zu ergattern, dann beschweren Sie sich nicht über die schlechte Qualität ihres Urlaubsortes."

Als Frau Dreyer dann fragte, ob ich –wenn ich es nicht selber machen wollte- jemanden kenne, der Sinngeber in Paris werden könnte, hatte sie mich schon fast weich gekocht. „Dieser erste Sinngeber wird in Paris ein Symbol sein. Ganz Frankreich wird auf ihn schauen und die Global Union an ihm messen. Er wird zeigen, was die GU kann. Wir müssen jemanden finden, der Kraft für diesen Job hat und außerdem das Vertrauen der Jugendlichen. Kennen Sie jemanden, dem Sie das zutrauen?" Sie hatte die richtigen Strippen gezogen, und ich entdeckte eine neue Eigenschaft an mir: >Idealismus<. Natürlich wollte ich meine Freiheit nicht völlig aufgeben, also gestand sie mir zu, weiterhin Boss der Jungle Noir zu bleiben. Auch konnte ich den Sinngeber-Job jederzeit beenden. So wurde ich 2019 der erste Sinngeber der GU in Paris, für mich das erste Mal, dass ich durch reguläre Arbeit Geld verdiente. Sinngeber verdienten damals 3000 US $ monatlich netto. Übrigens: die Idee, dass unser Leben auf der Erde Urlaub ist, prägt mich bis heute.

Frau Dreyer lud mich anschließend für drei Wochen zum Skifahren nach Kanada ein. Sie war so smart, mir nicht zu verraten, dass dort ein Bildungszentrum der GU auf mich wartete. Ich hatte noch nie auf Skiern gestanden, also nahm ich die Einladung voller Freude an. Einen Monat später saß ich im Flugzeug nach Toronto –mein erster Flug überhaupt–. Toronto war kalt, Minus 20 Grad Celsius. Zum Glück hatte ich meine fellgefütterte Lederjacke dabei. Vom Flughafen aus ging die Schnellbahn nach Saracuse und von dort aus der Bus weiter Richtung Telton. Nach zwei Stunden Fahrt gab es dort draußen nur noch Wald und Schnee, kein Haus, und keinen Menschen zu sehen; eine traumschöne Winterlandschaft, inmitten der Apalachen. Die Sonne ließ Tausende von Eiskristalle wie Diamanten blinken. An der Endstation wartete Jeff, der Skilehrer, zwischen ein paar Holzhäusern auf mich. Mit einem Motorschlitten sausten wir durch den glitzernden Schneewald; alles kam mir sehr unwirklich vor. Nur ein paar Stunden zuvor hatte ich in der Pariser Metro gesessen und jetzt diese wilde Naturwelt.

Das Schulungszentrum bestand aus Blockhütten, mitten im Wald. In einer großen Hütte waren Restaurant mit Versammlungsraum und in einundzwanzig kleineren die Unterkünfte der Seminarteilnehmer. Außerdem gab es noch eine Blockhüttensauna. Siebzehn künftige GU-Mitarbeiter aus Asien, Australien, Europa und Amerika waren eingeladen. Außer mir gab es noch sieben weitere Sinngeber, die andere waren „Papiertiger". Wir nannten sie so, weil sie nicht von der Straße kamen wie wir, sie waren Theoretiker, und das sah man ihnen an. Wir Sinngeber waren von anderem Schrot und Korn. Irgendwie standen unsere Füße fester auf dem Boden, was allerdings nicht fürs Skifahren galt. Unfreiwillige Salto Mortale auf Skiern gelangen uns allen gleich gut. Es machte großen Spaß. Unermüdlich zog Jeff uns mit dem Motorschlitten die Berge hinauf. Ab 15 Uhr sammelten wir Holz für die Öfen, und ab 16 Uhr diskutierten wir im Versammlungsraum bei Glühwein und kleinen Snacks über die GU-Philosophie. Kleine Übersetzungscomputer machten die englische Sprache zur Verständigungsbasis.

GU-Philosophie, dazu gehörte jede Menge Wissenschaft, Volkswirtschaftslehre, Psychologie, Politikwissenschaft und so weiter. Nach drei Wochen konnte ich leidlich Skifahren und fast genauso plausibel wie Frau Dreyer die Gerechtigkeitstheorie der Global Union erklären. Das Ende dieses bleibende Kopf-Bilder erzeugenden Schneeerlebnisses kam viel zu schnell. Frankreich und vor allem Paris sah ich nach der Ur-Natur mit anderen Augen – etwas distanzierter.

An meinem Lebensstil hat sich durch den Sinngeber-Job nicht viel geändert. Ich blieb in den Aries- und Taurus-Wohnblocks Boss der Jungle Noir. Meine Frustrierten habe ich als erste missioniert. Ja wirklich, als Sinngeber war ich Missionar der GU. Ich machte die Gerechtigkeitstheorie bekannt und meinen Frustrierten klar, dass sie keine Versager sind. Ich habe ihnen erklärt, dass es auf der Erde sowieso zu wenig Arbeit für alle Menschen gibt. Ich habe ihnen die Propaganda der Superreichen und ihrer Fernsehanstalten erklärt. Ich hielt meine erste vorbereitete Rede vor mindestens hundert Jugendlichen aus den Wohnblocks Taurus bis Aries. Und ich war gut. Fast alle sind anschließend der GJP beigetreten. Den Spickzettel für diese Rede hab ich heute noch. Hier ist er:

Leute,
ihr wisst, ihr könnt euch auf mich verlassen. Und wenn ich jetzt Sinngeber der Global Union bin, dann kann euch das nur nützen. Ich habe von der GU viele Sachen gelernt. Zum Beispiel, dass überall in der Welt Millionen von Jugendliche ohne Arbeit sind, und dass all diese Leute keine Versager sind. Wir sind die Kämpfer der Straße, das weiß jeder, und wir sind stolz darauf. Wer uns als Außenseiter der Gesellschaft behandelt, der hat nicht kapiert, dass die high-tech-Gesellschaft nur noch für jeden zweiten Chancen hat. Für die Hälfte der Pariser gibt es keine Jobs, keine schicken Häuser, keine Autos und keinen Urlaub. In anderen Gegenden der Erde sieht es noch schlimmer aus, da leben ganze Bevölkerungen so wie wir, und noch schlechter. Was machen wir in einer Welt, die so wenig Arbeit hat? Wir tun jedenfalls nicht mehr so, als wäre es unsere Schuld. Wir spielen nicht mehr die underdogs. Wir klettern aus unseren Heizungskellern heraus und bauen eine gerechtere Welt. Überall in der Welt gründen sich GJPs und einige sind sogar schon in die Parlamente gekommen. In ein paar Jahren werden die GJPs ein weltweites Erbrecht aufbauen, das für eine gerechte Verteilung sorgt. Es geht nicht darum, dass wir jemandem seinen Erfolg nicht gönnen. Es geht nicht um Neid. Es geht

nicht darum, dass wir verhindern wollen, daß jemand seine Kinder versorgt. 1,5 Millionen US Dollar, Leute! Wer soviel Geld hat, der braucht sich keine Sorgen machen, zumindest dann nicht, wenn er das Geld sinnvoll anlegt. Wenn jeder von euch 1,5 Millionen US $ geerbt hätte, hättet ihr jetzt glücklichere Gesichter. Leute, das ist es, was die GU will: nur das Erbe, das 1,5 Millionen US $ übersteigt, soll einkassiert werden und für eine globale Planwirtschaft mit minimaler Grundversorgung eingesetzt werden. Die Rechnung stimmt. Das was ein paar Familien seit Generationen zu viel haben, genügt um eine weltweite Grundversorgung für Arbeitslose zu organisieren. Ihr fragt: warum weltweit ? Warum nicht? Jeder Staat für sich, so wie bisher? Ich sage euch, deshalb weltweit, weil das Arbeitslosenproblem ein weltweites ist, und die Superreichen ansonsten Verstecken mit den Ärmsten und Hilflosesten spielen. Es soll kein Verhungern mehr auf dieser Erde geben, bloß weil ein paar –wenige– Familien in Geld schwimmen. Alle Arbeitslosen, auch die in Afrika und Asien sollen minimal versorgt sein. Und minimale Grundversorgung heißt: nur das Minimum, so dass man Grundnahrungsmittel und ein Dach überm Kopf hat, aber nicht in Wohlergehen schwelgt. Es muss den Anreiz geben, das Sofa zu verlassen, das Leben in die Hand zu nehmen, kreativ zu sein, die eigene Versorgung zu verbessern. Aber es muss auch die Selbstverständlichkeit geben, in dieser Welt ohne Arbeit versorgt zu sein. Und es muss Chancengleichheit geben, die Kinder müssen Schulcomputer und Lehrer bekommen. Leute, lasst uns Sinnvolles tun, für uns und für die Gerechtigkeit, lasst uns die Idee der globalen Gerechtigkeit unterstützen. Wer mitmachen will, bekommt von mir alle Informationen. Und ihr bekommt mehr. Ihr bekommt endlich eine sinnvolle Aufgabe. Ihr könnt alle Kämpfer für die Idee der globalen Gerechtigkeit werden. Wir werden die ersten sein, die das Wort „Globalisierung" zum Guten wenden und es nicht auf Konzernpolitik sondern auf Gerechtigkeit anwenden. Wer für die Idee der Globalen Gerechtigkeit kämpfen will, dem besorge ich das nötige Wissen und Training. Traut euch, Leute, wir leben in einer Aufbruchzeit, brecht auf!

So war das damals. Wir Sinngeber waren Gipfelstürmer. Während die staatlichen „Resozialisierungskollegen" immer noch versuchten, Resozialisierung mit menschlicher Arbeit zu bewerkstelligen, waren wir von der GU logischerweise einen Schritt weiter. Vielleicht bringe ich es auf den Punkt, wenn ich sage, dass die Menschheit damals wegen der marktwirtschaftlichen Propaganda zu dumm war zu erkennen, dass langsam aber sicher andere Sinninhalte nötig waren, als die der menschlichen Arbeit.

Die Vereinten Nationen versuchten damals übrigens eine Art Gegenpropaganda. Nachdem sie der globalen Gerechtigkeitsidee abgeschworen hatten und vor allem, nachdem man sah, wieviele junge Leute den GJPs zuströmten, hatten allen voran die USA den Vereinten Nationen (UN) haufenweise Geld zur Verfügung gestellt, um sogenannte >Entwicklungshilfeprojekte< für die >Dritte Welt< aufzubauen und vor allem junge Leute dort einzubinden. Das Ablenkungsmanöver zog allerdings nicht. Zu offensichtlich war der Unterschied zwischen der GU und den UN. Bei der GU wussten nicht nur die armen Länder, sondern auch die Jugendlichen, dass es um eine grundsätzliche Änderung der Verteilungsgerechtigkeit ging. Unsere Idee ließ die Verlierer der Marktwirtschaft nicht mehr von den Gewinnern abhängig sein. Bei uns gab es eine gleichberechtigte Parallelwelt zur Marktwirtschaft. Die Arbeitslosen der Welt, vor allem die Armen Afrikas waren nicht mehr Bittsteller der reichen Verteilerländer. Sie hatten nicht mehr das Gefühl, Verlierer und Menschen dritter Klasse zu sein (der damals benutzte Name: „Dritte Welt" für solche armen Länder sagt eigentlich schon alles). Jeder wusste: Die Global Union baut den Verlierern der Marktwirtschaft eine weltweite Planwirtschaft und, was genauso wichtig war, GUGLOBE war unbestechlich. Gerechtigkeit kam unabhängig von persönlichen Beziehungen zum Zuge.

Als Sinngeber hatte ich großen Zulauf. Im Laufe der Jahre sind Tausende Jugendliche durch mich zur GJP und zur GU gekommen. Meine Jungle Noir organisierten >EN RUE<, die erste Straßenzeitung der französischen GJP. Die Zeitung war ein Renner, weil unsere Tips für billigen Einkauf, gute Parties und Insider-News immer erstklassig waren. Meine Leute gehörten zu den ersten, die in die GU-Camps durften. Das GU-Camp im südrussischen Weizengebiet haben meine Leute mehr oder weniger alleine aufgebaut. Einige haben dort sogar eine neue Heimat gefunden. Lara, meine wildeste Frustrierte ist Krankenpflegerin im GU-Krankenhaus in Kalkutta geworden. Es kamen Fernsehteams, die Berichte über den Pariser Sinngeber und seine >Angle Noir<, so nannten sie meine Jungle Noir, machen wollten. Niemals hätten wir Kämpfer der Straße uns solch konstruktive Lebensinhalte träumen lassen. Aber auch als Sinngeber musste ich kämpfen. Die heftigsten Angriffe kamen von Faschisten und von der Presse. Was die Faschisten anging, hatten wir keine Probleme. Selbst als diese Trottel ihre Truppen aus ganz Frankreich nach Paris zogen, um unseren „Multikulti-Schmutz zu bereinigen", haben wir mit ihnen Katz und Maus gespielt. Wir haben sie in Paris Karussell laufen lassen und zugegeben, in den etwas engeren Gassen auch ab und zu aufs Maul gehauen. Schwieriger war es mit der Presse. Im Fernsehen und in den Hochglanz - Jugendzeitschriften wurden wir als Kommunisten, als Zerstörer der Weltwirtschaft und satanische Sektenangehörige bezeichnet. Nichts ließ man unversucht, uns schlecht zu machen. Und das, obwohl im Jahre 2018 die französische GJP in den Parlamentswahlen schon über 25% der Stimmen bekommen hatte, ganz ähnlich übrigens in Italien und Deutschland. Die Attacken der Presse führten dazu, daß unsere EN RUE-Zeitung immer beliebter wurde. Frau Dreyer besorgte uns nahmhafte Wissenschaftler, die in allgemeinverständlichen Artikeln aufklärten und kluge Antworten auf dumme Vorwürfe gaben.

Mein spezieller Draht zu Frau Dreyer half mir sehr. Ob es um Informationen und Argumente ging, oder um Unterstützung für meine Leute, sie hatte immer ein offenes Ohr für mich. 2020 wurde sie die erste Sinnbildnerin der GU und damit offiziell zuständig für uns Sinngeber in Europa und Nordamerika. Sie war unser Anlaufpunkt, wenn wir Bitten und Sorgen hatten, und jedes Jahr veranstaltete sie ein Supervising in Kanada. Ich glaube, sie liebte die Natur dort genauso wie ich. Ab 2020 trafen wir Sinngeber uns regelmäßig alle sechs Monate in Gruppen von jeweils 20 Leuten in den kanadischen Wäldern. Im Sommer paddelten wir mit Kanus, im Winter fuhren wir Ski. Das eigentliche Supervising bestand darin, dass Frau Dreyer mit jedem von uns stundenlange Einzelgespräche führte. Sie wollte herausfinden, ob wir in unseren Jobs glücklich waren. Ich war es, total, aber es gab andere, die echte Probleme hatten. Maria aus Rom beispielsweise, sie war katholisch erzogen und voller Idealismus zur Global Union gekommen. Nachdem sie Sinngeberin von Rom geworden war, hatte die katholischen Kirche und die italienische Mafia sie zermürbt. Die Kirche warf ihr vor, Jesus verraten zu haben, und die Mafia belästigte ihre Eltern. Oder Pierre, Sinngeber in Marseille, er war zu sensibel für den Job. Seine persönliche Güte kam mit der Härte der Straße nicht klar. Frau Dreyer fand für alles eine Lösung, sie war genial.

Apropos Mafia: vor allem die russische Mafia hatte versucht die GU zu stoppen. Ihre Bosse gehörten zu den Superreichen und nach alter Mafia-Manier wollten sie die Köpfe der GU „ausschalten". Bei unserem ersten Sinngeber-Supervising im Winter 2020 erzählte Frau Dreyer, dass zwei russische Wissenschaftler, Mitglieder der russischen GJP, ermordet worden waren. „Russland ist ein schwieriges Land," meinte sie, und ich prophezeite ihr, dass es in Rußland eine Revolution geben würde, womit ich Recht behielt. Das russische Volk war für die GU-Gerechtigkeitsidee, das war klar. Klar war auch, dass Politiker und Wahlen manipuliert wurden. Internet-Anschlüsse waren im ländlichen Russland die Ausnahme. Flugblätter, Mundpropaganda und prominente Sportler verbreiteten unsere Idee. Zum Glück war die Botschaft kurz und einfach: „Nehmt den Superreichen das Erbe und laßt die GU mit dem Geld weltweit eine Schwesterwirtschaft zur Marktwirtschaft, eine globale Planwirtschaft, bauen." Das konnte jeder verstehen. Man sagt, politische Geschichte neige zu Wiederholungen. So war es auch in Russland. Die Mafia-Bosse hatten ehemalige Staatskombinate und Bodenschätze untereinander aufgeteilt, Polizei und Militär bekamen ihren Teil davon ab. Als mit der GJP eine ernstzunehmende politische Kraft auftrat, versuchten sie mit Gewalt Demokratie zu verhindern. 2023 fegte das Volk sie hinweg. Es gab die zweite große russische Revolution. In den darauf folgenden demokratischen Wahlen erhielt die russische GJP auf Anhieb über 50 Prozent. Zu dieser Zeit waren mehr als die Hälfte der Russen arbeitslos. Das russische Parlament beschloss, der GU den Besitz riesiger Bodenschätze und Ländereien zu übertragen. Russland wurde ein Land, in dem die GU Mühe hatte, der Bevölkerung klarzumachen, dass man die Marktwirtschaft nicht abschaffen wollte. Für die GU tat sich eine verkehrte Welt auf. Während man normalerweise beweisen musste, daß die GU-Planwirtschaft kein Feind der Marktwirtschaft ist, war es in Russland, ähnlich wie später in China, andersherum. Hier musste man erklären, daß die Marktwirtschaft nicht der Feind der GU ist. Es schien, als wollten die Russen die Zeit zurückdrehen und die Planwirtschaft als Allheilmittel einführen. Mühsam ermunterten russische GJP und GU die Russen, sich selbstständig zu machen und eigene kleine Betriebe zu gründen. GUGLOBE bestand eine weitere Bewährungsprobe. Er rechnete aus, dass die russische Marktwirtschaft um ein Drittel wachsen muss, um ins Gleichgewicht mit der notwendigen Planwirtschaft zu kommen. GUGLOBE rechnete auch aus, dass die Anschubfinanzierung für dieses Drittel problemlos aus GU-Mitteln abgeleitet werden konnte. Es gab außer der GU nur noch wenig Organisationen und Konzerne, die es noch einmal mit der russischen Marktwirtschaft versuchen wollten. In Rußland betätigte sich die GU also als Förderer der Marktwirtschaft. Und das war konsequent, denn in den Jahrzehnten zuvor hatte es in Rußland nur Unterdrückung statt Förderung von Selbstständigkeit gegeben. Die Gerechtigkeitstheorie der GU aber setzte ein Gleichgewicht zwischen machbarer Marktwirtschaft und notwendiger Planwirtschaft voraus. Mafia Bosse, die die Revolution im Ausland überlebt hatten, wurden radikal verfolgt, enteignet und eingesperrt. Trotzdem dauerte es zwanzig Jahre bis in Russland eine normale Marktwirtschaft gewachsen war.

Im Winter-Camp 2021/2022 lernte ich meine spätere Frau kennen. Ich, der ich die Freiheit so sehr liebte, habe geheiratet. Es war dasselbe Dilemma wie beim Sinngeber-Job: ich wollte frei sein und hab mich doch gebunden. Zugegeben, der Job als Sinngeber war grandios. Auf der Straße war ich in meinem Element und dank der GU-Unterstützung konnte ich meiner Kreativität freien Lauf lassen. Neben der üblichen Tätigkeit als Motivationstrainer und Ideenfinder organisierte ich Feten, Fahrradralleys, Kontaktbörsen und so weiter. Logisch, dass ich viele hübsche Frauen kennenlernte, mehr jedenfalls als der Durchschnittsbürger. Ich war auch nicht zu schüchtern, den Süßen nahezutreten und sie in den Genuss meiner zarten Seele und meines harten Körpers zu bringen.

Julia war anders. Ja, so ist es. Es sind immer die, die anders sind. Sie schaffen das, was andere nicht schaffen. Julia war nicht nur hübsch, sie hatte Humor, mehr als irgendeine vor ihr. Mit ihrer Schlagfertigkeit überraschte sie mich gnadenlos. Oft stand ich wortlos vor ihr. Sie war stark und ich ihr erlegen. Die Nächte mit ihr gehörten zu den highlights meines Lebens. Julia! Fünf Jahre jünger als ich, sensibler und stärker. Sie kam aus Luxemburg und wollte GU-Managerin werden. Frau Dreyer besorgte ihr einen Ausbildungsplatz in Paris. Eine neue Welt tat sich auf: ich wollte mit ihr allein sein, statt auf rauschenden Festen. Romantische Nächte wurden neu entdeckt, ich wurde eifersüchtig, durchlebte alles, was dazu gehört. Wir wollten zusammen wohnen und zusammen bleiben. Sie war rigoros monogam und warnte mich: „Wenn du dich für mich entscheidest, dann exklusiv. Absolutes Vertrauen und die Sicherheit, nicht betrogen zu werden waren ihre Bedingungen." So wie sie es sagte, wollte ich es auch. Ich wollte mir ihrer genauso exklusiv sicher sein. Sie fand unsere gemeinsame Wohnung in Aubervilliers, 3. Stock mit Blick auf den Canal St. Denis. Mit Consierge, wie in vergangenen Tagen. Dort lebten wir und wunderten uns, wie schnell die Zeit verging. Es wurde Winter, Sommer, Winter, und wir verstanden nicht, woran es lag, dass alles so schnell ging. Meinen Job erledigte ich souverän, mittlerweile hatte ich Routine. 2026 wurde Julia schwanger. Wir hatten nur halbherzig Empfängnisverhütung praktiziert, vielleicht mit dem verborgenen Wunsch ein Kind zu zeugen. Abtreiben wollten wir nicht, also wurden wir Kleinfamilie. Unseren Sohn nannten wir Paul. Er nahm unsere Zeit und gab uns ungleich mehr Freuden.

Dann kam das Jahr 2029. Alles wurde anders. Ich war seit 10 Jahren Sinngeber, 35 Jahre alt und fühlte mich grandios. Körperlich und mental konnte ich nicht fitter sein. Mit Julia und dem 3-jährigen Paul war ich auf dem Zenit meines Lebens. Fast übermütig vor Kraft erledigte ich meinen Job als Sinngeber mit einer gewissen Selbstherrlichkeit. Es war im Früjahr 2029, als eine Gruppe übler Gesellen, ich glaube, es waren religiöse Faschisten, die Freundin eines meiner Frustrierten übelst misshandelt hatten. Wir wussten genau, wer die Schänder waren. Wir wussten auch, dass die Kerle sich gegenüber der Polizei herausreden würden. Also mussten wir ihnen selber einen Denkzettel verpassen. Klar, dass unsere Aktion nicht legal war und logo, dass ich als Sinngeber illegale Sachen nicht mitmachen durfte. Trotzdem bin ich mit zwanzig meiner besten Leute in das Revier dieser Typen und hab mir die Schuldigen gegriffen. Genauer gesagt:

wir haben sie mitgenommen, gekidnappt. Ich will jetzt nicht ins Detail gehen, aber nach unserer Aktion waren die Kerle zahm wie Lämmer und nervlich am Ende.

Zwei Tage später kam ein Anruf vom GU-Headquarter in Toronto. Ich sollte möglichst sofort dorthin kommen. Flugticket und Hotelreservierung waren hinterlegt. „Na klar", dachte ich, „irgendwer hat dich verpfiffen". Tausendmal hatten sie uns in der Sinngeber-Schulung eingebleut: „Keine illegalen Aktionen! Die Konsequenz wäre Rausschmiss!" O.K., einerseits war ich Sinngeber und fühlte mich wohl in dem Job, aber andererseits würde ich nie so lammfromm werden, wie ich es als Sinngeber sein musste. Voller Trotz dachte ich: „Wenn sie dich rausschmeißen, ist es auch egal. Dann bin ich wieder frei. Julia und Paul kriege ich auch ohne Global Union durchs Leben. Den reuigen Sünder würde ich niemals spielen."

Um 19 Uhr landete der Flieger in Toronto. Die Reception des „Hotel Harrison" überreichte mir eine Nachricht von Frau Dreyer: >Morgen um 9 Uhr erwarte ich Sie im Headquarter am Atlantic Square. Ich wünsche eine angenehme Nacht!<. Handschriftlich hatte sie auf die Rückseite ihrer Visitenkarte geschrieben. Schlecht gelaunt trank ich noch ein paar Bier aus der Zimmerbar und schlief trotzdem schlecht.

Am nächsten Morgen stieg ich um neun Uhr grimmig die Treppen zum GU-Center hoch. Mental war ich schon kein Sinngeber mehr. Ich war frei und würde es immer bleiben! Das GU-Headquarter sah ich zum ersten und wahrscheinlich auch zum letzten Mal. Wie ein riesiges Glasei ragte das Gebäude in den Himmel. Computer Technik an der Eingangstür checkten Iris und Fingerabdrücke und gab den Weg frei. In der Foyermitte war das Empfangspodest, rings herum Cafeteria. Die Damen des Empfangs waren freundlich und begrüßten mich mit Namen. Ich erhielt eine blaue Chipkarte. „Die Karte zeigt Ihnen den Weg zu Frau Dreyer", sagten sie. Und tatsächlich, als ich mit der „blue card" in den Lift stieg, quakte der Lautsprecher:"dritter Stock, Zimmer 3029, Frau Professor Dreyer", und fuhr in den 3. Stock. Kaum stand ich im Flur, leuchteten an den Wänden gelbe Pfeile mit der Zimmer Nr. 3029 auf und wiesen mir die Richtung. Schließlich stand ich vor einem blinkenden Türschild. >Prof. Dreyer, Department: Special Tasks< blinkte es blau / gelb / blau/gelb. Klopfen brauchte ich nicht, denn das Besuchssystem hatte meine Ankunft längst im Zimmer gemeldet. Mit einem Ruck ging die Tür auf. „Hallo Ronda, kommen Sie rein". Das hörte sich erstaunlich freundlich an. Die Größe des Raumes überraschte mich. An einem Konferenztisch, der für mindestens zwanzig Personen gebaut war, saßen drei ehrwürdige Gestalten. Aufmerksam musterten sie mich. Mir kam es so vor, als würden sie überlegen, wie man einen solchen Halunken am besten bestrafen kann. Frau Dreyer tat ihr Bestes, die Situation aufzulockern. Sie stellte mir die drei Juroren vor: „Frau Breitenbach, eine unserer besten Psychologinnen". - „Ausgerechnet Psychologin", dachte ich und hoffte, sie würde nicht versuchen, mich als psychisch fehlgeleitet hinzustellen. Frau Breitenbach war um die 60, rundlich, mit roten Wangen. Sie grinste mich fröhlich an. „Dann darf ich Ihnen Herrn Irving vorstellen, unseren besten Wirtschaftsexperten für Mikro-Ökonomie und Herrn Suzuki, ein Philosoph, wie er im Buche steht." Ich wunderte mich. Was hatten ein Wirtschaftsexperte und ein Philosoph in einem solchen Standgericht zu suchen? Griesgrämig setzte ich mich, und noch ehe ich mir einen Reim auf all das machen konnte, platzte die Bombe. Frau Dreyer erklärte in ihrer typisch direkten Art: „Werter Ronda, Sie werden sich wundern, warum wir Sie einbestellt haben. Um es kurz zu machen: wir wollen Sie befördern. Es ist uns eine Ehre, Ihnen den Posten eines Sinnbildners anzubieten." Als sie das sagte, hatte ich das Gefühl, Zeuge eines Irrtums, Opfer einer Verwechslung zu sein. Ich und Sinnbildner? Das war unvorstellbar. Es gab vielleicht vierzig Sinnbildner auf der ganzen Erde, allesamt hoch gebildet und Frau Dreyer war die einzige dieser Sorte, die ich kannte. Von ihr wusste ich, dass Sinnbildner Zugriff auf alle erdenklichen Daten haben. Sie haben ihr eigenes Head-office und sind in alle GU-Geheimnisse eingeweiht. Ihre Aufgabe ist nicht nur das Supervising von Sinngebern, sondern darüber hinaus hat jeder Sinnbildner noch eine sehr spezielle Aufgabe. Frau Dreyer beispielsweise setzte sich mit der jüdischen Religion und deren Vertretern auseinander. Sinnbildner waren auf ihren Spezialgebieten Einflußreiche GU-Manager und direkte Zuarbeiter für GUGLOBE. Sie verdienten das zehnfache eines Sinngebers. Ich muss wohl ziemlich verdattert dreingeblickt haben, denn die vier amüsierten sich über mich. „Ich sehe, uns ist die Überraschung gelungen", meinte Frau Dreyer. „Bevor Sie wieder spontan ›Nein‹ sagen wie beim letzten Mal, als wir Sie zum Sinngeber machen wollten, sehen Sie sich erst einmal einen Dokumentarfilm an, den wir für Sie vorbereitet haben."

Ich lehnte mich zurück. In meinem Kopf rotierte es. „Von wegen Freiheit", dachte ich, „hier kommt das exakte Gegenteil auf dich zu."

Der Film dokumentierte die Entstehung des Global Justice Movements bis hin zur Global Union. Zu meiner Schande musste ich gestehen, die Entwicklung der letzten Jahre nur halbherzig verfolgt zu haben. Der Sinngeber-Job hatte mich ziemlich in Beschlag genommen. Der Film brachte Statistiken, berichtete, wieviel Prozent der Bevölkerung in welchen Ländern Global Justice Parties gewählt hatten, und wo man versucht hatte, die Global Justice Idee zu unterlaufen. Mein Heimatland hatte natürlich eine unrühmliche Rolle gespielt. Dort hatte eine alte bürgerliche Partei, die Sozialdemokraten Belgiens, das Programm des Global Justice Movement komplett übernommen und sich in ›Social Global Justice Party Belgium‹ umgetauft. Die Politprofis hatten im Global Justice Movement ihre Chance zum Wiederaufstieg gesehen. In erster Linie ging es ihnen um die Rettung ihrer alten Partei, denn in den vergangenen Wahlen hatten sie die Hälfte der Wählerstimmen verloren. Klar, dass ein solcher Versuch scheitern musste. Diese Lobbiisten waren für die Idee der globalen Gerechtigkeit nicht geeignet. Sie hatten Sinn für Posten und Beziehungen, aber keinen Idealismus. Sie waren diesem und jenen verpflichtet und wollten es jedem Recht machen. Schon bald hatten sie die Idee der globalen Gerechtigkeit in unendlichen Diskussionen verwässert. Den Start einer echten GJP in Belgien hatten sie dadurch um einiges verzögert. Typisch Belgien habe ich mir gedacht.

Der Film zeigte auch das Wirken von Sinngebern und Sinnbildnern. Ich traute meinen Augen kaum, als ich mich selber dort in Großaufnahme als „ersten Sinngeber Frankreichs" sah. Eine meiner Reden an die Frustrierten wurde als vorbildliche Tat dargestellt, was mich zugegebenermaßen ein wenig aufrechter sitzen ließ.

Im Laufe des Films wurde mir klar: die Global Union hatte es geschafft. Es gab 178 Staaten auf der Erde und in 173 Staaten hatten sich Global Justice Parties gegründet. In 135 Staaten hatten die Parteien der globalen Gerechtigkeit das einheitliche Erbrecht per Gesetz durchgesetzt. Die Global Union bewirtschaftete Millionen von acre Ackerland. In Afrika und Asien entsalzten riesige Solaranlagen Meerwasser und bewässerten GU-Land. Entscheidend war die 11. Globale Staatskonferenz gewesen, die ein Jahr zuvor stattgefunden hatte. Dort hatte der >große Hüftschwung< stattgefunden, also die Einführung des weltweit einheitlichen Erbrechts. Auf dieser 11. Globalen Konferenz hatten sich GU und 135 Einzelstaaten geeinigt. Seitdem waren die Finanzamtcomputer von 135 Staaten gleichgeschaltet. Es gab etliche Begleitgesetze, die dafür sorgen sollten, dass auch die restlichen Staaten beitreten. Es zeichnete sich ab, dass weltweit keine Erbschaft mehr an der GU vorbeikam. Die 11. Konferenz hatte festgelegt, dass von den frei werdenden Erbschaften 25% an den jeweiligen Einzelstaat und 75% an die GU gehen. Die Einzelstaaten leisteten dafür mit ihren Finanzämtern den Großteil der Arbeit zur Ermittlung und Eintreibung der Erbschaften. Außerdem übernahmen die Einzelstaaten die Versorgung der Arbeitslosen in den ersten zwei Jahren der Arbeitslosigkeit. Die GU war für die >Dauerarbeitslosen< zuständig.

Nach dem >großen Hüftschwung< kamen tausende neue Aufgaben auf die GU zu. Der Film brachte GUGLOBES Berechnungen und die Zukunftvision einer Welt ohne Not. 3000 Sinngeber und 120 Sinnbildner sollten neu eingestellt werden.

Der Film zeigte aber auch Probleme. Vor ein paar Jahren hatte GUGLOBE unerwartete Überschüsse errechnet. GU-Vorstand und Sinnbildner hatten entschieden, den Überschuss zu verteilen, also die Qualität der Grundversorgung anzuheben. Die Lebensqualität der Dauerarbeitslosen wurde dadurch so gut, dass immer weniger Menschen Antrieb hatten, sich zu qualifizieren, sei es für eine Arbeit oder für eine selbstständige Tätigkeit. In wärmeren Regionen der Erde war wie in alten Zeiten, Faulheit und Schlendrian wieder angesagt. Die globale Gerechtigkeit brauchte aber neben der Planwirtschaft eine funktionierende Marktwirtschaft. Ansonsten wären gesellschaftlicher Stillstand und kultureller Niedergang vorprogrammiert. Die Geschichte der Menschheit hatte immer wieder bewiesen, dass zu gut versorgte Gesellschaften automatisch nach einer bestimmten Zeit notleidend wurden. Eine gesunde Gesellschaft braucht Ehrgeiz und Qualifikationen von Generation zu Generation, um laufende Technologien in Gang zu halten und Fortschritte in ihrer Entwicklung zu machen. Was blieb der GU anderes übrig, als den Gürtel wieder enger zu schnüren. Die Grundversorgung wurde wieder so eng bemessen, dass es zwickte, und somit Anreiz genug gab, etwas zu leisten. Von all diesen Problemen hatte ich nichts mitbekommen.

Frau Dreyer meinte, dass ich als Sinnbildner mit solch hochtrabend politischen Konflikten wohl öfter zu tun haben würde. Eine Vorstellung, die mir auf den ersten Blick überhaupt nicht gefiel.

Der Film zeigte auch einige spektakuläre Techniken, an deren Entwicklung die GU beteiligt war, zum Beispiel ein neuer Antrieb für Raumgleiter. Mit der Technik abstossender Energien schien annähernd zeitneutrales Reisen möglich. Sogar bei Projekten dieser Art waren neben den Technikern Sinnbildner als Ratgeber gefragt.

Nach dem Film meinte Frau Dreyer: „Wie Sie sehen, haben wir Sinnbildner uns ganz schön breit gemacht. Überall, wo es um wichtige Dinge geht, sind wir dabei, was wohl damit zu tun hat, dass wir innerhalb der GU für Sinngebung zuständig sind. Die GU hat ja bekanntlich keine Gewinnabsichten, weshalb unsere spezielle Sinneinschätzung besonders gefragt ist. Was meinen Sie? Wollen Sie zu den Sinnspezialisten der Erde gehören? Sie erhalten natürlich eine exzellente Schulung..."

Vom entlassenen Sinngeber zum >top of the top<, zum Sinnbildner, und das innerhalb einer Stunde. Das ging mir zu schnell. Auf Frau Dreyers Frage fiel mir nur die Gegenfrage ein: „Wie kommen Sie auf mich?" Ihre Antwort war verblüffend: „Das hat mit Ihrer Jugend zu tun." – „Mit meiner Jugend? Ich bin fast vierzig!" – „Mit Ihrer Jugend meine ich auch die Zeit vor zwanzig Jahren", amüsierte sie sich. „Sie hatten damals einen sehr speziellen Freund. Ein Mann, mit dem Sie als Sinnbildner wieder zu tun hätten."

Ich grübelte – vor zwanzig Jahren war ich Schüler gewesen... ein Freund aus dieser Zeit? Ich hatte damals nur zwei echte Freunde: Michel und Zazo. Zwei Menschen, die unterschiedlicher nicht sein konnten. Zwischen ihnen war ich hin- und hergerissen gewesen, wie Goethes Faust zwischen Gut und Böse. Michel, der Einfühlsame. Der, der zuhören konnte. Der, dem jeder sein Herz öffnete, der die Menschen liebte. Und Zazo, das Genie, der Überflieger. Der alles besser konnte, vor dem sogar die Lehrer Angst hatten. Zazo amüsierte sich mit Vorliebe über die Dummheit anderer und nutzte seine Stärke skrupellos aus. Beide hatte ich bewundert und versucht, mal den einen, mal den anderen zu kopieren. Im Vergleich zu ihnen war ich immer nur Mittelmaß gewesen. Nach meinem Abtauchen in die Pariser Straßenszene hatte ich jeden Kontakt zu ihnen verloren.

Frau Dreyer löste das Rätsel. „Wissen Sie, was aus Zazo geworden ist?" – „Nein." Um Zazo ging es also. Was konnte aus ihm geworden sein? Ein erfolgreicher Geschäftsmann. „Er ist vor acht Jahren Führer der Looni geworden. Sie kennen die Looni?" – „Ja, eine Sekte." –„Ob es eine Sekte oder eine Religionsgemeinschaft ist, das herauszufinden wäre Ihre erste Aufgabe als Sinnbildner."

Die vier sahen mich an, als hätte ich soeben im Lotto gewonnen. Ich sah genauso gebannt zurück. Sie erwarteten eine Reaktion, aber ich war cool. Die Straße hatte mich zum Pokerface gemacht. Und weil mein Adrenalinspiegel seit über einer Stunde einen erhöhten Pegel hatte, war ich automatisch cool. Ich dachte an Zazo, den alten Kämpfer, und malte mir aus, mit ihm als Sinnbildner zu tun zu haben. Unsere alte Rivalität würde wieder aufleben. Bei Zazo gab es nur Rivalitäten. Wie früher würde er versuchen, mich dumm aussehen zu lassen. In Paris hatte ich allerdings einiges dazugelernt.

Frau Dreyer fragte: „Bevor Sie entscheiden, ob Sie die Aufgabe annehmen, hören Sie bitte unseren Spezialisten für Micro-Ökonomie, Herrn Irving an. Oder wissen Sie schon, dass Sie ablehnen werden?" Ich schüttelte den Kopf, was ihr ein erleichtertes Lächeln entlockte.

Herr Irving ordnete die vor ihm liegenden Papiere. Für seine kleine Figur hatte er eine ziemlich tiefe Stimme. „Werter Ronda, Sie haben gehört, dass uns die Einzelstaaten bei der Ermittlung der normalen Erbschaften helfen. Niemand hilft uns bei der Frage der Sekten und Religionsgemeinschaften. Vielleicht können Sie sich noch an Ihre Diskussion zu diesem Thema im Koordinationsrat erinnern?"

Ich konnte mich erinnern. Damals, im Koordinationsrat, ging es vor allem um die katholische Kirche. Ein englischer Professor hatte ausgerechnet, dass die katholische Kirche ihr Vermögen zu mehr als drei Viertel durch Raub und Erpressung zusammengebracht hatte. Sein Vorschlag war, das neue Erbrecht rigoros auf die katholische Kirche anzuwenden. Schließlich sollte das neue Erbrecht die Besitz-Karten neu mischen und geschichtliche Ungerechtigkeiten beseitigen. Die Diskussion hatte mich nur am Anfang interessiert.

Das Ergebnis präsentierte mir nun Herr Irving: „In der 11. Globalen Konferenz wurde festgelegt, dass Religionsgemeinschaften und Sekten alle vierzig Jahre ihr Vermögen deklarieren müssen. Pro registriertem Mitglied wird ihnen ein Freibetrag von 3000 US $ gewährt. Der Rest fließt der GU zu. Für Religionsgemeinschaften gilt allerdings eine elementare Ausnahme: sie dürfen alles behalten, was ausschließlich sinnvollen, gemeinnützigen Zwecken dient, also aktive Kirchen, Kindergärten, Universitäten und so weiter. Diesen Kompromiss mit den großen Weltreligionen zu finden, war nicht leicht. Vor allem die katholische Kirche hatte große Angst zu verarmen." Herr Irving musste über seine humorvolle Einlage herzhaft lachen. „Soweit zu den Religionen. Bei Sekten sieht die Sache ganz anders aus. Sekten wollen wir nicht schützen. Sie werden nicht als >gemeinnützig< anerkannt und genießen keinen besonderen Status. Außer dem Freibetrag von 3000 US $ pro Mitglied werden Sekten alle vierzig Jahre radikal besteuert. Sie verstehen? Ihr Freund

Zazo hat ein sehr spezielles Interesse daran, seine Looni als Religionsgemeinschaft anerkannt zu wissen. Wenn Sie diese Frage als Sinnbildner untersuchen, wird Zazo nichts unversucht lassen, Ihre Entscheidung zu beeinflußen. Was, so werden Sie sich fragen, unterscheidet nun aber Sekten von Religionsgemeinschaften? Oder anders gefragt, was kann eine Religionsgemeinschaft besser als eine Sekte? Auch diese Frage wurde in der 11. Globalen Konferenz beantwortet. Das wichtigste Kriterium ist die >Freiheit des eigenen Willens<. Wer eine katholische Schule besucht, muss unbeeinflußt bleiben, auch wenn er zum Islam konvertiert. Und wer in einer islamischen Universität einen Religionsführer kritisiert, darf nicht getadelt werden. Toleranz ist das Entscheidende! Eine Religion ohne Toleranz degradiert zur Sekte. Das zweite entscheidende Kriterium sind >idealistische Lebensziele<. Nur das kann eine Religion sein, was Positives verfolgt, sei es die Nähe zu Gott, zur Harmonie, zur Liebe, oder schlicht zum Guten. Teufelsbeschwörer, Personenanbeter und magische Zirkel schützen wir nicht. Soweit so gut. Jetzt zum Eigentlichen, zum Wirtschaftlichen. So, wie wir die Frage: >Sekte oder Religionsgemeinschaft?< selber zu entscheiden haben, haben wir auch die Beschlagnahme von Sektenvermögen selber zu organisieren. Natürlich helfen uns die staatlichen Finanzämter und Polizeiorganisationen, aber Umgehungstatbestände und Personenlisten müssen wir selber liefern. Nach unserer Einschätzung hat Ihr Freund Zazo bei den Looni ein Vermögen von 30 Milliarden US $ angehäuft. Ich wiederhole: 30 Milliarden US $! Damit kann man einiges bewegen. Zazo würde solch ein Vermögen niemals freiwillig herausgeben. In 38 Ländern gibt es mindestens 10 Millionen Looni. Diese Zahlen hat Zazo mit Hilfe des Schneeballsystems zustandegebracht. Sie kennen das Prinzip: man verdoppelt eine Zahl, das Resultat wird wieder verdoppelt und so weiter. Bei den Looni wird jedes Mitglied verpflichtet, pro Jahr zumindest ein neues Mitglied zu werben. Es gibt keinen Looni, der diese Vorgabe nicht erfüllt, denn die Looni bieten einen exzellenten Service. Frau Breitenbach und Herr Suzuki werden hierzu referieren. Fest steht, dass die Mitgliederzahlen und das Vermögen der Looni sich Jahr für Jahr wenigstens verdoppeln. Rechnerisch haben wir bei 40.000 Looni vor acht Jahren und einem Mindestvermögen von 3000 US $ pro Mitglied heute 10 Millionen Mitgliedern und 30 Milliarden $. Vermutlich liegen die tatsächlichen Zahlen deutlich höher. Nach unserer Berechnung hält Zazo diese Steigerungen noch maximal 5 Jahre durch. Er wäre dann bei weltweit 300 Millionen Mitgliedern und 900 Milliarden US $ Vermögen. Die katholische Kirche ist kaum größer. Es dürfte feststehen, dass Zazo zum Global Player wird. Falls Sie gegen ihn kämpfen müssen, wird er Goliath sein und Sie David." – „Das war schon immer so", unterbrach ich ihn, was Herrn Irving weniger interessierte als Frau Breitenbach, die Psychologin.

Herr Irving berichtete über den Zusammenhang der GU-Versorgung und Zazos Wirtschaftskreislauf: „Fast alle Looni sind arbeitslose GU-Begünstigte. Wie Sie wissen, hat die GU bis vor kurzem an die Dauerarbeitslosen Gelder gezahlt. Zazo hat diese Gelder gesammelt und durch Sammelbestellungen ein hübsches Sümmchen gespart. Mit diesem Geld und den Ersparnissen der Looni hat er Agrarflächen gekauft und Städte gebaut. In Argentinien, Paraguay und Chile hat er besonderen Einfluß. Dort befinden sich riesige Looni-Plantagen. Zazo hat mit Looni-Geldern Wahlkämpfe gesponsert, Präsidenten und Minister gemacht. Seit der 11. Globalen Konferenz zahlt die GU keine Gelder mehr aus, sondern verteilt monatlich gültige Grundmittelmarken. Zazo wird die Looni-Versorgung weiterhin zentral abwickeln, aber er wird nicht mehr so hohe Überschüsse erwirtschaften wie früher. Seit der 11. Konferenz geht Zazo außerdem dazu über, die Plantagen in 23 acre Parzellen aufzuteilen und auf einzelne Looni-Mitglieder zu übertragen. Offensichtlich will er für den Fall Vorsorge treffen, dass wir die Looni als Sekte einstufen. Es gäbe dann kein Sektenvermögen mehr, sondern nur Einzelvermögen unterhalb der Erbschaftsgrenze."

Dann erklärte Herr Irving mir die Welt eines Sinnbildners: „Sie haben ein Budget von maximal 2 Millionen US $ jährlich. Nur im Ausnahmefall kann mehr bewilligt werden. Alle sechs Monate berichten Sie über Ihre Aktivitäten auf GUGLOBES Formblättern. Sie haben freies Reisen mit allen Verkehrsmitteln und, wenn es sein muss, haben Sie auch einen eigenen Gleiter. Ihr Zugangscode berechtigt Sie zur uneingeschränkten Nutzung aller GU-Einrichtungen. Sie sind Mitglied der Sinngeberkonferenz und entscheiden zweimal jährlich über elementare Fragen des GU-Vorstandes. Diese Unterbrechungen nutzen die meisten Sinnbildner, um anschließend ihre Sinngeber zu treffen. Sie wissen, Frau Dreyer tut das regelmäßig in der kanadischen Schneewüste." Herr Irving fand auch diese Formulierung extrem witzig. Am Anfang betreuen Sie zwanzig, später bis zu vierzig Sinngeber. Sie selber werden von Frau Dreyer supervised. Ich glaube, das wärs im Großen und Ganzen. Details folgen später."

Ich lehnte mich zurück. Was ich gehört hatte, war hart. Ich kannte Zazo. Würde ich den Job annehmen, hätte ich einen Kampf vor mir, der sich gewaschen hatte. Offensichtlich sah Frau Dreyer das genauso, sie fragte vorsichtig: „Abgeschreckt?" Wieder schüttelte ich den Kopf und sie lächelte. Dann bat sie Herrn Suzuki, mich noch vor dem Mittagessen in die Welt der Looni-Philosophie einzuführen.

Herr Suzuki war Nachfahre eines Japaners, das besagte sein Name. Seinem Aussehen nach aber waren seine Vorfahren Afrikaner. Er verteilte ein Manuskript, was die Sache für mich um einiges vereinfachte. Offensichtlich hielt Herr Suzuki gerne Referate, denn beim Erzählen schaukelte er mit dem Oberkörper genüsslich hin und her, fast wie mein Wellensittich, wenn er in Rage kam. „Wir Philosophen sind merkwürdige Menschen. Überall mischen wir uns ein und versuchen, Bausteine für ewige Wahrheiten zu finden. Dabei sind wir Skeptiker. Wir wollen wissen und nicht glauben. Mein

Spezialgebiet ist die ›Ganzheits-Harmonie-Lehre‹, was deshalb gut zu unserem Thema passt, weil die Looni viele Grundsätze dieser Theorie übernommen haben. Als Beispiel hier eine Argumentationskette:

In allem Wandel steckt die Suche (der Natur/des Seins/Gottes) nach Ausgleich und Vervollkommnung, also nach Harmonie.
Erst das Ende allen Wandels, also die vollständige Harmonie, kann zur Ganzheit führen.
Alles materielle Sein kann deshalb nur Ausdruck dieses Strebens sein, niemals aber ganzheitlich.
Da Wahrheit ganzheitlich ist, kann menschliches Denken sie nur annähernd im Paradoxon (den Wandel bewirkende Widersprüche) erreichen.
Folglich braucht der Mensch die Freiheit, Gegensätze denken und akzeptieren zu können.

Zum Glück stand alles im Manuskript, wo ich die Sätze nachlesen konnte. Herr Suzuki wartete geduldig bis ich fertig war. „Wissen Sie Ronda, die Looni ergänzen diese Theorie sehr geschickt, wenn es um Gott und Harmonie geht, und sie kürzen, wenn es um Freiheit und Widersprüche geht. Typisch für eine Organisation, die ihre Mitglieder im Griff haben will. Zazo hat auf diese Art und Weise ein Gedankengebäude gebastelt, das grundsolide ist. Manche Religionen könnten sich ein Beispiel daran nehmen. Looni konzentrieren sich tatsächlich auf ihre Seele. Sie verfolgen konsequent ›Reinheit‹ und ›Harmonie‹. Alle weltlichen Dinge, also vor allem finanzielle Angelegenheiten übertragen sie der Organisation, so dass ihre Seelen ›frei‹ davon sind. Sie leben in Looni-Städten und haben ihren eigenen geschlossenen Wirtschaftskreislauf. Dadurch erreicht Zazo ein altbekanntes Phänomen der Gruppendynamik: Gemeinsamkeit schafft Sinn. Sinn, ganz im Sinn von Ganzheit und Harmonie. Die Looni leben tatsächlich harmonisch miteinander. Niemand verfügt über nennenswertes persönliches Vermögen, wodurch es kaum

Neid gibt. Streitigkeiten aus Liebe und Sex sind selten, denn die Looni leben nach dem Prinzip absoluter Offenheit. Sie leben streng monogam, sobald sie geheiratet haben. Absolute Offenheit nennen sie >Reinheit< und meinen damit ein Leben ohne Lügen und Selbstbetrug. Mit andern Worten, die Looni sind ihren Partnern treu, wie sonst kaum jemand. Das Ziel immer höherer >Reinheit< verfolgen sie mit mind-machines und >Supervising<. Wir wissen alle, dass mind-machines nützlich sein können, vor allem wenn es um Tiefenentspannung und computergestütztes Lernen geht. Ich habe selber neulich mit einer mind-machine eine neue Volkswirtschaftstheorie sozusagen im Schlaf erlernt. Anders verhält es sich, wenn mind-machines zur Gedankenkontrolle und Gehirnwäsche eingesetzt werden. Solche mind-machines nennen wir >destruktiv<. Ob die Looni destruktive mind-machines einsetzen, wissen wir nicht. Das herauszufinden wäre Ihre Aufgabe."

Frau Dreyer erzählte, dass mind-machines auch bei der GU groß im Kommen sein. Selbst bei der Ausbildung von Sinnbildnern würden sie eingesetzt. Man könnte mit ihnen drei Viertel der Lernzeit einsparen.

Dann kam Herr Suzuki wieder in Fahrt. Sein Oberkörper schwankte zum Thema >Freiheit<. Nie hätte ich gedacht, dass man zu solch einer Sache soviel erzählen kann. „Freiheit hat viel mit Wohlergehen zu tun", meinte er. „Ständig streben wir Zustände an, bei denen es uns möglichst gut geht. Die Möglichkeit, dies zu tun, begreifen wir als Freiheit. Ohne das Streben nach Wohlergehen gäbe es also keine Freiheit. Von daher liegen die Looni nicht ganz verkehrt, wenn sie behaupten: >Freiheit ist die Möglichkeit, möglichst viel von dem zu erleben, was einen glücklich macht, und nicht, möglichst viele Dinge auszuprobieren<. Für die Looni ist Freiheit optimale Bedürfnisbefriedigung bei minimaler Frustration, was man üblicherweise auch als >Glück< definiert."

Mir war das zuviel Philosophie. Zum Glück wurde Herr Suzuki bald konkreter: „auch das gehört zu Ihren Aufgaben, Ronda", sagte er, für ihn war klar, dass ich den Job annehmen würde. „Die Looni glauben, dass ihre Führer, sie nennen sie >Chiefs<, reiner und von Gott beseelter sind, als andere. Sie ordnen ihre individuelle Freiheit der großen Looni-Freiheit unter. Zazo betreibt zwar keinen Personenkult, wie bis vor kurzem noch der katholische Papst, aber die Chiefs, also diejenigen, die bei den Looni das >Supervising< betreiben, sind ihnen heilig. Wenn ein Chief sagt, dass es vorteilhaft wäre, nach China zu gehen, dann geht man nach China. Und wenn ein Chief einen bestimmten Partner vorschlägt, dann ist man überzeugt, dass es der richtige ist. Die Chiefs bedienen die mind-machines und kümmern sich um einzelne Wohnblocks. Diese Chiefs werden von >3rd—Chiefs supervisiert, die wiederum von >2nd-Chiefs<, und die von >1st-Chiefs<. Die >1st-Chiefs< unterstehen direkt Zazo. Jeder Looni hat die Chance, mit Hilfe von Supervising und mind machines die Reinheits-Leiter hochzuklettern und zum Chief, ja sogar 3rd, 2nd oder 1st Chief zu werden. Sollte sich herausstellen, dass die mind-machines der Looni Gehirne waschen, also unfreiwillig Freiheiten nehmen, wäre es aus mit der Einstufung als Religionsgemeinschaft. Das Problem wäre nur, das dann, wenn auch den 3rd, 2nd, und 1st - Chiefs das Gehirn gewaschen würde, Zazo womöglich der einzige Mensch wäre, der dort klaren Verstandes herumläuft und die Tricks durchschaut."

„Wäre typisch für ihn", sagte ich, und wieder schaute Frau Breitenbach mich durch ihre Nickelbrille besonders interessiert an.

Herr Suzuki steigerte sich. Er stellte allen Anwesenden eine „Denksportaufgabe. Nehmen wir an, die Looni würden Kurse zur >Ganzheit< und >Harmonie< anbieten. In diesen Kursen wären >Liebe< und >Altruismus< das Ziel. Individualismus, der von diesen Zielen abweicht, wäre auszumerzen. Der Kurs bestünde darin, das ›Wir-Gefühl‹ zu steigern und das ›Ich-Gefühl‹ zu schwächen. Individuelle Freiheiten würden abtrainiert. Was meinen Sie? Müssten wir das verurteilen? Müssten wir eine solche Organisation als Sekte einstufen?" – „Böse Falle", bemerkte Herr Irving, „man könnte einige islamische und christliche Erziehungen genauso verurteilen." – „Die Frage ist, wie das Abtrainieren aussieht", meinte Frau Dreyer, „sind Gehirnwäsche oder Zwang im Spiel, dann wäre es für mich eine Sekte." – „Schlimm wäre es, wenn Kleinkinder von Anfang an indoktriniert werden", sagte Frau Breitenbach, woraufhin Herr Suzuki konterte: „Dass Kleinkinder streng religiös christlich oder muslimisch erzogen werden, hat bisher noch niemanden gestört. Wo ist da die Grenze zur Gehirnwäsche?" Alle schwiegen, und Herr Suzuki stellte fest: „Sie sehen Ronda, wir stehen am Anfang einer interessanten Diskussion. Es gibt keine festen Richtlinien, aber das ist ja nichts Neues. Sie kennen das. Sie sind von jeher ein Mann der ersten Stunde." Er sprach vom Koordinationsrat und davon, dass es ohne mich keine GU gäbe. Zum Schluss meinte er, dass man am besten dem gesunden Menschenverstand freien Lauf lasse. Außerdem hätte ich ja wohl genügend Erfahrungen mit Herrschern und Beherrschten.

Offensichtlich spielte Herr Suzuki auf die Machtkämpfe der Straße an, was mich wieder an meinen letzten Rache-Job erinnerte. Wie war ich nach Toronto gekommen? Mit dem trotzigen Gefühl des Sünders, und wie stand ich nun da? Als Held? Wenn die blauäugigen Theoretiker hier wüssten, wie hammerhart ich war, und wie sehr mir die offizielle Moral am Arsch vorbeiging, sie würden sich hüten, mich zum Sinnbildner zu küren. Ich war drauf und dran, die Sache zur Sprache zu bringen, als Frau Dreyer mir zuvorkam, fast so, als hätte sie meine Gedanken gelesen.

Sie meinte: „Werter Herr Suzuki, ich danke für Ihre Ausführungen. Bei euch Philosophen muss man immer zweimal hinhören, bevor man weiß, was ihr meint. Besonders gelungen fand ich den Schlussappell an den gesunden Menschenverstand. Apropos: Manchmal ist unser gesunder Menschenverstand getrübt. Sie kennen das, Ronda! Man tut Dinge, gefühlsgesteuert und vergisst manche Regel der Vernunft. Ich denke da an ihre Racheaktion neulich im 2. Distrikt." Ich war baff, von wegen blauäugig, sie wussten alles. Frau Dreyer ergänzte: „Wir wissen von diesen Dingen, und obwohl wir sie nicht gutheißen, mischen wir uns nicht ein. Eine gewisse Moral kann man ihnen dabei ja nicht absprechen. Anders wäre es, wenn sie Sinnbildner würden. Als Sinnbildner stehen sie voll im Rampenlicht. Da ist es mit einer >gewissen Moral< nicht getan. Sie wären einer der höchsten Repräsentanten der GU und würden einer verschärften Kontrolle der anderen Führungsmitglieder unterliegen. Wir sind schon ein elitäres Grüppchen, und was wir nicht kontrollieren, das kontrollieren unsere Feinde umso mehr. Sie werden sich wundern, wieviele Menschen plötzlich Kritik an ihnen üben möchten. Nicht nur die Looni werden in dieser Beziehung sehr einfallsreich sein. Für uns gilt das Prinzip der absoluten Sauberkeit, auch wenn uns vor juristischer Hilflosigkeit manchmal der Kamm schwillt. Sie sehen, das Leben an der Spitze ist nicht immer beneidenswert. Aber nun möchte ich zu Tisch bitten, ich höre bereits diverse Mägen knurren."

Der Speisesaal befand sich in der gläsernen Kappe des Eies, im 22. Stock. Die gesamte Kuppe war aus Glas. Verschiebbare Papierwände sorgten für japanisches Flair. Direkt an der Glasfront, mit einem ewig weiten Blick über Toronto war ein kleiner Raum für uns abgetrennt. Der Tisch, festlich für fünf Personen gedeckt, klassische Musik mit beigemischtem Vogelgezwitscher, es war nett gemacht. Frau Dreyer zeigte auf eine Kugel, die drei Meter über dem Tisch hing: „Damit können wir uns akkustisch von den Nachbartischen abkoppeln und speziell für unseren Tisch Musik, Naturklänge oder Informationen beimischen. Mitten in dieser großen Kantine sind wir völlig ungestört." Dann kam das Essen. Noch nie hatte ich solche Gefühle im Mund. Echter Fisch, Kabeljau, sowas von delikat, mit Sahne-Dill-Sauce, Butterklößen und Brokkoli. Dazu Weißwein: Chablis der Spitzenklasse. Wäre ich nicht satt gewesen, ich hätte stundenlang weiteressen können. „Der Fisch ist eine Rarität", erklärte Frau Dreyer, „speziell für den heutigen Tag bestellt. Unser schlauer Computer wusste, dass Sie gerne Fisch essen, Ronda. Normalerweise verspeisen wir natürlich die Grundnahrungsmittel der GU, sehr schmackhaft zubereitet übrigens." Herr Suzuki philosophierte über das Thema >Arbeit<. Er hatte die Nase voll von Arbeit. „Endlich mehr Zeit für das Privatleben", wollte er, „Kunst- und Sportvereine besuchen, meditieren..". Er kam ins Schwärmen. „Sie haben sich viel zu sehr ans Arbeiten gewöhnt", versuchte Frau Breitenbach ihn zu stoppen. „Von wegen gewöhnt! Ein Philosoph gewöhnt sich an gar nichts!" – „Sehen Sie", war die coole Antwort der Psychologin. Die vier gefielen mir immer besser, und nach einem Espresso mit Whisky hatte ich optimale Laune. Bis dahin wusste ich nicht, ob ich den Job annehmen sollte, doch nun dachte ich: „Warum nicht!" Es war eine echte Herausforderung, und all die Vorteile, die der Job bringen würde, das war zu verlockend. Damals kannte ich noch nicht den Trick mit dem perfekten Geschäftsessen. Später hab ich selber so manches damit erreicht.

Zurück im Konferenzraum war es an Frau Breitenbach mich über Zazo und seine Jünger aufzuklären. Sie holte weit aus: „Sowohl in der Politik als auch für unser eigenes kleines Glück wüssten wir gerne, was richtig und was falsch ist. Aber wer weiß das schon? Wie Herr Suzuki so treffend festgestellt hat, sind wir Menschen nicht in der Lage, mit unserem Verstand die ganze Wahrheit zu erfassen. Wir erwischen immer nur ein kleines Zipfelchen davon und müssen zu allem Überfluss damit rechnen, dass der gegensätzliche Zipfel am anderen Ende auch noch wahr ist. Welch ein Frust, wo wir doch so gerne wüssten, wo es lang geht. Vielleicht hat Herr Suzuki

Recht, und alle Wahrheit besteht aus Gegensätzen. Wer aber kann mit solch wackeligen Auskünften glücklich werden? Den Dummen ist es egal, sie leben munter weiter. Intelligente quälen sich da eher mit Widersprüchen herum, die denken eben mehr darüber nach. Solche intelligenteren Leute sind ideale Kandidaten für Zazos Looni-Philosophie. Es sind die Klügeren, die Zazo überzeugt, was erst einmal für ihn spricht. Genauer gesagt sind es sensible Kluge, die bei den Looni landen. Es sind solche, die nicht robust oder stark genug sind, alleine durchs chaotische Leben zu schreiten. Ihnen bietet Zazo Halt mit der Nähe zu Gott, zur Natur und zum Sein schlechthin.

Wie macht er das?

Die Nähe zu Gott und zum Sein schlechthin erfahren die Looni durch Reinheit und Meditation. Was Reinheit bedeutet, haben wir gerade gehört. Mit der Meditation setzt Zazo eine jahrhundert alte Tradition der Buddhisten fort. Einige Christen haben die Meditation mittlerweile übernommen. Über Meditationserfahrung möchte ich hier nicht referieren, aber soviel steht fest, viele ernstzunehmende Menschen sind der Überzeugung, durch Meditation zu höherem Bewusstsein gelangt zu sein.

Die Nähe zur Natur vermittelt Zazo seinen Anhängern durch strammes Arbeiten auf den Looni-Plantagen, natürlich gekoppelt mit Meditationen.

Nach Zazos Theorie kann man erst dann ganzheitlich sein und empfinden, wenn man mit Gott, seinem Körper, seiner Seele und dem Sein schlechthin in Einklang ist. Der Weg dorthin führt über Reinheit, Meditation und Naturarbeit. Für unsere sensiblen, klugen Looni bedeutet das eine endlose Beschäftigung bis an ihr Lebensende. Für uns GUler ist die unbekannte Größe der Reinheit von besonderem Interesse.

Wir kennen die mind-machines der Looni nicht. Wir wissen nur, dass jede mind-machine über eine Datenleitung an einem Zentralcomputer angeschlossen ist und von dort aus bestimmte Impulse übersandt bekommt. Ob diese Impulse Gedanken und Gehirne destruktiv manipulieren, wissen wir nicht. Niemand, außer Zazo selbst kennt den Code der Impulse. Die mind-machines selber –wir haben mal eine ergattert- geben keinen Aufschluss darüber. Und wer als abtrünniger Looni von uns ausfindig gemacht werden konnte, wusste nichts Spezielles zu berichten. Es gab übrigens nur zwei, drei abtrünnige Looni, und das ist einige Zeit her. Sie sind später wieder zu den Looni zurückgegangen. Alle Looni sind, nach ihrer eigenen Überzeugung, glücklich und zufrieden. Soweit zu dieser Gruppe der Looni, den sensiblen Klugen. Sie stellen etwa 50% der gesamten Looni, mit steigender Tendenz. Aus ihnen rekrutiert Zazo die 3rd -, 2nd - und 1st – Chiefs.

Es gibt aber auch ganz andere Looni, und zwar solche, denen die Sicherung Ihrer Grundbedürfnisse das Wichtigste ist. Ideale sind ihnen egal. Solange sie sich gut versorgt und in einer Gruppe Gleichgesinnter wissen, sind sie zufrieden. Sie leiden keine existentiellen Qualen, wie unsere sensiblen Klugen. Sie sind eher einfach strukturiert. Kennen Sie die alte Looni-Reklame? Den Slogan: >Sie suchen endlich ein Zuhause? Bei uns finden Sie es!< oder: >Sie suchen Arbeit? Bei uns haben Sie die Auswahl< und >Sie suchen den richtigen Partner? Wir haben ihn für Sie!<? Diese Slogans zielen auf solche Leute. Für sie hat Zazo Hausbau und Partnersuche kultiviert. Er hat Ausbildungen zum Maurer, Zimmermann, Elektriker und vielem anderen organisiert und lässt unter dem Motto >Wir bauen mit der Natur< traditionelle, wunderschöne Naturhäuser bauen. Sehr schöne Städte haben sie auf diese Art und Weise gebaut und bauen sie noch heute. Das fleißige Schuften steht, von regelmäßigen Reinheits-Sitzungen unterbrochen, unter dem Motto: >Mit Naturarbeit zur Ganzheit<. Für die Partnervermittlung hat Zazo seinen Zentralcomputer eingesetzt und unter dem Diktat der Reinheit erfolgreich Partnerschaften organisiert.

Seit der 11. Konferenz ändert sich einiges. Es spricht sich herum, dass die Grundbedürfnisse durch die GU gesichert werden. Zazo hat diese Entwicklung schon vor etlichen Jahren vorausgesehen und die Looni-Propaganda umgebaut. Heute heißt es: >Der Staat gibt Ihnen Brot, wir kümmern uns um die Seele< und: >Der Blick ins TV bringt Sie nicht weiter? Bei uns finden Sie den Durchblick!<. Schon lange vor der 11. Konferenz hat Zazo die neue Zeit kommen sehen. Übrigens, dadurch, dass durch den großen Hüftschwung vielleicht einige Ängste und Unsicherheiten der Arbeitslosen beseitigt sind, ist das Paradies längst nicht zurückgewonnen. Wir Psychologen rechnen mit völlig neuen Problemen und zwar zunehmender Antriebslosigkeit und Depressionen. Aber das nur am Rande. Zurück zu Zazo und seinen Charaktereigenschaften.

Was ich Ihnen jetzt sage, ist meine eigene persönliche Einschätzung. Die GU kann sich eine solche Einschätzung nicht leisten, weil ihr dafür die Beweise fehlen. Zazo hat sich nie irgendeinem Test gestellt und in der Öffentlichkeit ist er kaum zu sehen. Man kann nur aus ein paar Indizien und logischen Schlussfolgerungen ein Puzzle zusammensetzen.

Also: Zazo verfügt über eine geniale Intuition. Er kann nicht nur geschichtliche Entwicklungen, sondern Entwicklungsmöglichkeiten von Personen intuitiv richtig einschätzen. Qualifizierte und begabte Mitarbeiter betreut er intensiv und lenkt sie dorthin, wo sie ihre Fähigkeiten optimal einsetzen können. Damit nutzt er sowohl dem Einzelnen als auch der gesamten Organisation. Es kommt ihm weniger auf persönlichen Reichtum an, als auf Macht. Er hätte sich längst mit hunderten Millionen von Dollar absetzen können. Aber er will die Organisation und damit seine Macht erweitern. Dabei ist er enorm kreativ. Er veranstaltet Studienreisen, Bildungsseminare und Musikfestivals, um seine Looni dem Ziel näher zu bringen: Jeder bringt pro Jahr ein neues Mitglied! Einer der abtrünnigen Loonis hat behauptet, Zazo strebe die Weltherrschaft an, eine etwas überzogene Ansicht. Wir wissen aber, dass er in Südamerika in bestimmten Staaten die Politik bestimmt. Zazo ist rigoros. Wer ihm ernsthaft in die Quere kommt, wird gnadenlos niedergemacht. Es gibt Fälle, in denen Interpol spurlos verschwundene Widersacher sucht. Moralische Grenzen dürfte er nicht kennen. Wie ein Mafiosi beseitigt er seine Gegner. Was meinen sie? Liege ich da falsch? Sie kennen ihn aus ihrer gemeinsamen Jugend vermutlich besser als irgendein Mensch sonst auf der Erde."

Nach stundenlangem Zuhören war ich froh, endlich selber erzählen zu können. Die Erinnerung an Zazo war präsent, als wäre ich noch gestern mit ihm zusammengewesen. „Er war schon immer knallhart", sagte ich, und erzählte eine typische Story aus unserer Stammkneipe: „Unsere Stammkneipe war keine Schülerkneipe. Schülerkneipen waren uns zu banal. Genauso banal wie die pickeligen Schüler selber mit ihren Feuchtmädchenträumen. Wir gingen zu >Bouvier<, der Malocherkneipe mit Tischfussball und Girli-Flip. Dort verbrachten wir die Hälfte unserer Schulzeit, Zazo, Michel und ich.

Eines Tages stand am Tresen ein angetrunkener Typ um die 50. Michel stellte sich neben ihn zum Bier bestellen. Der Typ attakierte ihn: „Na du Wicht! Wieder Schule geschwänzt, wa?". Michel redete mit ihm, und zwei Minuten später schüttete ihm der Typ sein Herz aus. Ich glaube, er hat sogar geheult. Unsere Biere hat der Typ dann bezahlt. Das zweite Bier bestellte ich. Der Typ musterte mich kritisch und keine Minute später stritt ich mit ihm herum. Die Biere musste ich selber bezahlen. Beim dritten Bier war Zazo dran. Den Angriff des Typs konterte er kalt: „Alter, du hast dein Leben hinter dir, sauf weiter und halt die Klappe." Ein paar kernige

Sprüche später klopfte der Typ ihm anerkennend auf die Schulter und bezahlte unsere Biere.

Frau Breitenbach konnte sich vor Lachen kaum einkriegen. „Ich glaube, ich hätte das gleiche Schicksal erlitten, wie Sie", meinte sie. Ich berichtete noch von einem Intelligenztest, den ich spaßeshalber mit Michel und Zazo gemacht hatte: Michel 110, ich 135 und Zazo 178. Sie meinte: „Bei dem Mann muß man wohl vorsichtig sein."

Am späten Nachmittag verabschiedete mich Frau Dreyer mit den Worten: „Überlegen Sie gut, ob Sie Ihre heile Sinngeber-Welt gegen den harten Job eines Sinnbildners eintauschen möchten." Frau Breitenbach zwinkerte mir zu. Die Entscheidung verabredeten wir für den nächsten Tag 16 Uhr, Zimmer 3029. Die blue-chip-card sollte ich bis dahin behalten.

Der Abend im Harrison Hotel sah deutlich freundlicher aus als der Morgen. Jeder lächelte mich an, und ich fragte mich allen Ernstes, ob sie von der Sinnbildner-Sache wussten. Wahrscheinlich aber hatte nur ich bessere Laune.

Julia wollte die Story nicht glauben. „Du und Sinnbildner? Dann bin ich bald im GU-Vorstand", meinte sie. In ihrem geordneten Beamtenkopf konnte sie sich solche Sachen nicht vorstellen. Sinnbildner, vor allem Frau Dreyer, waren für sie das Höchste. Klar, dass es für sie nur eines gab: „Annehmen! Go, go, go!"

In der Nacht hab ich 'ne Sause gemacht. So bin ich, wenn der Kopf zu voll ist, muss ich ihn leer toben. Bis drei Uhr war ich in einer Disco. Dann bin ich mit einer wirklich scharfen Blondine durch einige Bars gezogen und habe sie am Ende in ihrem City-car vernascht. Sie wollte meine Adresse und mich näher kennenlernen. Miki hieß sie und ich hieß Gerome für sie.

An einem Containerterminal bin ich ausgestiegen und spazierengegangen. Irgendwann, es war schon hell, habe ich mit Glück ein Taxi zum Harrison Hotel erwischt. Dort gab es schon Frühstück. Dann bin ich los, in die Innenstadt zum Shopping. Für mich kanadische Lederstiefel, Büffelleder vom Feinsten, für Julia ein Seidenkleid und für Paule einen Kindercomputer. Die Sachen im Hotel abgeladen, war es 15 Uhr. Zeit für Frau Dreyer und die Global Union. Ich hatte soviel Geld ausgegeben, dass ich schon alleine deshalb den neuen Job annehmen musste. Nein, im Ernst, die Sache war entschieden, ohne dass ich sagen könnte, warum. Meine Intuition sagte mir, dass ich es machen sollte.

Frau Dreyer hatte mit nichts anderem gerechnet. Sie überreichte mir feierlich meine Bestallungsurkunde. Drei Monate Zeit hatte ich, meinen Nachfolger für Paris einzuarbeiten. Danach sollte ich mein eigenes neues Büro aufbauen. „Egal, wo Sie es auf dieser Erdkugel für sinnvoll halten". Zuerst aber, meinte Frau Dreyer, müsste ich eine Woche Urlaub machen, um die Sache zu feiern. Mit einem Augenzwinkern fragte ich sie: „Vielleicht in Kanada, bei einem Fortbildungskurs in den Bergen?" Sie amüsierte sich köstlich. Zum Abschied überreichte sie mir einen Communicator, der in jede Hosentasche passte. Damit konnte ich sie überall und zu jeder Zeit erreichen. Das Ding war phantastisch. Es war Kamera, Computer, Telefon und Laserprojektor in einem. Es funktionierte über Satellit. Digitale Laser erfassten dreidimensionale Filme, Speicherzeit: drei Stunden. Gesendet wurde so etwas innerhalb von Sekunden. Empfangene Bilddaten warf der Projektor dreidimensional in den Raum, egal ob es sich dabei um Filme, Internetseiten oder Lifebilder vom anderen Ende der Erde handelte. Fest eingespeichert war der Zugang zur Wissensdatenbank der GU. Eine bessere Datenbank gab es nicht, denn die GU hatte Zugang zu sämtlichen Universitäts- und Staats- Datenbanken. Der Code war eine Kombination meines Fingerabdrucks und meiner Iris.

„Sie werden ein guter Sinnbildner sein, Ronda, das weiß ich," sagte Frau Dreyer und: „Ach ja, fast hätte ich es vergessen: wir würden gerne innerhalb der nächsten zwei Jahre wissen, ob die Looni aus Ihrer Sicht eine Sekte oder eine Religionsgemeinschaft sind." Zurück im Hotel hab ich so gut wie lange nicht geschlafen.

In Paris, St. Denis, mußte ich meinen Frustrierten den Abschied beibringen. Ich versuchte es auf die nette Art und organisierte eine fette good-by-party. Berge von Tortilla-Chips und Bierfässern schleppte ich in eine unserer Sackgassen. Joe, mein Nachfolger war auch dabei. Körperlich nicht so fit wie ich, aber mit viel Humor. Der Mann war richtig für den Job. Meine Frustrierten haben ihn sofort akzeptiert. Einige haben mich allerdings fast zu Tränen gerührt. Sie haben versucht, mich zu überzeugen, dass es besser wäre, Sinngeber zu bleiben: „Wat willze? Sinnbildner werden? Is nich dein Ding, Alter, glaub mir, is viel zu hektisch. Bleib bei uns, is besser..." Andere haben mich gefragt, wann und wie oft ich in St. Denis wäre. Auf ihre coole Art haben sie mir zu verstehen gegeben, dass sie mich vermissen würden. Und mir ging es genauso.

Julia war glücklich und schwanger mit unserer Tochter Lilo. Sie meinte, schon immer gewusst zu haben, dass aus mir etwas Besonderes wird. Wir überlegten, wo wir leben sollten. Stadt oder Land? Europa, Asien oder Amerika? Zazo lebte abwechselnd in San Franzisko und Tokio. Auf Tokios Menschengewimmel hatte ich keine Lust. Julia würde alles mitmachen. Nach der good-by-party sind wir in den Urlaub gefahren: Nordsee, Holland, Terschelling, meine Lieblingsinsel. Eine Woche lang relaxen, lange schlafen, lange frühstücken, lange am Strand spazieren gehen. Es war Herbst und der Strand menschenleer. Ich liebe das. Keine Touristen und stundenlang an den Wellen entlang wandern, eingepackt in dicke Pullover, Gummistiefel, Gummijacken und Gummihosen. Nach dem Spaziergang dann heißer Eierpunsch in der Kneipe am Deich. Viel lesen. Göttlich.

Nach dem Urlaub habe ich in St. Denis noch einige Wochen mit meinem Nachfolger gearbeitet. Ich habe ihn überall bekannt gemacht, Zusammenhänge erklärt und in die Tricks eingeweiht. Dabei kam mir irgendwann der Gedanke, nach San Franzisko zu ziehen. Ich wollte in Zazos Nähe sein, außerdem war Californiens Klima ganz nett. San Franzisko war auch nicht so spiessig, wie das andere, durchgedrehte Amerika.

Wie würde Zazo reagieren, wenn ich ihn anriefe? Sollte ich von Anfang an mit offenen Karten spielen? Mit seiner Genialität würde er sowieso jeden feindlichen Akt durchschauen. Wieso dachte ich an feindliche Akte? War ich voreingenommen oder sagte mir mein Instinkt, dass ich ohne Kampf nicht auskäme. Zazo würde mir kaum die volle Wahrheit erzählen. Vermutlich hätte ich keine Chance, hinter die Kulissen zu sehen. Wie sollte ich ein glaubwürdiges Statement über die Looni abgeben, ohne deren wahres Leben kennengelernt zu haben? Was blieb mir anderes übrig, als selber Looni zu werden?

Julia fand die Idee nicht so gut. Sie hatte Schlechtes von den Looni gehört. „Wer dorthin geht, kommt nie zurück, heißt es. Dort soll es Gehirnwäsche geben. Wenn die herausfinden, dass du Sinnbildner bist, dann bist du geliefert! Viele sollen dort schon verschwunden sein! Vielleicht manipulieren sie deine Gedanken?".
Sie drängte mich Frau Dreyer anzurufen.

Ein paar Tage lang ging ich mit der Idee schwanger, dann rief ich Frau Dreyer an. Ich erzählte ihr, was ich vorhatte. Sie fand die Idee, Looni zu werden gut. „Ehrlich gesagt, wir hatten schon Ähnliches überlegt. Sie wären der erste undercover-agent der GU. Natürlich ist es nicht unriskant. Aber es gibt mittlerweile eine Schutzimpfung gegen destruktive mind-machines. Man injiziert einen Drogenindikator. Destruktive mind-machines aktivieren nämlich körpereigene Endorphine. Der Drogenindikator würde die Endorphine aufspüren und entsprechende Reaktionen bewirken. Neuerdings gibt es zwar destruktive mind-machines, die keine Endorphine aktivieren, aber diese Geräte brauchen Begleitdrogen für ihre Wirksamkeit. Auch diese Drogen aktivieren den Drogenindikator, so dass wir immer auf der sicheren Seite sind." Ich wollte wissen, was genau passiert und sie erklärte: „Wann immer man versuchen würde, Ihnen Drogen zu verabreichen, oder Sie mit einer destruktiven mind-machine älterer Bauart zu manipulieren, wären Sie durch die Schutzimpfung geblockt. Sie würden schlichtweg ohnmächtig werden und zwar für zwei Tage. Das Ganze macht dann Sinn, wenn wir pro Tag eine Pflichtkommunikation vereinbaren. Das heißt: würden Sie sich an einem Tag nicht melden, wüssten wir, dass etwas nicht in Ordnung ist und würden Sie sofort dort rausholen." – „Dann wäre meine Karriere als undercover agent bei den Looni natürlich beendet." – „Das ist wohl wahr. Aber immer noch besser arbeitsloser als gehirnmanipulierter undercover-agent. Außerdem fällt uns dann mit Sicherheit etwas Neues ein, um an Zazo oder die Looni heranzukommen."

Für die Impfung gab Frau Dreyer mir eine Kontaktadresse in Amsterdam und als Versteck für den Communicator besorgte sie mir Schuhe mit aufklappbarer Sohle. Sie meinte, dass der Communicator dort unauffindbar sei, da er keine reflektierenden Teile aus Metall oder Ähnlichem enthalte. Nach diesem Gespräch war ich sicher, die Sache im Griff zu haben. Auch Julia war beruhigt.

Es stand also fest, ich wurde Looni. Julia stimmte nun auch zu. Wir entschieden uns dann auch Büro und Wohnung in San Franzisko zu suchen. Per e-mail teilte ich Frau Dreyer meine

Entscheidung mit: >Büro und Wohnung in San Franzisko! Gibt es bereits Räume?< Schon eine Stunde später bekam ich Rückantwort: >Büroadresse: Adelaine Street 7, San Franzisko/ Sekretärin: Corinna Vand/ Reservierter Flug: 01.11.2029, No. 2041, 14 Uhr 25, Paris-Le Bourgè, Air Moustique – bitte bestätigen bis morgen 20 Uhr. Privatunterkunft: Eigeninitiative, Empfehlung: Hausanmietung im Seaside-quarter, Makler: Top-Reagency, San Franzisko, Mietlimit: 2000 US $ mtl./ Umzug GU organisiert<.

Ich war beeindruckt. Die GU-Organisation funktionierte professionell.

II. Kapitel -Zazos Welt-

Zur gleichen Zeit saßen Zazo und Demian zusammen. Demian war Zazos Zögling, 28 Jahre alt, arroganter Schönling, intelligent, mit einer Raffinesse, die sogar Zazo beeindruckte. „Ihr Jugendfreund Ronda ist Sinnbildner geworden, Boss. Spezialaufgabe: Looni, Abteilung >special task<, also keine Spielerei." Demian war stolz. Das Frühwarnsystem der Looni war sein Werk. „Mein alter Freund Ronda", sinnierte Zazo, „war schon immer etwas naiv." Unser Mann in Toronto berichtet, dass Ronda sich entschlossen hat, Mitglied bei uns zu werden", berichtete Demian weiter, „er hofft, dadurch unsere Organisation besser kennenzulernen." – „Sag ich doch, naiv!" – „Was soll ich tun? Ihn ausschalten?" – „Ausschalten? Mein junger Freund, du musst noch viel lernen." – „Wieso Boss? Weg ist weg. Auf Dauer nimmt denen das die Lust uns auszukundschaften." – „Zu welchem Preis? Dass sie uns mit Kontrolleuren und Polizisten nerven, und wir am Ende als Sekte eingestuft werden?" – „Die haben sowieso keine Chance, Boss, sollen sie doch kommen." – „Demian, warum sollten wir uns unerfreuliche Arbeit aufhalsen, wenn wir mit Ronda viel Spaß haben können?" – „O.K., Boss, schicken wir ihn ins Trainingszentrum Helsinki." – „Ich denke, Kopenhagen ist angemessen." – „Kopenhagen, das ist doch gar nichts." – „Für den naiven Ronda reicht`s allemal." Demian protestierte.

In Helsinki betreiben die Looni bis 2031 ihr Zenrum für hartnäckige Fälle. Dort wurden Problemfälle >harmonisiert<, Abtrünnige, Verräter, Machtgierige und Besserwisser. Sie alle kamen lammfromm zurück, harmonisiert fürs Leben. In Kopenhagen ging es um harmlosere Fälle. Melancholiker, Pessimisten, Neidhammel und Ungläubige fanden hier ihren Weg zurück zur Harmonie. Auch Neuankömmlinge aus Nordeuropa wurden nach Kopenhagen gebracht. Sowohl in Helsinki als auch in Kopenhagen setzten die Looni mind-machines ein, um als speziellen Service, eine detaillierte Persönlichkeitsanalyse erstellen zu können. Schließlich wollte man jedem individuell helfen. Mind-machines, die der Entspannung dienen, kennt jeder. Das solche mind machines bei Tests eingesetzt werden, ist nichts Besonderes. Sie helfen zu entspannen und helfen damit ehrlichen Ergebnissen näher zu kommen. Dem ersten Anschein nach spielten mind-machines bei den Looni eine untergeordnete Rolle. Die Looni setzten sie beispielsweise nicht als Lehrmethode ein. Tatsächlich aber konnten Zazos mind-machines durchaus spezielle Überzeugungen und Ängste erzeugen. Manchmal unterstützte Zazo die Behandlung durch Tiefenhypnose, aber meistens genügten einige wenige >Entspannungseinsätze<, um jemanden auf den Weg der Reinheit zu bringen.

Die Geräte waren Eigenentwicklungen mit neuester Technik. Sie brauchten keine Begleitdrogen. Aufgrund ihrer stark manipulierenden Wirkung waren sie eindeutig >destruktiv<. Ihr Einsatz war illegal, denn die Betroffenen hatten einer solchen Behandlung nicht zugestimmt, außerdem war eine objektive ärztliche Kontrolle nicht gewährleistet. Die Anwendungen nahmen die >Chiefs< vor, die von der manipulierenden Wirkung nichts wussten. Sie waren selber oft genug manipuliert worden, um überzeugt zu sein Gutes zu tun. Zazo war der einzige, der die Inhalte des Zentralcomputers kannte, von dem aus alle mind-machines ihre Daten bezogen. Sogar Demian kannte den Code nicht. Er ahnte zwar, dass hinter den mind-machines mehr als Entspannungs- und Konzentrationsübungen standen, aber trotz aller Nachfragen hatte Zazo ihm stets versichert, keine Manipulationen vorzunehmen. Demian vermied es einer mind-machine auch nur nahe zu kommen, und Zazo liebte es ihn damit aufzuziehen.

Überhaupt hatte Zazo viel Freude an seinem Demian, der immer noch versuchte ihn zu überreden, Ronda nach Helsinki statt nach Kopenhagen zu schicken. War da so etwas wie

Eifersucht im Spiel? Und wirklich, Ronda war die letzte Person, der er eine gewisse emotionale Nähe zugestanden hatte. Einmal hatte er wegen ihm sogar geweint – aus Wut und Enttäuschung -. Es war das letzte Mal, dass er überhaupt geweint hatte. Ronda hatte ihm damals ein Mädchen ausgespannt, und das nicht gerade auf die feine Art. Heute könnte ihm so etwas nicht mehr passieren. Zum einen hatte er, was Frauen anbetraf, seine Romantik verloren, und zum anderen war er um einiges klüger geworden, wobei er sicher war, dass das erstere sich aus dem letzteren ableitete. Was Ronda anbetraf, musste er sich insgeheim eingestehen, dass der Gedanke an eine Begegnung mit dem alten Schulfreund sein Herz erwärmte. Sollte Demians legendärer Instinkt das erkannt haben? Aber was bedeutete das schon? Dass Ronda heute noch sein Freund wäre, konnte er nicht sagen. Obwohl da etwas Vertrautes geblieben war. Er würde aber mit Sicherheit klug genug sein, solche Emotionen zu kontrollieren. Was bedeutete schon >Freundschaft<? Seit der Antike hatten sich die besten Freunde verraten und ermordet, sie mussten nur lange genug miteinander zu tun haben. Zazo wusste, dass Beziehungen zwischen Menschen eher mit der Dressur von Tieren oder dem Schachspiel zu tun hatten, als mit einem romantischen Wintermärchen. Frauen waren bewundernswert, solange sie hübsch waren, ansonsten konnte man ausschließlich sich selber bewundern, zumindest, wenn man Zazo hieß. Wenn er schlechte Laune hatte, was selten vorkam, hasste er die Menschen. Dann schienen sie ihm mit ihren gierigen Egoismen wie Schlangen, denen allein der Knüppel gerecht werden konnte. Meistens aber überwog sein Humor, besser gesagt, sein Sarkasmus. Er liebte es, sich über die vielen kleinen Arschlöcher und ihre spießigen Eigennützlichkeiten lustig zu machen. Er spielte mit ihnen Katz und Maus, schockierte sie, hoffierte sie, blamierte sie, ganz wie es ihm gefiel. Nicht anders war es jetzt, als mit Ronda ein Teil seiner amüsanten Jugendzeit wieder lebendig wurde. Da war nicht die Spur von Sentimentalität. Rondas Abordnung

durch die GU betrachtete er als erfreuliche Abwechslung in einem fast schon zur Routine gewordenen Leben.

Demian war weniger abgeklärt. Er war jung und kämpferisch. Er wollte nach oben, dorthin, wo Zazo war, sein großes Vorbild. Ihn bewunderte er über alles. Er imitierte ihn, und sein tiefstes Unterbewusstes lauerte auf den Tag, an dem er soviel gelernt hatte, dass er seinen Herrn und Meister vom Thron stoßen konnte. Purer Ehrgeiz trieb ihn durchs Leben. Macht waren sein und Zazos gemeinsames Ziel, und es gab nichts, was ihn davon ablenken konnte. Frau, Familie, Freizeit, solche und ähnliche Lapalien waren ihm egal. In Punkto Machtstreben waren sie gleich, in Sachen Klugheit war Zazo uneinholbar voraus.

Zazo kannte seinen strebsamen Schüler besser, als dieser sich selber jemals kennenlernen würde. Souverän spielte er mit Demians Gefühlen: „Demian, wollen wir uns darauf einigen, mit Ronda nachsichtig umzugehen? Ich muss ja zugeben, dass mich einige sentimentale Erinnerungen an meinen alten Schulfreund binden." Auf Demians verzweifelten Gesichtsausdruck reagierte Zazo mit deutlicher Belustigung: „Keine Angst, du kannst früh genug gegen Ronda antreten. Im Ernst, Demian. Übrigens habe ich gegen Ronda schon eine unserer besten Waffen mobilisiert." – „Was? Was für eine Waffe? Seit wann wissen Sie denn schon von Ronda?" Demian war schockiert, sein Boss war schon wieder einen Schritt weiter als er. „Demian, das Frühwarnsystem unterliegt immer noch meiner Kontrolle." – „Okay, Boss. Wenn ich fragen darf, welche Waffe?" – „Sie ist blond und hübsch, Demian, du hättest keine Chance gegen Sie." Zazo amüsierte sich köstlich über Demians dummes Gesicht. – „Boss, ich will ja nicht besserwisserisch sein, aber der Mann ist Sinnbildner und er ist glücklich verheiratet." – „Sie ist wirklich sehr blond, Demian, und sie ist wirklich sehr hübsch." – „In Ordnung, Boss. Also, was soll ich tun?" – „Das Wichtigste ist, dass du Ronda von unserer Seriösität überzeugst. Du kennst die

Beschlüsse der 11. Konferenz gegen Sekten und Religionsgemeinschaften. Ronda ist unsere Chance. Wenn wir ihn für uns gewinnen, haben wir gewonnen. Mit anderen Worten: du wirst Ronda zu unserem besten Agenten bei der GU machen." – „Gut, Boss. Das hört sich genial an. So machen wir das."

In Kopenhagen wurden Vorbereitungen für die Ankunft der Neuen getroffen. Diesmal sollte es besonders nett werden, so lautete die Parole des 2nd Chief. Das Kopenhagener Looni-Zentrum befand sich etwa 18 Kilometer vom alten Stadtzentrum entfernt, auf einer künstlich aufgeschütteten Insel im Sund. Die Aufnahmezeremonie war sowieso feierlich genug, an ihr brauchte nichts geändert werden. Es sollten aber 250 Novizen gleichzeitig mit Ronda aufgenommen werden, deutlich mehr als sonst. Außerdem sollte eine eindrucksvolle Hochzeitszeremonie veranstaltet werden. Ronda sollte von Anfang an wissen, was für eine tolle Truppe die Looni sind.

III. Kapitel   -Ronda bei den Looni-

Mein Flug nach San Franzisko dauerte 4 Stunden. Das Büro lag im Zentrum, gegenüber ein Konsumtempel, in dem man sich verlaufen konnte. Ich betrat das neue Büro und wunderte mich. Die Büroausstattung war vom Feinsten, Ledersessel, Echtholztische, Designerlampen, modernste Technik, auf den ersten Blick war mir alles zu schick, auch die Sekretärin, Corinna Vand. Sie schien aus einer jener Fernsehserien entsprungen zu sein, in denen Geld, Macht und Liebe die ausschlaggebenden Rollen spielen. Ich ahnte nicht, wie schnell man sich an Luxus gewöhnen kann. Corinna war sympathisch und sie war professionell. Sie hatte sich um alles gekümmert. Das Büro war ihr Werk. Außerdem hatte sie die kleine Küche mit Sekt und Snacks bestückt, Kommunikationssysteme eingerichtet und Nachbarn kennengelernt. Drei Wochen Zeit hatte ich für San Franzisko eingeplant, dann wollte ich Looni werden. Corinna erzählte ich, dass ich auf einen GU-Lehrgang ging, der zwei, drei Monate dauern würde. Ich beauftragte sie, in dieser Zeit möglichst detaillierte Dateien über die mir zugeordneten Sinngeber anzulegen. Sie sollte alles besorgen, was sie kriegen konnte: dokumentarisches Filmmaterial, Lebensläufe, Schriften, Aktionen. Ich wollte sofort nach meiner Rückkehr das erste Treffen organisieren und mich auf jeden einzelnen vorbereiten. Sie lächelte mich zauberhaft an.

Übers Internet hatten Julia und ich drei Häuser in die engere Wahl genommen. Sie wollte die Häuser live sehen, also war sie hochschwanger mit nach San Franzisko geflogen. Unseren Sohn Paul hatten wir bei ihren Eltern in Luxemburg untergebracht. Wir entschieden uns für eine alte, renovierungsbedürftige Villa mit zwei Bädern, sieben Zimmern, Blick auf den Pazifik und 1.600 $ Monatsmiete. Renovieren mussten wir selber. Das bedeutete, Farbeimer schleppen, Fliesen aussuchen, Badewanne installieren. Wir machten fast alles selber, weil es schneller ging, und weil wir von unserer Pariser Wohnung noch in Übung waren. Die Aktion war dann vielleicht doch zu anstrengend, denn mitten bei den Parkettschleifarbeiten kam unser Töchterchen Lilo zur Welt. Ich konnte Julia gerade noch ins Hospital bringen. Nachdem all diese existenziellen Dinge erfolgreich erledigt waren, flog ich nach Toronto. Vor dem Looni-Job wollte ich noch mit Frau Dreyer sprechen.

Das GU-Glasei war mir mittlerweile vertraut, genauso wie Frau Dreyer. Sie hielt es für sinnvoll, mir für die Zeit bei den Looni eine andere Identität zu verpassen. Eine „wasserdichte", wie sie sagte, denn sie ging davon aus, dass die Looni zu ihrem Schutz Identitätsprüfungen vornahmen, womit sie Recht behalten sollte. Johan van Vel, so sollte ich heißen. Der Name gefiel mir, wollte ich als Wallone doch schon immer einen flämischen Namen haben. Zum ersten Mal im Leben musste ich eine mind-machine-Behandlung mit Tiefenhypnose über mich ergehen lassen. „Damit die Identität auch wirklich sitzt", hieß es, und auf meine Frage nach eventuellen Nebenwirkungen antwortete Gil, der verantwortliche GU-Arzt: „Später drehen wir das Rad problemlos wieder zurück." All dies machte mir bewusst, dass ich bisher, trotz aller Straßenkämpfe und Insider-Aktionen, in einer einfachen Welt gelebt hatte. Dieses Geheimagentspielen war eine andere Nummer. Mein Einsatz steigerte sich.

Nach der mind-machine-Behandlung fühlte ich mich völlig normal. Tatsächlich war es anders. Man zeigte mir ein Video über Julia und Paul, und ich erkannte sie nicht. Ich war überzeugt, Johan van Vel zu sein, Journalist, Single, geboren in Antwerpen. Ansonsten war mein Wahrnehmungsvermögen unbeeinträchtigt. Ich würde mich später – nach Aufhebung der alias-Identität – an alle Einzelheiten der Looni-Welt erinnern können. Die Frage, ob die Looni ihre Mitglieder der geistigen Freiheit beraubten, würde ich uneingeschränkt beantworten können. Die tägliche Pflichtkommunikation war mir als sorgende Nachfrage nach meiner alten Mutter eingeimpft. Abends ging mein Flug nach Amsterdam, denn dort sollte die Geschichte des Looni-Anwärters Johann van Vel beginnen.

Demian hatte Ronda seit seinem Abflug nach San Franzisko nicht aus den Augen gelassen. Jeden Schritt, jedes Telefonat, jedes Wort hatte er überwacht. Als Ronda, alias Johan van Vel am 30. November 2029 das Informationszentrum der Looni in Amsterdam betrat, war es Demian persönlich, der ihn am Tresen begrüßte: „Herzlich willkommen bei den Looni. Wie kann ich ihnen behilflich sein?" – „Ich wollte mich über ihre Organisation informieren. Es wird Gutes und Schlechtes über sie berichtet." – „Das ist bei allen Dingen so, die das Übliche übersteigen. Außerdem sind Looni auch nur Menschen, also materielle Geistesträger, und schon deshalb in sich widersprüchlich, gut und schlecht zugleich." – „Ich habe von ihrer Widerspruchstheorie gehört." – „Die Theorie der gegensätzlichen Ganzheit ist von vielen Wissenschaftlern und Therapeuten anerkannt, auch von solchen, die mit unserer Religionsgemeinschaft nichts zu tun haben. Ich denke zum Beispiel an die Psychologen, die die Ambivalenztheorie aus der Theorie der gegensätzlichen Ganzheit abgeleitet haben. Interessieren sie sich für Wissenschaften?" – „Mich interessiert eher die Frage, ob es so etwas wie Erleuchtung oder Gott gibt." – „Unsere Religion ist komplex. Wir ähneln da ein wenig dem Buddhismus. Auch bei uns führt der Weg der Erkenntnis über mehrere Bewusstseinsstufen. Diese Stufen zu erklimmen ist nicht leicht. Unsere Religionsgemeinschaft leistet dazu Hilfestellung." – „Es wird viel über diese Hilfestellung erzählt" – „Ja, ich weiß, Widersprüchliches! Hätten sie Zeit und Lust, sich selber eine Meinung zu bilden? Wir bieten Einführungskurse an. Sie sind gratis, inklusive Hin- und Rückflug, dauern zwei Wochen und bieten einen Überblick über unsere Aktivitäten." – „Die Idee könnte mir gefallen." – „In einer Woche beginnt in Kopenhagen ein Einführungskurs." – „Und wie finanzieren sie das Ganze?" – „Es gibt weltweit 40 Millionen Looni. Viele sind vermögend. Wir finanzieren uns ausschließlich durch freiwillige Spenden. Also keine Scheu. Wenn sie nach dem Kurs kein Interesse an uns haben, wird ihnen niemand böse sein. Sie werden auch keine Rechnung von uns bekommen." Ronda, alias Johan lächelte und Demian hakte nach: „Darf ich ihnen das Ticket für Kopenhagen ausstellen?" Johan nickte.

In Kopenhagen waren Unterkünfte für 258 Neulinge vorbereitet. Der Empfang lief nach dem üblichen Schema ab: freundliche Looni-Hostessen schenkten den Neuankömmlingen zur Begrüßung blaue Seidenhemden mit goldener Sonne auf Brust und Rücken. Goldene Sonne auf blauem Grund – die Insignien der Looni -. In ihren Zentren trugen alle Looni solche Hemden. Es wurde Champagner gereicht, was die Stimmung bald hob. Ein sympathischer alter Herr im blauen Hemd hielt einen berauschenden Vortrag über das Leben im Allgemeinen und bei den Looni im Besonderen. Er erzählte freudestrahlend, wieviel Kraft ihm der Looni-Weg gegeben hatte, und wirklich, mit seinen über siebzig Jahren bot er einen kerngesunden, kräftigen Anblick. „Nichts", so sagte der alte Mann, „ist bei uns verlogen. Wir sind ehrlich uns selbst und anderen gegenüber. Nur so können wir uns wirklich kennenlernen und glücklich werden. Die Natur ist uns wichtig, wir achten sie und leben mit ihr in Harmonie. Bei uns gibt es kein Plastik, kein Genfood und keine genetisch manipulierten Kinder. Johan spürte erste Begeisterung bei den Neulingen. Nichts war künstlich aufgesetzt, die Looni strahlten allesamt eine natürliche Fröhlichkeit aus. Das Leben hier schien paradiesisch zu sein. Der alte Mann betonte, das Wichtigste im Leben sei die Nähe zu Gott. Ein Leben lang sei er allen möglichen Träumen hinterhergelaufen, bis er endlich vor dreißig Jahren gemerkt hätte, dass das wahre Glück von Innen kommt, von der Nähe zu Gott. Hier bei den Looni hätte er den Weg dorthin gefunden. Der Applaus am Ende seiner Rede wollte kein Ende nehmen, und als der alte Mann die

Anwesenden aufforderte, die blauen Hemden anzuziehen, sah Johan niemanden, der das nicht tat.

Nach dem Vortrag bat man die Neulinge zu Tisch. Der Speisesaal erinnerte mit seinen langen Holzbänken und Holztischen an ein rustikales Bierzelt. Johan wusste nicht mehr, wo er so etwas schon einmal gesehen hatte. Auf den Tischen standen seltene Delikatessen: echter Spargel, gekochter Schinken und Butterkartoffeln. Viele Neulinge kannten Spargel nicht. Es war grüner Spargel, der auf der Zunge zerging und göttlich schmeckte. Tönerne Krüge mit Weißwein standen auf den Tischen und zum Abschluss gab es Irish-Coffee. Das allgemeine Wohlbefinden war kaum zu übertreffen.

Dann wurden Computerbefragungen angeboten. Jeder Neuling konnte, wenn er wollte, eine erste streng vertrauliche Persönlichkeitsanalyse erarbeiten lassen. Alle Daten sollten ausgewertet werden: bisherige Tätigkeiten, Herkunft, erlernte Fähigkeiten, Begabungen, Wünsche, Ziele, Ideale, ganz so, als ginge es um eine Bewerbung in höchsten Wirtschaftskreisen. Die freundlichen Hostessen betonten, dass man den Neulingen optimal helfen wollte, den passenden Weg durchs Leben und womöglich zum idealen Partner zu finden. Seit die Looni den Service >Partnersuche< eingeführt hatten, kamen immer mehr Menschen allein aus diesem Grund zu ihnen. Es hatte sich herumgesprochen, dass man bei den Looni beste Chancen hat, etwas Passendes zu finden. High-Tech wurde eingesetzt, also neueste Computerprogramme, die vom Optischen, über den Geruch, bis zu geistigen Dingen gegenseitige Sympathien zuverlässig herausfilterten. In Anbetracht der Unzahl von Menschen, die Looni waren oder werden wollten, war die Wahrscheinlichkeit groß, einen passenden Partner zu finden.

Johan wollte nicht als Außenseiter auffallen, also reihte er sich ein. Der Sinn stand ihm eigentlich nicht nach solcher

Analyse. Überhaupt wunderte er sich, wie bereitwillig die anderen Neulinge alles mitmachten und sich in ihren blauen Hemden heimisch fühlten. Wie eine Herde Schafe kamen sie ihm vor. Viele waren schon jetzt bereit, die überall herumliegenden Aufnahmeformulare auszufüllen und Mitglied zu werden. Hatten sie den Entschluss so kurzfristig gefasst oder waren sie schon mit der Absicht hergekommen, Looni zu werden? Wer sich so voreilig auf etwas Unbekanntes einließ, dem konnte das bisherige Leben nicht viel wert gewesen sein. Ronda, der Sinnbildner, wusste um triste Lebensinhalte. Johan van Vel erinnerte sich nicht an seine Zeit als Sinngeber. Er wusste nur, dass er möglichst unauffällig herausfinden wollte, ob die Looni ihren Mitgliedern den freien Willen nahmen. Aber was bedeutete hier >freier Wille<? Dass man nach einem Vortrag, ein paar Gläsern Wein und einer Computeranalyse alles hinter sich lässt und Looni wird? Ihm konnte so etwas nicht passieren, er war in seinem Innersten Individualist, skeptisch gegenüber Massenveranstaltungen und Führerpersönlichkeiten. Wie konnte er herausfinden, wo überhaupt ein >freier Wille< existierte, den es zu schützen galt? Was war diesen Menschen Freiheit? Hatten sie jemals eine gehabt? Welche Freiheiten konnten sie verlieren? Johan kam ins Grübeln.

Am Nachmittag wurden die Ergebnisse der Computeranalyse besprochen. Die meisten waren überrascht, wie treffend ihre persönlichen Stärken und Schwächen erkannt worden waren. Empfehlungen für Beruf, Hobby und Partnerschaft wurden gegeben. Jeder erkannte sich wieder und war geschmeichelt. Wer hatte schon jemals zuvor eine solch umfangreiche Computer-Analyse geboten bekommen? Jedem Novizen wurde zur Auswertung ein Looni zur Seite gestellt. Zu Johan gesellte sich Mandy, eine sympathische, junge Frau im blauen Hemd. „Bist du zufrieden mit der Analyse? Siehst du Ansätze, deinen bisherigen Lebensweg zu ändern? Warum bist du zu uns gekommen?" Diese und ähnliche Fragen stellte sie ihm und Johan antwortete souverän ausweichend. Offensichtlich kannte sie seine Daten, denn sie wusste, dass er arbeitslos und Single war. „Wir haben wunderbare Möglichkeiten für ein sinnvolles Leben, weißt du? Den Sinn des Lebens finden wir nämlich stufenweise, wozu auch Erfolgserlebnisse im Beruf gehören. Die Lehre der Widersprüche erklären dir übrigens unsere Spezialisten viel besser als ich. Du bleibst doch bei uns, oder?" Johan nickte. >Beruf<, den Begriff hatte er lange nicht gehört; heute sprach man nur von >Jobs<. Beruf, das erinnerte an die guten alten Tage.

Das Looni Gelände glich einer großen Stadt. Geschäfte, Restaurants, ein eigener Hafen, eine Fischfarm, Handwerksbetriebe, alles, was ein gut funktionierendes Sozialsystem brauchte, war vorhanden. Einen wesentlichen Unterschied zu einer normalen Stadt gab es allerdings, und das waren die Unmengen von blau gekleideten Menschen. Mandy führte ein Bistro, wo auf Buffettischen Salate und Brot angeboten wurden. Man aß und trank soviel man wollte. Bezahlen brauchte man nicht, denn Geld gab es nicht. „Alkohol gibt's bei uns normalerweise nicht", sagte sie, „wir wollen gesund leben. Alkohol trinken wir nur zu besonderen Anlässen." – „Zum Beispiel, wenn Neue kommen", ergänzte Johan. Dass man ohne Wertmarken und Geld alles bekam, was man wollte, faszinierte Johan. Konnte so etwas gut gehen? Sammelt nicht jeder auf Vorrat oder zu eigenem Nutzen alle möglichen Dinge? „Mitnehmen kannst du eh nichts", erklärte Mandy, „wir haben ein geschlossenes System. Wir brauchen nichts von außen und wir geben nichts nach außen. Außerdem belasten wir unsere Seele nicht mit solchen Dingen, wie Besitz und Geld. Es gibt wichtigere Dinge, Dinge die mehr Freude bereiten. Wie du siehst, leben wir gut. Jedenfalls besser, als die, die nur GU-Grundmittel bekommen und sehr viel besser als die Armseligen, die ihr Leben mit Gier und Geld verplempern." Johan hatte den Eindruck, dass ihre Ansichten so verkehrt nicht waren. Abends führte Mandy Ronda zu seiner Unterkunft. Bei den Looni waren alle Unterkünfte genormt. Man lebte bescheiden aber stilvoll. Pro

Person standen 20 Quadratmeter zur Verfügung: ein Wohn-/Schlafzimmer mit 16 Quadratmetern und ein Bad mit 4 Quadratmetern. Die Ausstattung war aus echtem Holz in formschönem, runden Design. So hatte jeder seine eigene gemütliche Privatsphäre. Für Paare gab es, abhängig vom Nachwuchs größere Einheiten. Mandy bot sich an, bei Johan zu übernachten. „Weil du dich vielleicht in der ersten Nacht ein wenig einsam fühlst", meinte sie unschuldig und ergänzte: „Für mich ist Sexualität eine der Stufen zur Erkenntnis Gottes und der Natur. Wir Looni praktizieren Sexualität nämlich genauso natürlich wie Essen und Trinken."· „Ich habe gehört, dass ihr absolut treu seid", sagte Johan, und Mandy belehrte ihn: „Das stimmt. Wenn ich einen festen Partner hätte, würde ich dir das Angebot nicht machen. Außerdem war unser Computer der Ansicht, dass wir ganz gut zueinander passen würden." Johan hatte nichts einzuwenden, denn Mandy war ausgesprochen hübsch. Sie versüsste seine erste Nacht bei den Looni, und der Computer hatte Recht, sie passten wirklich gut zusammen.

In den nächsten Tage besichtigten die Neulinge verschiedene Looni-Projekte. Neue Häuser, eine neue Fischfarm, eine in Bau befindliche Werft, die Looni-Stadt erweiterte und vergrößerte sich an allen Ecken und Enden. Hier gab es Arbeit für jedermann, denn es wurde traditionell gearbeitet. Innerhalb des geschlossenen Looni-Kreislaufs gab es keine Konkurrenz und keine Roboter. Echte Handwerkskunst war gefragt. Marc Jerom, der Leiter des Kopenhagener Zentrums, ein 2nd –Chief, war besonders stolz auf die wachsende Unabhängigkeit des Looni-Systems: „Ich sage euch, noch zehn Jahre, und wir brauchen keinen Pfennig mehr von der GU. Wir werden immer unabhängiger. Alle halbe Jahre kommen die Leute vom Finanzamt und schätzen den Wert unserer Arbeit. Wir werden von Jahr zu Jahr besser, was uns zwar immer weniger GU-Mittel beschert, aber andererseits zeigt, dass wir auf dem richtigen Weg sind. Wer bei uns arbeitet, erhält nicht, wie in der freien Wirtschaft, Geld oder

Prämien. Wir haben so etwas nicht nötig. Wir arbeiten, weil es uns Spaß macht." Johan fand das System gelungen. Besonderen Gefallen fand er an der Tischlerei. Das Entwerfen und Bauen von Möbeln könnte ihm gefallen. Mandy traf er in regelmäßigen Abständen, sie verstanden sich wirklich gut.

Eines Vormittags wurde es ernst. Ein >brain-check< stand auf dem Programm. Die zwei Wochen Kennenlernphase waren beendet, und wer bei den Looni bleiben wollte, bekam die erste ernsthafte >Hilfestellung für den rechten Weg<. Es gab nur wenige, die zurück in die normale Welt flogen. „Wer weggeht, ist meist süchtig", erklärte Mandy, „Alkohol und Drogen kann man bei uns nicht bekommen." Beim brain-check wurden mind-machines eingesetzt. Sie sollten der Entspannung dienen, um die eigenen Möglichkeiten und den individuellen Weg zu Gott und zur Natur offen und ehrlich ermitteln zu können. Natürlich waren auch hier alle Ergebnisse vertraulich. Für Johan war der brain-check ein riskanter Test seiner Alias-Identität. Würden die Looni herausbekommen, dass Ronda hinter Johan steckt, sie würden sich mit Sicherheit etwas Unangenehmes einfallen lassen. Johan selber wusste nicht um seine Alias-Identität. Er empfand nur eine intuitive Abneigung gegen diesen brain-check.

Zazo steuerte die mind-machines über seinen Zentral-Computer. Die übliche Behandlung hatte drei Stufen. In der ersten wurden widerspenstige Energien lokalisiert, in der zweiten wurden sie eliminiert, und in der dritten wurden Looni-Ideale eingeimpft. Im Fall >Johan van Vel< hatte er den Zentralcomputer angewiesen, jede manipulierende Wirkung zu vermeiden. Nicht dass Zazo aus alter Freundschaft handelte, er hatte vielmehr herausgefunden, dass Ronda, alias Johan, eine Schutzimpfung gegen destruktive mind-machines erhalten hatte. Ronda aber sollte sein bester Agent bei der GU werden und nicht Beweis für verbotenes Handeln. Er hatte die Rechnung ohne Demian gemacht.

Demian saß beim Frühstück in San Franzisko und freute sich auf den brain check der Neulinge in Kopenhagen. Für „Ronjon", wie er Ronda, alias Johan, nannte, hatte er sich eine spezielle Behandlung ausgedacht. Langfristig wollte er Ronda zwar als Sympathisant der Looni gewinnen, so wie es der Boss gesagt hatte, doch hielt er es für angebracht, den Störenfried besser unter Kontrolle zu bringen. Auch konnte er eine gewisse Eifersucht nicht leugnen. Was wäre, wenn die alte Freundschaft zwischen den beiden wieder aufleben würde? Zazo hatte einen seltsam gefühlsbetonten Eindruck gemacht, als er erzählte, dass Ronda nicht bestechlich sei. „Niemals Demian", hatte er in feierlichem Ton gesagt, „niemals ist dieser Mann käuflich. Versuche es also gar nicht erst." Tatsächlich hatte die Kopenhagener Computeranalyse genau das bestätigt. Der Mann war unbestechlich. Würde Zazo wieder Gefallen an der alten Freundschaft finden, an jemandem, der ihm ehrlich die Meinung sagt, Demians Einfluß auf Zazo wäre automatisch geschwächt. Er wollte diesen Mann in den Griff bekommen. Lange hatte er überlegt, was er tun konnte. Dann war ihm Raja eingefallen, sein bester Hypnose-Spezialist. Hypnose, das war die Lösung. In wenigen Minuten würde Raja Ronda, alias Johan, gegenüber sitzen und dafür sorgen, dass alles seinen geregelten Gang ging.

Wie alle Neulinge führte man Johan zum brain-check in ein >Meditationslabor<. Decke und Wände des winzigen Zimmers waren mit Schallschluckern bedeckt, wodurch die Atmosphäre eines Tonstudios entstand. Es herrschte absolute Ruhe. Ein bequemer Ledersessel stand mitten im Raum. Für mehr war auch kein Platz. An der Rückseite des Sessels war die brain-machine montiert. Sie sah aus, wie ein einfaches Modell, das man in jedem Kaufhaus kaufen konnte. Technisch gesehen bestand sie aus einem Helm mit integrierter dreidimensionaler Videobrille, real-surround-sound, und einige Elektrostimulatoren im oberen Helmbereich, um spezielle Bereiche des Hirns zu stimulieren. Der Looni, der Ronda bei der Anpassung des Helms behilflich sein sollte, würde jeden Moment kommen. Johan kannte brain-machines, er wusste, dass er so etwas schon einmal ausprobiert hatte, er wusste nur nicht mehr, wann und wo. Solch gedämpftes Erinnerungsvermögen kam ihm zwar manchmal merkwürdig vor, aber das Gefühl dieser Merkwürdigkeit verflog innerhalb von Millisekunden.

Raja, Demians Spezialist für Hypnose war Inder. Er hatte sich gut auf die Begegnung mit Johan vorbereitet. Sehr deutlich hatte er mitbekommen, dass Demian ein besonderes Interesse an dem Fall hatte. Raja wusste um seine eigene charismatische Ausstrahlung und er wusste aus Johans Computeranalyse, dass der eine ähnlich starke Persönlichkeit war. Eine solche Konstellation, zweier starker Personen, konnte von Vorteil sein, nämlich dann, wenn gegenseitige Sympathie gegeben war. Völlig anders verhielt es sich bei Antipathie. Würde er in einem solchen Fall sein Charisma ausspielen, würde überhaupt nichts klappen. Er hatte sich deshalb vorsichtshalber entschlossen, devot aufzutreten. Als Bekleidung hatte er einen grauen Hosenanzug mit grünem Hemd gewählt, das Erscheinungsbild eines Handwerkers. Er klopfte an, bevor er das Meditationslabor betrat. „Schönen guten Tag, man hat mich geschickt, um Ihnen beim Anpassen des Helmes behilflich zu sein." Johan nickte kurz: „Hallo." – „Haben Sie schon einmal eine mind-machine benutzt?" – „Ja, aber es ist lange her." – „Dann erkläre ich es vorsichtshalber noch einmal." Die Unterhaltung verlief exakt so, wie Raja es sich vorgestellt hatte. Er setzte Ronda den Helm auf, fummelte an den Elektrodeneinsätzen herum und erklärte, dass alles sehr angenehm sei, eine wunderbare Entspannung zu schönen Bildern und sanfter Musik. „Das Beste ist, Sie entspannen sich völlig. Lassen Sie die Arme herunterhängen und machen Sie die Beine lang." Johan folgte seinem Rat. Raja sprach ruhig und ein wenig gelangweilt weiter: „Arme und Beine hängen locker herunter und werden schön weich und schwer. Sie atmen ruhig und tief. Ihr Kopf wird schwer, Ihre Gedanken kommen zur Ruhe. Entspannen Sie sich und folgen mit den Augen dem Pendel der Uhr an der Wand." Johan bemerkte erst jetzt die kleine Pendeluhr an der Wand und folgte dem Pendel mit den Augen. „Sie werden ruhig und entspannt." Keine 5 Minuten später hatte Raja Johan in der Hypnose.

Frau Dreyer wollte gerade Alarm geben, als Johan sich aus dem Kopenhagener Zentrum meldete. Johan hielt Frau Dreyer für seine Mutter: „Entschuldige bitte die Verspätung Mutter, aber diese blöde mind-machine Aktion hat länger gedauert als erwartet." – „Und wie war`s?" – „Ganz gemütlich, sanfte Musik und schöne Bilder." Frau Dreyer wurde aufmerksam. Rondas Antwort fiel deutlich zu positiv aus. „War irgendetwas besonders an der Sache?" – „Nein, eigentlich nicht." – „Wer hat dir bei der mind-machine Benutzung geholfen?" – „Irgend so ein Hausmeister...." Frau Dreyer ahnte intuitiv, dass etwas nicht stimmte. „Wir haben hier einen Trauerfall in der Familie, Johan. Bitte sei so gut und unterbrich deinen Aufenthalt für ein, zwei Tage. Tante Edith ist gestorben, es gibt einiges zu organisieren." Johan stimmte spontan zu: „In Ordnung, Mutter, ich komme."

Zazo war sauer: „Hattest du nicht Order, Ronda in Ruhe zu lassen?" – „Boss, ich habe doch nur eine harmlose Tiefenhypnose arrangiert, nichts Schlimmes." – „Was für eine Hypnose?" – „Wir haben ihn auf das Wort >Bengalentuch< programmiert. Bei dem Wort fällt er in Hypnose zurück. Wir können dann problemlos seine Pläne erfahren, und wenn nötig, ein wenig beeinflußen. Ist das schlecht?" – „Schlecht ist es, wenn die GU es herausbekommt." – „Das ist wohl wahr. Aber wie sollen die das herausbekommen?" – „Ronda ist schon wieder auf dem Rückweg nach Toronto. Warum wohl? Weil es ihm bei uns so gut gefallen hat?" – „Boss, ich hab mich auch schon gewundert." – „So, du hast dich auch schon gewundert. Mich wundert bald gar nichts mehr, du Trottel. Überlege dir gut, ob du dich freiwillig bei der GU meldest, um dich zu entschuldigen. Bis heute Mittag will ich deine

Antwort." – „Boss, das kann doch nicht Ihr Ernst sein!" Mit einem vernichtenden Blick verließ Zazo den Raum. Demian war verunsichert. Hatte er einen Fehler gemacht? Raja hatte ihm berichtet, dass Johan erstaunlich leicht zu hypnotisieren gewesen war, was vermuten ließ, dass Johan einige Zeit zuvor schon einmal hypnotisiert worden war. Hatte die GU ihm eine Hypnose verpasst, die sich mit der neuen Hypnose nicht vertrug? Er rief Raja an, der ihm erklärte, dass es möglich sei, eine ältere Hypnose durch eine neue zu überlagern, wodurch die Wirkung der alten möglicherweise beeinträchtigt sei. Wirklich merkwürdig war, dass Johan direkt nach der Hypnose abgereist war. Immerhin hatte er vor, Looni zu werden und herumzuspionieren. Je länger er die Sache analysierte, umso größer wurde die Wahrscheinlichkeit, dass er mit der Hypnose-Aktion einen kapitalen Fehler begangen hatte. Ausgerechnet der Mann, der offiziell die Rechtschaffenheit der Looni bescheinigen sollte, ist bei den Looni hypnotisiert worden. Wie konnte man so etwas wieder gerade biegen? Mit einer Entschuldigung, wie Zazo sagte? Sollte er nach Toronto fahren und sagen: >Tut mir leid, soll nicht wieder vorkommen<? Da musste ihm schon Besseres einfallen. Schließlich war ihm die einzig mögliche Lösung klar: er musste sich selber opfern. Er persönlich war der Schuldige und nicht die Looni-Organisation. Genau das musste der GU erklärt werden. Natürlich wäre damit seine Karriere bei den Looni erst einmal gestoppt. Jemanden wie ihn konnten sich die Looni als Repräsentanten nicht mehr leisten. Schlagartig wurde Demian klar, dass vielleicht nicht nur seine Karriere auf dem Spiel stand. Zazo konnte manchmal rigoros sein. Dieser verfluchte Ronda! Kaum war er aufgetaucht, hatte er ihn schon fast um Kopf und Kragen gebracht.

Mittags stand ein zerknirschter Demian vor Zazo. „Boss, das mit der Entschuldigung ist Ihr Ernst, oder?" – „Hast du eine bessere Lösung?" – „Nein." – „Also, wie willst du`s tun?" – „Ich fahre nach Toronto und gestehe, aus Eifersucht gehandelt zu haben. Ich opfere mich." – „Womit du klar machst, dass wir von Ronda wussten und logischerweise einen Informanten bei der GU haben." – „Daran hab ich noch gar nicht gedacht." Demian wurde heiß. „Du hast an vieles nicht gedacht, mein Freund." – „Boss, was soll ich tun?" – „Du hast Recht, es geht nicht ohne Opfer, nur werden es zwei sein müssen." – „Sir, ich mache es wieder gut, wirklich, ich verspreche es. Darf ich irgendwann wieder nach oben?" – „Mal sehen." Demian atmete auf. Er kannte Zazo gut genug, um zu wissen, dass die Antwort deutlich schlechter hätte ausfallen können. Dankbar reichte er Zazo die Hand und verbeugte sich. Dann rief er noch im Beisein Zazos die GU an. Er verlangte den Supervisor des Sinnbildners Ronda und sah ein paar Sekunden später Frau Dreyer vor sich.

IV. Kapitel   -Ronda zwischen GU und Looni-

Johan, alias Ronda war sofort nach der Ankunft in Toronto zum GU-Hauptquartier gefahren, wo er noch am Abend einen Termin mit Gil hatte, dem gleichen Arzt, der ihm vor zwei Wochen die Alias-Identität verpasst hatte. Es dauerte keine zehn Minuten, dann war klar, dass Johan bei den Looni hypnotisiert worden war. Frau Dreyers Entschluss kam prompt: „Ronda wird sofort komplett enthynotisiert." So wurde ich wieder ich, und das Schlüsselwort >Bengalentuch<, das Gil bei mir entdeckt hatte, verlor seinen Zauber.

Am nächsten Morgen berieten Frau Dreyer und ich, wie wir auf die Looni-Hypnose reagieren sollten. Stand schon fest, dass die Looni verbotene Mittel einsetzten, und waren sie deshalb als Sekte einzustufen? „Im Prinzip, ja, womit Sie Ihre Aufgabe in Rekordzeit erledigt hätten", meinte Frau Dreyer. Wir waren inmitten der Diskussion, als Demian anrief. Der Mann kam mir bekannt vor, ich wusste nur nicht mehr, wann und wo ich ihn gesehen hatte. Er stellte sich als Zazos Assistent vor und bat um einen Gesprächstermin. Frau Dreyer gab ihm den Termin schon am Ende der laufenden Woche. Bis dahin verschoben wir die weitere Diskussion. Ich besuchte auf Empfehlung von Frau Dreyer eine Konferenz, die Gideon, ein Sinnbildner-Kollege, gerade in Toronto abhielt.

Gideon hatte die spezielle Aufgabe, sich um die katholische Kirche zu kümmern. Ich glaube, kein Sinnbildner hatte es schwerer. Ständig schwenkten Demonstranten vor seinem Privathaus Plakate. >Kirche statt Kommunismus< und >Religionsfreiheit statt GU-Diktatur< stand dort geschrieben.

Auf der Konferenz berichtete Gideon von einer Organisation namens >Opus Dei<. Im Vergleich zu dieser katholischen Kampftruppe schienen die Looni harmlos zu sein. Gideon berichtete, wie das Opus Dei versucht hatte, seinen Sohn

Daniel zu beeinflußen. In Oxford, wo die Professoren den Lehrstoff noch life im Auditorium vortragen, hatte Daniel Rechtswissenschaften studiert. Der >Oxford-Law-Circle<, ein klassischer Anbieter von Wiederholungskursen, stand unter dem Einfluß des Opus Dei. Jeder Student, auch Daniel, besuchte diese Wiederholungskurse. Nachdem herausgekommen war, dass Daniel der Sohn des >GU-Kommunisten< Gideon ist, hatten ihn die Leiter des Cirkel unter Druck gesetzt. Er sollte der GU und dem Vater öffentlich abschwören. Daniel tat das genaue Gegenteil. Er veröffentlichte die Repressalien und verhalf dadurch der GU zu noch mehr Publicity. Kurz darauf zerstörte ein Sprengsatz seine Wohnung und verfehlte ihn nur deshalb, weil er auf ein Bier in einen Pub gegangen war. Daniel wechselte an eine der üblichen Internet-Universitäten. Gideon war froh, dass nichts Schlimmeres passiert war.

Mir wurden die Risiken unseres Jobs einmal mehr vor Augen geführt. Doch Gideon demonstrierte auch sehr eindrucksvoll welche Möglichkeiten ein Sinnbildner hatte. Sein Team war auf beachtliche 350 Mitarbeiter angewachsen. Darunter hochqualifizierte Detektive, die ihm gegen Erfolgshonorar halfen, das Vermögen der katholischen Kirche zu ermitteln. Die katholische Kirche andererseits hatte mehr als doppelt so viele Personen organisiert, um den >GU-Angriff< abzuwehren. Wo immer Gideon die katholische Kirche um Aufklärung bat, wurde er in die Irre geführt. Gideon war dazu übergegangen, seine Arbeit über drei Kamera-teams live im Internet zu dokumentieren. Hautnah konnte nun jeder über Net-TV, bis ins hinterste Dorf der Erde, verfolgen, wie die katholische Kirche mit der Idee der globalen Gerechtigkeit umging. Diese Offenlegung bekam der katholischen Kirche gar nicht gut. Vor allem in den armen, abgelegenen Winkeln der Erde saßen ihre treuesten Anhänger. Nun wussten aber gerade diese Leute, dass die GU für sie kämpfte. Manchmal hatten sie nur ein einziges Com-TV in der Kneipe des Ortes. Dort verfolgten sie dann live, wie die katholische Kirche die GU behinderte.

Viele traten aus der Kirche aus. Gideons TV-Aktion wurde ein voller Erfolg. Auf der Konferenz berichtete Gideon von speziellen Tricks, die er sich hatte einfallen lassen, um das Versteckspiel der katholischen Kirche blosszustellen. Obwohl er fast 60 war, war er lebendiger als mancher Jugendlicher. Wir kennen das Ergebnis seines Kampfes: 2030 wurde auf einer Kardinalskonferenz die Macht des Papstes und seiner verkrusteten Denkweise gebrochen. Ein Jahr später unterzeichneten GU und katholische Kirche den ersten Vertrag über die Zuordnung von Immobilien und anderer Vermögenswerte. 2032 schaffte die katholische Kirche das Papstum ab. Viele wissen es nicht mehr, aber bis dahin galt der Papst, ein gewählter Oberpriester, ähnlich wie Gott als unfehlbar.

Gideon und mich verband trotz unseres 17-Jahre-Altersunterschieds von Anfang an spontane Sympathie. Wir hatten den gleichen Job mit ähnlichen Aufgaben, doch das war nicht entscheidend. Als wir uns das erste Mal sahen, grinsten wir uns automatisch an. Ich meine, dass wir unsere Seelenverwandschaft erkannten. Abends, wenn bei der GU Ruhe einkehrte, zogen wir durch das abendliche Toronto. Gideon lebte getrennt von Ehefrau und dem erwachsenen Sohn. Er dachte radikaler als ich. Wo ich Ideale suchte, hatte er Realitäten gefunden. So nüchtern, wie ich die Verhältnisse der Strasse sah, sah er das Leben. Er war näher dran am Leben, und genau deshalb war er schlagfertiger und freier. Nichts, auch die GU nicht, konnte ihn beeindrucken. Ich bewunderte ihn. Er wurde zu einem guten Freund. Bis zu seinem Tod vor drei Jahren habe ich viel von ihm und seinen coolen Aktionen gelernt.

Am Freitag kam Demian. Er erschien im grauen Anzug, seriös und elegant. Seine Ansprache war herzerweichend: „Werte Frau Dreyer, sehr geehrter Ronda, ich bin hier, um mich zu entschuldigen." Als er das sagte, ahnte ich, was kommen sollte. „Ich habe nicht nur die Regeln der Looni sondern allgemeines Menschenrecht verletzt. Ich habe Sie, Ronda, ohne Ihr Einverständnis hypnotisieren lassen. Ich habe aus Eifersucht gehandelt; aus Angst, Ihre Freundschaft zu Zazo könnte wieder aufleben und dadurch meinen Einfluß schwächen. Ich bereue es ehrlich und möchte alles in meiner Macht Stehende tun, den Fehler wieder gut zu machen." Frau Dreyer ignorierte die Entschuldigung und fragte, woher Demian gewusst habe, wer Johan, alias Ronda sei. Natürlich hatte Demian sich auf diese Frage vorbereitet: „wir haben Ihren Kommunikationscode geknackt..", was Frau Dreyer nicht plausibel genug war. „...und hören sämtliche Gespräche der GU ab? Da haben Sie aber viel zu tun.." – „Nicht sämtliche, aber die, die Sinnbildner betreffen.." Demian hatte alle Antworten mit Zazo abgesprochen. Er war auch nicht schockiert, als Frau Dreyer einen GU-Techniker kommen ließ, der bestätigte, dass der Code 100%ig noch nicht geknackt sei, da ansonsten automatisch bestimmte Änderungen eingetreten wären. Demian spielte den Zerknirschten: „Damit Sie sehen, dass ich es wirklich ernst meine: wir haben einen Informanten in Ihrem Hause." – „Wen?" – „Tut mir leid, aber das kann ich nicht sagen, sonst würde ich zum Verräter und könnte niemals zu den Looni zurück." Frau Dreyer blieb hart: „ich fürchte, dieses Opfer werden Sie bringen müssen." Demian erbat sich Bedenkzeit. In Wirklichkeit hatte er mit Zazo abgesprochen, welchen GU-Informanten sie preisgeben würden. Wir gingen hoch in die Kantine und beim Kaffee rückte Demian mit dem Namen heraus: Professor Willems. Sofort schickte Frau Dreyer den Sicherheitsdienst zu Herrn Willems, doch der war längst verschwunden –logisch-.

Demians Auftritt bewirkte genau das, was er bewirken sollte, nämlich die Exkulpation der Looni. Es war die Tat einer Einzelperson und nicht die der Organisation. Was die Looni betraf, war ich also wieder am Anfang. Von wegen, den Job in Rekordzeit beendet, eher das Gegenteil war der Fall. Das Einschleichmanöver war gescheitert. Ich musste mir etwas Neues einfallen lassen. Auch hierbei beflügelte mich Gideon.

„Sieh mich an", sagte er, „wenn ich 350 Leute für meine Aufgabe einstelle, dann kannst du dir mindestens die Hälfte leisten. Du musst sie nur sinnvoll einsetzen." Frau Dreyer empfahl mir, erst einmal mein Büro in Gang zu bringen. „Ordnen Sie Ihr Büro und sammeln Sie Ihre Kräfte", sagte sie. Sie ahnte nicht, wie perfekt ich diese Zielvorgaben verfehlen sollte. „Außerdem warten Ihre Familie und das neue Zuhause." Sie wusste, dass es in der alten Villa viel zu renovieren gab.

Julia hatte das Haus erstaunlich schnell eingerichtet, und die Nachbarn zu einer Begrüßungsparty eingeladen. Sie zeigte mir die Sehenswürdigkeiten der Stadt und wir pflanzten Gemüse im Garten. Paule hasste die Kinderkrippe und die kleine Lilo hielt uns nächtelang wach. Uns ging es gut.

Das Büro war mit Blumen geschmückt. Corinna hatte sie zu meiner Begrüßung besorgt. Mit einer Flasche Sekt stand sie vor mir und sah bezaubernd aus. Wir tranken die Flasche leer und sie erzählte, dass sie die Daten über die Sinngeber schon zusammen habe. Interessante Leute seien dabei. Gemeinsam sahen wir uns die Aufzeichnungen an, und ihre Wärme neben mir strahlte pure Erotik aus. Als sie mir die ausgedruckten Biographien zeigte, berührten sich unsere Arme. Wir ließen es beide geschehen und elektrisierten uns einige Minuten lang. Abgesehen von dem Ausrutscher in Toronto war ich Julia bis dahin treu gewesen. Ich hatte eigentlich auch vor es zu bleiben. Aber Corinnas knackiger Weiblichkeit war ich kaum gewachsen. Sie spielte Katz und Maus mit mir. Wurde ich sachlich, wurde sie verführerisch, war ich scharf, spielte sie die Brave. Das Spiel war mir nicht neu, ich hatte es immer gerne gespielt. Doch diesesmal wollte mein Kopf die Kontrolle. Er gönnte mir das Vorspiel, aber nicht die Vollendung. So spielten wir in den kommenden Tagen mit wachsender Begeisterung das >Wer-ist-schärfer-Spiel<. Meine Freuden und Begierden wurden langsam aber sicher von zu Hause ins Büro verlagert. Immer besser gelaunt ging ich zur Arbeit, und immer nörgeliger war ich zu Hause. Wenn ich mit Julia Sex hatte, kam mir Corinna in den Sinn. Corinna machte mir die glühendsten Komplimente, sie sagte, sie sei glücklich, für einen Chef wie mich arbeiten zu können. Julia kritisierte mich, meine schlechte Laune ging ihr auf die Nerven, und mit zwei kleinen Kindern ist das Leben sowieso nicht einfach. All das steigerte sich. Vor allem meine Begierde nach Corinna. Als ich anfing, mit Corinna Sex im Traum zu haben, hatte mein Kopf verloren. Corinna wusste, dass sie es geschafft hatte. Sie lud mich zum Essen in ihr Appartment ein. Wie sie wohnt, wolle sie mir zeigen und wie gut sie kochen kann, erklärte das kleine Luder. Wir verabredeten uns für`s übernächste Wochenende. Julia erzählte ich, an diesem Wochenende einen Sinngeber besuchen zu wollen. Die Nacht mit Corinna war ein einziger Rausch. Was danach kam, war weniger berauschend. Obwohl ich Corinna klar machte, dass ich bei meiner Familie bleiben würde, und obwohl Corinna lachend versicherte, sie sei „cool genug" damit umzugehen, waren die Konsequenzen hart. Ich war immer seltener zu Hause und immer häufiger bei Corinna. Die Kleine war so süss. Schließlich stellte Julia mich vor ein Ultimatum: „entweder du änderst dein Verhalten mir gegenüber, oder ich gehe!" Ich entschied mich für die Familie und bat Frau Dreyer um Corinnas Versetzung. Ich ahnte nicht, dass Zazos Plan damit nach und nach Wirklichkeit wurde.

Zazo hatte mich kurz nach der Büroeinweihung angerufen und zu einem privaten Dinner eingeladen. „Zur Wiedergutmachung, alter Junge, du weißt schon, ich kann Missverständnisse nicht ausstehen, außerdem wird es höchste Zeit, dass wir uns wiedersehen." Ich freute mich auf das Wiedersehen. Beim Telefonat hatte ich sofort die alte Vertrautheit gespürt, keine Spur von Misstrauen oder Feindschaft. Auf seine typische Art hatte er gesagt: „Kommenden Montag, 18 Uhr, Waterside Avenue 17, wirst du wohl gerade noch finden, alter Junge, oder?", und höhnisch dabei gelacht. Er war immer noch der Alte.

Waterside Avenue, das war feinste Adresse in San Franzisko. Hier wohnten die, deren oberstes Lebensprinzip materieller Genuss war. Dafür arbeiteten sie meist mehr als sie lebten. Der Stadtteil war mit intelligenten Zäunen und Heerscharen von Privatpolizisten geschützt. Als >Insider< hatte ich solche Enklaven oft genug besucht und nette Sachen erbeutet. Den Reichen, die heute hier wohnten, gönnte ich ihren Wohlstand, sie hatten ihn sich selber erarbeitet. Die Erben der Superreichen konnten sich solche Häuser nicht mehr leisten. Mit ihren 1,5 Millionen Dollar mussten sie sparsamer umgehen. Wer hier wohnte, der war entweder genial oder hatte viel gearbeitet. Beides war zu bewundern. Neid hatte da keinen Platz. Die Leute, die heutzutage in solche Villen einbrachen, war anderen Kalibers, es waren hauptsächlich Drogensüchtige, mit ihrer endlosen Gier nach mehr. Am stählernen Eingangstor wurde ich namentlich begrüßt und mit einem Minivan zu Zazos Haus gebracht. Dort standen an der kunstvoll geschmiedeten Eisenpforte zwei Modellatlethen im blauen Hemd mit goldener Sonne auf der Brust. Eine Allee alter Kastanienbäume führte zwischen Wiesen, Teichen und Bächen hindurch zu Zazos Märchenschloss. Wie man es von Staatsempfängen gewohnt ist, erwartete mich Zazo auf der Emporentreppe. Wir umarmten uns. Sein obligatorisches Schulterklopfen kannte ich noch von früher. Er demonstrierte auf diese Art und Weise voller Wohlwollen seine Überlegenheit. Diesesmal wollte ich ihm in nichts nachstehen, und so klopften wir uns in wohlwollendem Wettstreit auf die Schulter. Natürlich waren wir älter geworden, aber der alte Draht war sofort wieder da. Wir sahen uns in die Augen und wussten, dass wir im Kern gleich geblieben waren: Kämpfer und Chaoten. Er zeigte mir den Palast: „hier wohne ich am liebsten, in diesem schönen Bildungszentrum. Hier werden die 2nd - und 1st – Chiefs ausgebildet." Im Keller befand sich ein unglaublicher Wasserpalast aus weißem Marmor. Verschiedenste Dampfbäder, Saunen, Whirlpools und ein riesiges Grottenschwimmbad ließen keine Wünsche offen. „Wenn ich mich recht erinnere, bevorzugst du Eukalyptus-Dampfbäder". Er hatte Recht und einmal mehr bewunderte ich sein Elefantengedächtnis. In unserer Jugend waren wir maximal dreimal zusammen in der Sauna gewesen. „Hier gibt`s alles", sagte er, „und nach dem Tee werden wir uns mentol bedampfen." Er lachte über sein Wortspiel.

In seinem Arbeitszimmer hing eine überdimensionale Weltkarte. Pro Looni-Standorte war ein Mini-Laserprojektor montiert. Als wir den Raum betraten, sagte er: „Mitglieder", und sofort projizierten die Laser sich ständig verändernde Zahlenkolonnen in die Luft. „Du siehst, die Zahlen steigen, und zwar überall." Es waren etwa zweihundert Miniprojektoren, also genauso viele Looni-Zentren. „Vor acht Jahren hättest du hier nur fünf Zentren gesehen und die auch noch mit sinkenden Zahlen. Ein klassisches Beispiel für krasses Missmanagement." Er grinste: „Selbst gute Religionen brauchen fähige Manager. Kannst du dir vorstellen, was ich aus der katholischen Kirche gemacht hätte? Mit mir hätte es die GU nicht so leicht gehabt." – „Da sei dir nicht so sicher", ich dachte an Gideon. – „Ich weiß, du hast den Verein von Anfang an gegründet. Herzlichen Glückwunsch übrigens. Da ist am Ende aus uns beiden was geworden. Und wie der Zufall –den es bekanntlich nicht gibt- es will, treten wir auch noch gegeneinander an." – „Wieso gegeneinander? Glaubst du, dass ich dir Böses will?" Zazo lachte herzhaft: „Du mir Böses? Nein, ganz bestimmt nicht. Aber ich denke, die GU hat kein Verständnis für meine armen kleinen Looni."

In diesem Moment erinnerte mich Zazo an Mouräne. Der hatte manchmal genauso eine hinterfotzige Art an sich gehabt. Natürlich war Zazo um Klassen besser. Er brachte das Gespräch auch prompt auf Angenehmeres: „Weißt du, was aus Michel geworden ist?" – „Nein! Du?" Das Thema >Michel< hatte für mich nach wie vor einen besonderen Reiz, war er doch der sanfte Gegenspieler Zazos. „Der Spinner lebt von euch, von der GU. Ab und zu malt er ein Bild und verkauft es, ohne dem Finanzamt Bescheid zu sagen, der böse Bube." – „Und wo wohnt er?" – „Wenn`s nach ihm ginge, würde er heute noch in Ronse leben. Aber er hat eine lebhafte Frau erwischt, die ihn nach Norditalien verfrachtet hat, in die Nähe von San Remo, Bussana heißt das Nest, glaube ich." – „Woher weißt du das?" – „Alte Freunde interessieren mich halt." Zazo bat mich, von mir selber zu erzählen, und ich berichtete von der Pariser Straßenkampf-Zeit, von Julia und den beiden Kindern. Von den Insidern erzählte ich nichts. Er hörte sehr aufmerksam zu und analysierte haarklein meine Mimik und Wortwahl. Ich schätze danach konnte er mich wieder genauso treffend einschätzen, wie zu unserer Jugendzeit. Dann gingen wir saunieren.

Das Schwimmbad war ein unterirdischer Natursee mit Felsgrotten. Zazo hatte einen Tiefbrunnen bohren lassen, aus dem ständig heißes Wasser sprudelte. So blieb der See konstant angenehm temperiert und die Bäche vor dem Haus mit frischem Wasser gespeist. Es gab alles, was das Herz begehrte: Wasserfälle zur Rückenmassage, dezent beleuchtete Felsgrotten mit Stalagtiten, beheizte Marmor-Massagebänke, Düsen im Seeboden zur Fußsohlenmassage sowie Dampfbäder und Saunen in verschiedenen Temperatur- und Geruchsvariationen. Nach dem Eukalyptus-Dampfbad ließen wir uns massieren. Der Masseur, ein römischer Gladiator, machte mir mit klar, wie verspannt ich war. Für den Abend hatte Zazo ein göttliches Büffet auffahren lassen. Pfundweise schaufelte ich Mayonnaisen-Krabbensalat in mich hinein, unsäglich lecker zubereitet. „Du bist der wichtigste Gast, den wir bisher hier hatten", erklärte Zazo, und auf meine skeptisch grinsende Reaktion hin bekräftigte er: „Doch, wirklich! Du entscheidest über das Schicksal der Looni. Wer könnte wichtiger für uns sein?" Offensichtlich legte er Wert darauf, dem Moment mehr Gewicht zu geben. Wir tranken exzellenten Rotwein und philosophierten über genetisch manipulierte Zeugungen. Dabei waren wir uns einig, dass man unsere eigenen Gen-Codes auf jeden Fall zum Klonen freigeben sollte, genial, wie wir waren. An diesem Abend war einfach alles bestens.

Für die folgende Woche verabredeten wir eine dreitägige Besichtigungstour durchs Looni-Imperium. Zazo würde mich zu Hause abholen. „Sea-Side 45", wusste er unsere neue Adresse, ohne dass ich sie ihm gegeben hätte.

„Corinna hat ihre Versetzung nicht akzeptiert", erzählte Frau Dreyer. „Sie hat uns verlassen." Ein merkwürdiges Gefühl beschlich mich. Und tatsächlich, einen Tag vor meiner Looni-Rundtour stand sie mit glänzenden Augen im Büroflur: „Ich hatte Sehnsucht nach dir." Ich wusste genau, dass es falsch war, aber ich nahm sie in den Arm. Ich hatte keine Chance. Sie hatte mich verzaubert. Ihre feste Sanftheit, ihre Augen, ihr jugendlicher Körper, all das schürte in mir einen Zustand hemmungsloser Begierde. Die Frau hatte mich völlig in ihren Bann geschlagen. Sie verkörperte das Urweib. „Die Nachbarn sind ausgezogen, ich habe den Schlüssel," lächelte sie, und keine fünf Minuten später genoss ich jede ihrer Bewegungen. Stundenlang spielte sie mit mir, brachte mich mit Wildheit und Extase, kaum gefühlten Berührungen und Verzögerungen fast um den Verstand. Schweißnass klebten wir aneinander und stellten fest, wie perfekt unsere Haut zueinander passte. Spät abends fuhr ich nach Hause, schlecht gelaunt vor lauter schlechtem Gewissen.

Zazo kam mit einem hypermodernen Kernfusionsgleiter vorgefahren. Von so einem Fahrzeug hatte ich als Kind immer geträumt. In der Luft, auf dem Wasser und auf der Erde war das Ding gleichermaßen zu Hause. „Wenn man fliegen will, muss man normalerweise auf Flughäfen starten, aber ich habe eine Heli-Genehmigung", erklärte Zazo. Er konnte also auf freien Plätzen mit Einverständnis des Eigentümers und der Fluglotsen starten und landen, und genau das demonstrierte er. Zehn Meilen außerhalb San Franziskos kamen wir auf eine ungenutzte AgrarStraße. Er wechselte einige Worte mit der Luftkontrolle und schob dann den Energiehebel nach vorn. Senkrecht schossen wir in den Himmel, dass mir schlecht wurde. „Sorry, ich hätte dich warnen sollen. Wenn man weiß, was kommt, ist es nicht ganz so schlimm", amüsierte sich Zazo. Schon nach ein paar Minuten flogen wir fünffache Schallgeschwindigkeit. Zwei Stunden später landeten wir in einer Art Naturpark, nahe Tokio. Vereinzelt standen Pagodentempel zwischen den Bäumen. „Dieses Bildungszentrum mag ich auch sehr", sagte Zazo. „Hier siehst du einen japanischen Garten vom Feinsten." Der Gleiter landete sanft zwischen zwei Pagodentempeln. Die Gebäude hatten bei näherer Betrachtung riesige Dimensionen. Überall wimmelten Blauhemden herum. Sie mähten Rasen, ruderten in kleinen Holzbooten zwischen Seerosen auf dunklen Seen und harkten endlose Blumenrabatten. Zazo wurde freundlich begrüßt, aber es gab nicht die Spur von Personenkult. Als ich ihn darauf ansprach, erklärte er: „Bin ich so dämlich, wie damals der Papst? Einer der Chiefs bin ich. Außerdem sind geistige Werte für Loonis wichtiger als Personen." Er hatte einen Pluspunkt mehr gesammelt.

In japanischer Teezeremonie tranken wir unter eindrucksvoll geschnitztem Holzdach grünen Tee. „Gyokuru Hikari Tee", sagte Zazo. Es muss wohl etwas Besonderes gewesen sein. Die Zeremonie war voller Verbeugungen und Langsamkeit. Zeit verlor an Bedeutung. Ein Gong aus dem benachbarten Pagodentempel beendete die Beschaulichkeit. Wir gingen hinüber, „Zur Meditation", wie Zazo sagte. In einer Halle, so groß wie das Eisstadion der Pariser STEELSHARKS, saßen Tausende von Looni. „Wie groß ist euer Gelände?", fragte ich und Zazo antwortete knapp: „3000 acre", dann mussten wir schweigen und still sitzen. Weil ich die Sitzhaltung der Meditation nicht gewohnt war, bekam ich gnädigerweise einen Hocker. Die meisten saßen auf kleinen Kissen, einige Könner direkt auf dem Boden. Niemand sprach ein Wort, kein

Oberguru, nichts, nur Schweigen. Irgendwann, ich war fast eingeschlafen, schlug mir jemand mit einem Stock auf den Rücken. Es kam so unerwartet, dass ich schlagartig wach war. Gebannt wartete ich, was noch geschehen würde, aber mehr tat sich nicht. Dann sah ich, dass ein anderer vor mir, auch einen kräftigen Schlag ins Kreuz bekam. Auch der muckte nicht. Am Ende dieser merkwürdigen Sitzung schlug jemand, immer schneller werdend, mit Hölzer aneinander.

Draußen im Park erkundigte ich mich bei Zazo nach dem Sinn der Stockschläge auf den Rücken. „Das ist nur eine kleine Hilfestellung für Schlafmützen", erklärte er und amüsierte sich einmal mehr über mein dummes Gesicht. Er hatte Büroarbeiten zu erledigen und bot mir an, dabei zu sein. Ich hatte nicht den Eindruck, als würden sie, wegen meiner Anwesenheit, irgendeine besondere Show abziehen. Alles lief mit coolem Selbstverständnis ab. Zazo ließ sich vom 1st – Chief, dem Leiter des Zentrums, berichten. Erst das Erfreuliche, dann das Unerfreuliche, so hielt er es prinzipiell. Erfreulich waren die Zuwachszahlen, unerfreulich eine Streitigkeit mit örtlichen Behörden um Baugenehmigungen und Zukäufe von Land. Der 1st –Chief erzählte: „Es gäbe eine sehr spezielle Möglichkeit: 100 acre Nachbarland, zur Zeit Reisanbau, gehört der GU. Obwohl wir ihnen die doppelte Fläche an anderer Stelle angeboten haben, sind sie nicht bereit, mit uns über einen Verkauf zu sprechen. Vielleicht kann Ihr Sinnbildner Freund vermitteln?" Zazo sah mich grinsend an und wartete meine Antwort gar nicht erst ab. „Wir werden sehen", sagte er. Man wusste also, wer ich war. Umso cooler fand ich im Nachhinein den Schlag ins Kreuz. Zazo telefonierte in japanischer Sprache mit einem „alten Freund und Lokalpolitiker". Schon zu Schulzeiten war Zazo Sprachgenie. Ich erinnerte mich, dass er damals in seiner Freizeit Arabisch gelernt hatte. Nach dem Telefonat meinte er, dass es mit dem Zukauf und der Baugenehmigung jetzt wohl klappen würde. Die beiden diskutierten über eine zusätzliche Gemüseplantage, und nachdem Zazo die Planzahlen gesehen hatte, entschied er, erst Land hinzuzukaufen und im Anschluss daran größer zu bauen. Ich fragte, ob sie, ähnlich GUGLOBE, einen Planungscomputer hätten, woraufhin Zazo verächtlich reagierte: „Mit solchem Planungsdreck haben wir nichts im Sinn. Freie Marktwirtschaft ist angesagt, viel effektiver und vor allem freier. Seit wann bist du eigentlich so'n Regulierungsfuzzi?", womit er unsere erste Grundsatzdiskussion eröffnet hatte. Wir waren uns einig, dass eine weltweite Erbschaftsregelung notwendig war. „Damit die Karten mal wieder neu verteilt werden konnten", sagte er. Nach dieser Aktion aber, wollte er das alte System wiederhaben. Die alten Machtstrukturen waren gebrochen, es würde Jahrhunderte dauern, bis wieder derart mächtige Superreiche gewachsen wären. „Alle hundert Jahre solch eine Erbschaftsaktion, das würde reichen. Der GU - Verwaltungskoloss bedeutet tausend Kontrollen und Unfreiheiten, ganz wie im Totalitarismus. Ich will frei leben, ohne big brother. Und genauso freiheitsliebend kenne ich dich, alter Kumpel, zumindest von früher." Er hatte Recht, freiheitsliebend war ich, und Verwaltungen hatte ich immer gehasst. Aber was die GU anging, widersprach ich ihm. Er wollte seinen 1st – Chief nicht weiter von der Arbeit abhalten und lotste mich in den Park. Dort setzten wir uns in ein Holzboot, ruderten wahllos herum und stritten. Ich verteidigte die GU: „50 Prozent Arbeitslose bedeuten 50% Chancenlose. Das sind die, die uns brauchen." - „Stimmt nicht! Jetzt, wo die Karten neu verteilt sind, hat jeder seine Chance. Wer zu faul ist, sich zu organisieren oder einen Acker zu bebauen, soll verhungern. Nimm als Beispiel uns. Wir sind von euren Subventionen bald unabhängig. Und was ist die Belohnung? Ihr kommt daher und nehmt uns alles wieder weg. Ist das gerecht?" – „Ob wir euch etwas wegnehmen, ist gar nicht gesagt. Außerdem passen eure Handwerker eher ins Mittelalter, als in die heutige Marktwirtschaft. Wofür Computer und Roboter eine Stunde brauchen, dafür braucht ihr einen Tag. Willst du die Zeit zurückdrehen?" – „Warum nicht? Weniger Roboter und mehr Natur! Wenn die Welt dann besser funktioniert?" – „Das hat mit Realitäten wenig zu tun. Marktwirtschaft will so billig wie möglich anbieten, sie will rationalisieren." So ging es hin und her, ohne dass wir uns einigen konnten. Irgendwann rutschte mir der Satz heraus: „Von Freiheit musst du gerade reden, der du deine Looni wie Schafe auf der Weide hältst." Zazo wurde grimmig: „Schafe auf der Weide? Wie kommst du darauf?" Diplomatie und Taktik waren mir egal. Ich war sicher nicht der offizielle Sinnbildner, der würdige Worte spricht. Ich war wie früher, ich provozierte ihn: „euer Gruppendruck ist so stark, dass die Leute keine Chance haben, jemals wieder von euch wegzukommen. Wer bei euch aus der Reihe tanzt, wird mit brain-machines diszipliniert oder verschwindet auf Nimmerwiedersehen." Innerlich ämüsierte sich Zazo. „Nichts hat dieser Ronda seit der Schulzeit dazugelernt. Der gleiche Bollerkopp ist er geblieben", dachte er und grinste innerlich. Äußerlich schimpfte er: „Mein lieber Freund, jetzt werde nicht unverschämt. Du weißt genau, dass ich Gewalt verabscheue. Brutalität ist nicht mein Stil. Vielleicht kann man dem einen oder anderen Looni einen gewissen Übereifer vorhalten, aber damit ist die Sache selbst doch nicht schlecht. Schwarze Schafe gibt es überall, auch bei euch. Du kannst sicher sein, dass bei uns jeder kommen und gehen kann, wie er will. Du hast es selbst erlebt." - „Mein lieber Zazo, du willst doch wohl nicht leugnen, dass ihr mit allem, was euch zur Verfügung steht, die Leute abrichtet und abhängig von euren Ideen macht?" – „Und was wäre so schlecht daran, wenn die Ideen gut sind?" – „Dass ihr Freiheiten raubt, Chancen, selbstständig zu werden, Individualitäten tötet." Zazo lächelte mitleidig: „Okay, würdest du als offizieller Sinnbildner mit mir sprechen, du würdest anders reden. Und wärst du nicht mein Freund, ich würde dir anders antworten. Also lassen wir es dabei, reden wir Klartext. Du wirst nicht so dumm sein, behaupten zu wollen, dass die Hammelherde, die uns beehrt, den starken inneren Wunsch verspürt, geistig frei und unabhängig zu sein! Diese ach so freiheitsliebenden Schwestern und Brüder haben nur eines im Sinn, nämlich endlich jemanden zu finden, der ihnen sagt, wo es lang geht."

– „Deshalb sollte man sie gerade ermutigen, selbstständig zu werden, und sie nicht auf die Schafweide stellen." Zazo lächelte gequält: „Hast du nicht genau das in deiner Pariser Zeit als Sinngeber versucht? Und warst du nicht am Ende selber Boss einer Hammelherde? Sag mal, haben sie dich vom Realisten zum Träumer befördert?"

Dostojewskis >Großinquisitor< kam mir in den Sinn. Mit 17 Jahren hatten Zazo und ich etliche Flaschen Rotwein beim >Großinquisitor< geleert. Damals waren wir uns einig: Der Teufel war näher dran an der Realität als Jesus. Und heute? War ich tatsächlich zum Idealisten geworden? Ja, so war es! Frau Dreyer hatte mich bekehrt. Statt die Dinge hinzunehmen, wie sie sind, wollte ich sie zum Guten wenden. Ich war auf der komplizierten Seite des Lebens gelandet. Und wie kompliziert meine Situation war, demonstrierte Zazo mir meisterlich.

Ich erklärte, dass uns Geist und Verstand nicht gegeben seien, um vor der Dummheit der Massen zu kapitulieren, was Zazo zu einem heftigen Lachkrampf verhalf. Seine Argumente waren gnadenlos: „Wieviele kluge Geister haben festgestellt, dass der Mensch zwar moralisch reden, aber nicht moralisch leben kann? Von Platon über Nietsche und Sabrò bis hin zum kläglichen Versuch, böse Gene aus unserem Erbgut zu entfernen. Kannst du dich an diesen deutschen Gen-Techniker erinnern, der die Antiagressionsbombe erfunden hatte und die Chinesen überreden wollte, solche Bomben über der ganzen Welt abzuwerfen? Am Ende waren sich alle einig: würde man die Bombe werfen und den Menschen genetisch zum Guten manipulieren, er würde aussterben. Also blieben nur ein paar Idealisten übrig, die ihre Fortpflanzungsgene freiwillig zum Guten manipuliert haben. Und was ist aus deren Kindern geworden? Man hat nichts von ihnen gehört, außer dass sie Vegetarier geworden sind! Ich glaube, ihre Gene sind längst wieder ausgestorben, hinweggefegt von den Starken, Eigennützigen. Wer heute genügend Geld hat, lässt seine

Fortpflanzungsgene für hübschere, intelligentere, gesündere und stärkere Kinder manipulieren, mit anderen Worten: für bessere Voraussetzungen im alltäglichen Lebenskampf. Und die wenigen, die ernsthaft für Liebe und Moral gelebt haben, sind ausnahmslos ermordet worden. Junge, was erzählst du für Märchen?"

Ich argumentierte, dass auf die Menschheit eine neue Ära zukäme. Die GU würde den Lebenskampf überflüssig machen. Die Menschheit hätte endlich die nötige Ruhe, zu sich selber zu finden, ohne brutale Kämpfe um Lebensanteile. „Kampf und Eigennutz sind nur noch in der Marktwirtschaft nötig. Da können sich alle austoben, die kämpfen wollen. Die andere Hälfte der Menschheit hat genügend Zeit und Freiraum für idealistische Werte. Aber genau die willst du zu Schäfchen verdummen."

Zazo antwortete: „Was machen die Leute, wenn sie Zeit haben? Sie tun `nen Teufel und setzen sich hin, um Idealisten zu werden. Sie sitzen den ganzen Tag auf dem Kommu-Sofa und beschäftigen sich mit den neuesten 3-D-Spielen, interaktiven Filmen, Shows und Internet. Ein paar Hyperaktive hüpfen bei 3-D-Cyber-Spielen auf ihrem MoSTs (Move-Sense-Trampolin) herum oder sind einmal die Woche beim Tennis. Deine Idealisten sind passiv bis zur Verwahrlosung, und ihre Nutzlosigkeit stört sie nicht im geringsten. Bestenfalls suchen solche Leute einen Helden, hinter dem sie herlaufen können. Emanzipation und Verantwortung findest du bei einem unter tausend. Ihr GU-Idealisten mit eurer Wischi-waschi-GU-Philosophie, ohne Konturen und ohne feste Meinung. Ihr kommt bei den Leuten nur an, wegen eurer Idee mit der Grundmittelversorgung. Zugegeben, `ne gute Idee. Hätte von mir sein können. Aber eure Freiheits-Philosophie ist für die Katz. Die Leute wollen wissen, wo`s langgeht. Womit wir wieder am Anfang wären. Und glaub mir, unseren Looni geht`s gut."

Ich hatte keine Chance. Und Zazo setzte noch einen drauf: „Eure GU lässt die Leute im Stich. Wenn`s nach euch geht, kann jeder auf dem Kommu-Sofa verblöden. Wir kümmern uns wenigstens um unsere Leute. Und wenn du uns kritisieren willst, musst du erst einmal eine bessere Lösung anbieten. Kritisieren allein ist keine Kunst. Das lehrt schon die Widerspruchstheorie. Jeder Vorteil hat seinen Nachteil. Kritik ohne Lösungsvorschlag ist wie Pippi im Weltraum. Falls du tatsächlich bessere Ideen entwickeln solltest, verkaufe sie bitte zuerst deinem eigenen Verein. Immerhin bezahlen die dich dafür, Sinne zu bilden, du Sinnbildner." Zazo klopfte mir lachend auf die Schulter. Ich kochte vor Wut, Wut auf mich selber. Ich war zu früh gekommen, zu schlecht vorbereitet.

Zazo war gnädig. Früher hätte er seinen Sieg ausgekostet, jetzt überspielte er ihn und führte mich weiter durch sein Imperium. Wie in Kopenhagen gab es auch in Japan Musterbetriebe aller Kategorien. Wir besichtigten einen biologisch organischen Gärtnereibetrieb, wo auf 800 Hektar feinstes Gemüse wuchs. Das sah verlockender aus als auf GU-Feldern, wo nur Grundsorten angebaut wurden. Hunderte Loonis arbeiteten auf dem Feld. „Bei uns wird keinerlei Chemie eingesetzt. Die Natur hat freien Lauf, ausgenommen das Unkraut. Das wird konservativ gezupft, wie du siehst. Die biologisch organische Ernährung läßt uns statistisch gesehen fünf Jahre länger leben", erklärte Zazo stolz.

Am Abend wollte ich ins Hotel. Eine Looni-Kammer im Pagodentempel reizte mich wenig. Ich hielt es für möglich, dass man mich morgens mit einem Schlag ins Kreuz zur Meditation weckte. In der Hotelbar ließ Zazo zwei bezaubernde Geishas kommen. „Du weißt schon, als Gesellschafterinnen, das ist hier so üblich." Die beiden waren tatsächlich traditionelle Geishas und sehr angenehme Begleiterinnen. Wir tranken heißen Sake, und ließen uns von den Mädchen die neuesten politischen Nachrichten der Stadt erzählen. Noch vor Mitternacht war ich im Bett und grübelte.

Mir fehlte eine Strategie für den Job. Ich konnte nicht einschlafen. Es wurde schon wieder hell, da kam mir endlich eine Idee. Ansatzpunkt konnten nur die mind-machines sein. Der Indikator, den sie mir in Amsterdam als Schutz gegen destruktive mind-machines eingeimpft hatten, konnte beweisen, dass mind-machines eingesetzt werden. Ich musste herausfinden, wielange nach einer Manipulation dieser Nachweis möglich war, und mir als Beweismaterial ein paar Loonis schnappen. Freiwillig würde zwar keiner mitkommen, auch Abtrünnige gab es nicht, aber ich hatte immer noch meine Insider. Was blieb anderes übrig, als mit ihrer Hilfe ein paar Loonis zu kidnappen? Das Ganze war illegal, klar, aber einen anderen Weg sah ich nicht. Wenn`s klappen würde, wäre die Illegalität durch den Erfolg entschuldigt. Wenn`s nicht klappen würde, wäre es den Gekidnappten nie schlecht gegangen, und niemand würde jemals herausbekommen, wer die Kidnapper gewesen waren. Meinen Insidern konnte ich blind vertrauen. Ich hatte keine Sorge, die Sache mit ihnen durchzuziehen.

Nach dem Frühstück zeigte Zazo mir eine Looni-Klinik am Rand der Pagodenstadt. Mehr als tausend Betten und modernste Medizintechnik, Zugang frei für jedermann, der bezahlen kann. „Erst kürzlich waren zwei GU-Bonzen da", erzählte er mit süffisantem Grinsen. Das erstaunte mich, hohe GU Funktionäre ließen sich bei den Looni behandeln und nicht in GU-Kliniken? Zazo lieferte eine plausible Erklärung: „Unsere eigenen Ärzte sind mit Leib und Seele dabei. Die denken nicht an Geld oder Feierabend. Und falls wir ausnahmsweise einen Spezialisten von außen brauchen, bezahlen wir besser als alle anderen. Deshalb sind unsere Kliniken die besten. Und du weißt, wenn es um die eigene Gesundheit geht, ist das Beste gerade gut genug. Drei Monate sind wir immer im Voraus ausgebucht.

Dann demonstrierte er, wie weit die Looni vom Mittelalter entfernt waren. In einem ihrer Pagodentempel befand sich eine Gen-Fabrik für organische Computerspeicher. „Wir bauen Biocomputer allererster Sahne. Schau es dir an!" Vor uns lag in einem Glas eine pulsierende Zellmasse in einer Nährlösung. Zazo schob das Ding in ein Metallgehäuse, so groß wie ein Schuhkarton. Ein „Spektrotomograph", wie er erklärte. Er bat mich, mit dem Homunkulus zu reden. „Der ist fertig programmiert", sagte er. Ich fragte den Schuhkarton, wer der Erde mehr Gerechtigkeit bringe, die GU oder die Looni. Die Kiste brauchte ein paar Sekunden und antwortete dann: „Die Frage der Gerechtigkeit ist relativ. Die GU ist mit der Grundversorgung für 44% der Erdbevölkerung gerecht, die Looni für weniger als 1% ." Zazo fand die Antwort mittelprächtig, und ich hatte keine Lust, die Diskussion vom Vortag wiederaufleben zu lassen. „Wir haben auch eine kleine Robot-Fabrik", erzählte Zazo und zeigte mir eine angrenzende Montagehalle. „Hier siehst du Robots, die so feingliedrig sind, dass ihre Bewegungen kaum von menschlichen zu unterscheiden sind. Die GU ist übrigens einer unserer Kunden." Ein junger Mann erschien mit einem Tablett, auf dem zwei Gläser Fruchtsaft standen: „Darf ich eine Erfrischung anbieten? Frisch gepresster Mangosaft." · „Besten Dank, Ben." Ich wunderte mich, dass Zazo den Namen des Mannes kannte. Er erklärte: „Ben, ist eine Macke von mir, so nenne ich alle Robots." Bei näherem Hinsehen, fiel mir auf, dass Bens Gesichtszüge etwas steif waren. Aber sonst war da kein Unterschied zu einem Menschen. Zazo genoss mein Erstaunen: „Er ist eine Musterstudie aus Biohirn und Filigranrobot, beides hast du gerade im Rohzustand gesehen." Zu dem Robot sagte er: „Ben! Altes Spiel! Zehnfache Geschwindigkeit!" Ich traute meinen Augen kaum. Der Robot rannte in unglaublichem Tempo davon. Ich hatte Mühe, seine Beine zu erkennen. So schnell konnte sich kein Mensch bewegen.

Zazo wollte mir noch viele andere Dinge zeigen, aber ich verzichtete. Noch mehr Triumphe wollte ich ihm nicht gönnen. Obwohl ich in Toronto auf die Großartigkeit des

Looni-Imperiums vorbereitet worden war, hatte mich die Realität dann doch geschafft. Ich bestätigte Zazo, die Leistungen seiner Organisation eindrucksvoll unter Beweis gestellt zu haben. Im Grunde wollte ich nur noch in Ruhe ein paar Bier trinken und am nächsten Morgen zurückfliegen. Zazo klopfte mir mitleidig auf die Schulter, wofür ich ihm normalerweise eine verpasst hätte. In der Nacht im Hotel träumte ich von einer japanische Straßenbande. Zuerst kam ich mit den Jungs gut klar, doch immer mehr entpuppten sie sich als widerspenstig und zäh wie Kaugummi. Schließlich war mir klar, dass es Looni waren. Sie versuchten mich zu bekehren und ließen sich auch nicht davon abbringen. Schließlich schrie ich sie an, sie sollten mich in Ruhe lassen. Ich könnte ihre Organisation nicht leiden. Doch sie redeten unbeirrt auf mich ein. Ich versuchte wegzugehen, wegzulaufen, sie zu schlagen, nichts gelang. Sie blieben da und ich traf sie nicht. Zu geschickt wichen sie aus. Sie redeten immer weiter auf mich ein. Schweißgebadet wachte ich auf.

Zum Abschied meinte Zazo: „Melde dich, wann immer dir der Sinn nach mir steht." Ich nickte stumm und umarmte ihn freundschaftlich.

Zurück in San Franzisko begrüßte ich meine neue Sekretärin, Miss Wandercast, fünfzig Jahre alt, großes Herz, gütig und fleißig. Da konnte nichts schiefgehen. Sie war dabei, das erste Sinngebertreffen zu organisieren. „Muss ja gemacht werden", meinte sie. In Corinnas Notizen hatte sie >Sinngebertreff-kanadische Berge< gefunden und vermutet, ich hätte die Berge gemeint, in denen ich selber Skifahren gelernt hatte. Sie war gut informiert. Für Mitte Februar hatte sie das Camp reserviert. Als ich das Büro verließ, dachte ich an meine letzte Begegnung mit Corinna in der Nachbarwohnung. Ich konnte es mir nicht verkneifen und sah auf das Klingelschild der Nachbarwohnung. Mit Gänsehaut las ich: >Corinna Vand< . Am nächsten Tag ging mein Flug nach Toronto. Dort traf ich Frau Dreyer und Gil, den GU-Arzt.

Mein Bericht machte Frau Dreyer nachdenklich. Sie fragte, ob es denkbar wäre, Zazo zum Guten zu bekehren. Der Mann wäre auf der richtigen Seite von unschätzbarem Wert. „Ein frommer Wunsch!", war mein Kommentar. Ich versicherte ihr aber, dass mir etwas Passendes einfallen würde. Danach hatte ich einen Termin zur Kontrolluntersuchung bei Gil. Ich wollte ihn unauffällig wegen des Indikators befragen, vor allem wollte ich wissen, ob bei den zu kidnappenden Loonis eine destruktive mind-machine Manipulation nachgewiesen werden konnte. Hätte ich es direkt gefragt, wäre er mit Sicherheit auf dumme Gedanken gekommen. Also fragte ich ihn, wielange mein Indikator noch wirksam sei. Er antwortete: „Der harte, den Sie bekommen haben, bringt die 2-tägige Ohnmacht nur in den ersten drei bis vier Wochen. Dann wird die Wirkung immer schwächer. Nach zwei Monaten braucht man schon Technik für den Nachweis." – „Und wer hat die Technik für solche Nachweise?" – „Jeder einigermaßen ausgestattete Arzt. Haben Sie Sorge, bei Ihrem letzten Looni-Besuch manipuliert worden zu sein?" – „Bei denen weiß man nie.." – „Ihre Impfung ist ein Monat alt. Sie wären also einen Tag lang ohnmächtig gewesen. Haben Sie Erinnerungslücken? Fehlt Ihnen ein Tag?" Ich verneinte, und fragte nebenbei, wielange nach einer destruktiven mind-machine Behandlung man noch mit Indikatoren arbeiten könne. „Mit der normalen Nachweistechnik bis zu zwei Jahren." Das reichte mir.

Dann kamen die Festtage. Paul und Lilo staunten über Weihnachtsbäume und Silvesterraketen. Am 10.01.2030 flog ich nach Paris, um meine Insider zu besuchen, Paris hatte wieder Schnee. Die Jungs waren tatsächlich glücklich, mich wiederzusehen. Zwei Tage lang haben wir gefeiert und von Paris genossen, was es zu genießen gab. Ich will hier nicht intensiver auf meine Jungs eingehen, denn für ihre Namen würde die Pariser Polizei noch heute Geld hinlegen. Viel hatte sich seit meinem Abschied als Sinngeber jedenfalls nicht verändert. Joe, mein Nachfolger, hatte alles im Griff. Den Insidern war er zu ruhig, viel zu ruhig. Der Plan, ein paar Loonis zu kidnappen, begeisterte sie allerdings auch nicht. Es war bekannt, dass die Looni sich besser sicherten, als so mancher Politiker. Und wirklich, hätte ich geahnt, wie gut ihr System war, ich hätte mich auf der Stelle von dem Plan verabschiedet. So aber brauchte ich all meine Überzeugungskünste, um sie umzustimmen. Dabei klärten sich meine Gedanken, wie so oft, beim Erzählen: „Wir schnappen sie uns nicht auf ihrem eigenen Gebiet. Da haben wir keine Chance. Wir müssen sie auf neutralem Boden erwischen. Manchmal besuchen Loonis Fachkongresse oder so etwas."

Demian war hartnäckig bemüht, Pluspunkte zu sammeln. Er war ganz sicher, diesmal keinen Fehler gemacht zu haben. Gegen Zazos Weisung war er stur an Ronda drangeblieben, und, was sich hier in Paris abspielte, rechtfertigte alles. Ronda wollte mit fünf Kleinkriminellen Loonis kidnappen! Demian dokumentierte das Komplott mit fälschungssicherer Analogtechnik. Niemand sollte ihm vorwerfen können, er hätte getrickst. Als Ronda erklärte, er würde demnächst Zazo nach Messen und Kongressen fragen, auf denen Looni vertreten sind, hatte Demian genug gehört. Er packte seine Sachen zusammen und rief Zazo an.

Zazo kam das Ganze vor wie in ein banaler Kriminalfilm. Demian hatte gegen ausdrückliche Weisungen Ronda überwacht, und der wollte -noch dümmer- Loonis kidnappen. Wo sollte soviel Schwachsinn hinführen? Demian und Ronda, im Wettstreit um Übereifer. Sie schienen sich gesucht und gefunden zu haben. Vielleicht sollte er sie gewähren lassen und in aller Ruhe abwarten, was bei dem Chaos herauskam. Andererseits ärgerte ihn Rondas Dreistigkeit mehr als Demians Ungehorsam. In sentimentaler Erinnerung hatte er diesen Einfaltspinsel wie einen Freund behandelt. Als Dank sollte er bösartige Attacken ernten? Zazo entschied sich, Ronda eine erste Lektion zu erteilen.

Zurück in San Franzisko war ich in Hochstimmung. Die Insider standen für jede Aktion parat. Zu Hause herrschte große Freude über meine Rückkehr, und im Büro lief alles perfekt. Mit Zazo hatte ich fürs kommende Wochenende einen Termin „zum Plausch" im Saunaparadies verabredet. Miss Wandercast mahnte mich zur Arbeit: „Sie müssen sich um Ihre Sinngeber kümmern. Wie`s aussieht, haben zwei davon Sorgen." Sie hatte die e-mails sortiert und Nachrichten von Anja aus Los Angeles und Edmond aus Philadelphia /Pensylvania gefunden. Anja hatte Ärger mit einem >magischen Cirkel<, und Edmond wollte aussteigen. Beide kannte ich nicht, das erste Treffen meiner Sinngeber würde in einem Monat stattfinden.

Spontan flog ich nach L.A. Anja holte mich vom Airport ab. An ihren langen, rotbraunen Haaren sollte ich sie erkennen. Sie war das, was man allgemein eine >Powerfrau< nennt: wachsame Augen, klein und lebendig wie eine Maus, immer ein spitzbübisches Lächeln parat, sie war voller Kraft und Tatendrang. So war so wie ich früher und betreute ihre Frustrierten mit Leib und Seele. Ihr war mißfallen, dass immer mehr Jugendliche auf den Voodo-Hokuspokus einer brasilianischen Zaubertruppe hereinfielen. Bei den drei Hauptakteuren der Zaubertruppe handelte es sich um einen Mann und zwei Frauen, die mit zerstochenen Voodo-Puppen, magischen Ritualen und geschickt inszenierten Unglücksfällen einen immer größer werdenden >magischen Cirkel< aufgebaut hatten. Anja hatte ihre Recherche mit allen Beweisen zu manipulierten Unglücksfällen auf Flugblätter gedruckt und tausendfach verteilt. Überschrift: >Der Antizauber<. Das hatte den geballten Hass des magischen Zirkel auf den Plan gerufen. Ein blutiges Huhn an ihrer Haustür und ein Drohbrief an ihre Tochter, machten ihr zu schaffen. „Man müsste den Voodo-Künstlern einen Zauber verpassen, der ihnen ein für allemal die Lust am Hokuspokus nimmt", sagte ich. Anja überlegte: „Aber wie macht man das?" Spontan kam mir eine Idee: „Mit guter Technik." Über meinen

Communicator ging ich in die GU Personaldatenbank. Dort fand ich unter: >spezialists< und >special effects and technical support< einen Engländer: George Wright. Ich rief ihn an und schilderte unser Problem. „Sir, wenn ich Sie recht verstehe, ist ein reeller Zauber gegen falsche Zauberer gefragt." Der Mann gefiel mir. Er meinte, dass er ein paar nette Tricks auf Lager hätte. Ganz in dem von ihm bevorzugten britischen Stil fragte ich George, ob es im Bereich seiner Möglichkeiten sei, uns in den Genuss dieser technischen Wunderwerke kommen zu lassen. „Für einen Sinnbildner tue ich fast alles", antwortete er. Wir verabredeten uns zwei Tage später, bei ihm zu Haus in Brighton.

Den folgenden Tag im Büro nutzte ich zur Kontaktaufnahme mit Edmond, dem zweiten Problemfall. Herzzerreissend schilderte Edmond, wie er immer mehr Gefallen am Leben der Amish gefunden hatte. Ohne Technik, streng nach der Lehre Calvins, eines Schweizer Evangelisten aus dem 16. Jahrhundert, lebte er seit einigen Wochen auf einer Farm in Morgantown, nahe Philadelphia. Er könne seinen Job als Sinngeber nicht mehr erfüllen. Sein schlechtes Gewissen sei unerträglich, er kümmere sich schon jetzt nicht mehr genug um seine Jugendlichen. Ich hatte zwar den Namen >Amish< schon einmal gehört, aber was für Leute dahinter steckten, wusste ich nicht, also bat ich ihn um Aufklärung. Verklärten Blickes erklärte er, dass Gott und Natur dicht beieinander sein. Sofort kamen mir die Looni in den Sinn, -dieselben Sprüche-. Bei den Amish hatte das Ganze nur eine jahrhundertelange Tradition. Seit dem Mittelalter lebten sie ohne jede Technik, also auch ohne mind-machines. Edmond erklärte, dass die Schlichtheit des Lebens Garantie dafür sei, dass man seine Zeit nicht mit Konsum und anderen unnützen Dingen verplempert. „Wir leben nur für Gott", sagte er, „und wenn Sie Ersatz für mich gefunden haben, werde ich nie wieder ein Telefon in die Hand nehmen". Als er das sagte, wusste ich, dass er es ernst meinte und versprach, so bald als möglich Ersatz zu besorgen. In der GU-Datenbank las ich über die Amish nach: >Anabaptisten, lehnen Kindstaufe ab. Old Order Amish, gegen jede Art weltlicher Ablenkung, z.B. Schmuck, Kunst, Kultur, Technik (benutzen keine Elektrizität, keine technischen Fahrzeuge). Heute cirka 2 Million Mitglieder, vor allem in Pennsylvania, Montano, Idaho/USA, steigende Tendenz. Evangelische Christen, trennen strikt Kirche und Staat, in der 11. Konferenz aus Überzeugung nicht anwesend, trotzdem als Kirche anerkannt.< Mit anderen Worten: Edmond war in seriösen Händen, um ihn brauchte ich mir keine Sorgen machen. Den Ersatz – Sinngeber suchte ich in der GU-Personaldatenbank, Rubrik: >Sinngeber-Bewerber<. Dort fand ich nach Eingabe des Einsatzortes über hundert Bewerber, geordnet nach Qualifikation, verschiedensten Testergebnissen und Selbstdarstellungen. Den ganzen Tag brauchte ich um schließlich zwei in die engere Wahl zu nehmen, eine Frau und einen Mann. Die meisten Bewerber waren Absolventen sozialpädagogischer Hochschulen. Hochschulabschlüsse waren mir egal, was daran gelegen haben mag, dass ich selber nie studiert habe. Bei meiner Auswahl waren mir andere Dinge wichtig: Loyalität zur GU, mit anderen Worten: echte Ideale, Kontaktfreudigkeit, Duchsetzungsfähigkeit und Klugheit (Testanalysen). Ich will nicht leugnen, dass auch die Selbstdarstellung auf Videos Sympathien hervorgerufen und haben mitentscheiden lassen. Gabriela aus Italien und Svenna aus Lappland waren in der Endauswahl. Ich rief sie an und fragte sie, ob sie bereit sein, Sinngeber in den USA zu werden. Beide waren überrascht und hoch erfreut, doch Svenna erzählte, dass er gerade frisch verliebt sei, in eine Fischerin mit eigenem Boot. Es schien, als wolle er Fischer werden. So kam es, dass Gabriela Sinngeberin im wachsenden Amish-Land wurde.

Spät abends, Miss Wandercast war längst gegangen, verließ ich das Büro. Magnetisch zog es mich zu Corinnas Tür. Ich klopfte –keine Reaktion-. Ich klingelte. Sie öffnete und verblüffte mich sofort. Als würde ich jeden Tag um diese Zeit an ihrer Tür klingeln, küsste sie mich und sagte wie selbstverständlich: „Schön, dass du da bist. Komm setz dich, ich habe gerade eine Flasche Wein aufgemacht." Ich setzte mich an ihren Tisch. Wir tranken Wein. Alle Möbel aus ihrer alten Wohnung waren hier. Sie erahnte meine Gedanken und sagte: „Ich brauche halt deine Nähe". Dann lächelte sie, dass mir schwindelig wurde. Der Wein schmeckte erdig, sie saß neben mir und liess mich mit ihren kundigen Händen gen Himmel schweben.

Am nächsten Morgen flog ich zu George Wright. Solch ein chaotisches Sammelsurium von Computerteilen, Minirobots, Lasern und sonstiger Technik hatte ich noch nie gesehen. George schlug mir eine interessante Lösung vor: „Ich habe zwei Geräte, mit denen ihr eure Magier irritieren könnt: einen Mini-Positronen-Desintegrator und einen Stimmenwandler. Für den Desintegrator müsste man allerdings einen Waffenschein, Klasse C-1 besorgen." Ich funkte die GU-Verwaltung in Toronto an und bekam auf den Communicator das Antragsformular für den C-1 Waffenschein. Fünf Minuten später war das Formular zurückgesandt und weitere 10 Minuten später druckte ich den C-1 Schein aus, Gültigkeit: vier Wochen. Ich staunte, sogar das Original GU-Hologramm laserte der Communicator auf das Dokument. George erklärte mir den Desintegrator. Das Ding sah aus, wie ein antikes Fernrohr: „Was immer an Materie -bis zu zwei Kilogramm Gewicht- im Fadenkreuz ist, wird auf zwanzig Meter punktgenau aufgelöst. Zisch! Weg ist es!" Er demonstrierte die Wirkung an einer Vase. Innerhalb einer Sekunde war sie verschwunden. „Die Magier werden sich wundern, wenn sich ihre Voodo-Puppen in Luft auflösen. Übrigens: unwiederbringlich. Also seien Sie vorsichtig. Und nun zum Stimmenwandler. Das Neue daran ist der Richtmodulator. Die Schallwellen können so exakt manipuliert werden, dass man eine beliebige Person zum Sprachrohr der eigenen Texte machen kann. Der Modulator simuliert die Frequenz des Sprechers perfekt. Wenn jemand sagt: >Ich will heute baden gehen<, können sie ihn sagen lassen: >Am Sonntag gibt es Pizza<. George zielte mit einer merkwürdigen Pistole auf mich und ich fragte: „Geht es schon los?" Besser gesagt, ich wollte es fragen. Statt dessen hörte ich mich sagen: „Gibt`s bald Tee?" George erklärte, dass eine gewisse Übung dazu gehöre, um den gewünschten Text nicht länger zu sprechen als den tatsächlichen. „Sonst wird es vielleicht zu magisch", meinte er. Beide Geräte lieh er mir für vier Wochen.

Samstag fuhr ich zu Zazo. Er war etwas cooler als beim letzten Mal. Ich befragte ihn zum Thema >Bildung< und schon bald kamen wir auf Kongresse zu sprechen. Zazo erzählte, dass demnächst in New York ein medizinischer Kongress stattfand, bei dem die Looni die Hälfte der Referenten stellen würde. „Alle wollen unser Fachwissen. Wir sind einfach zu gut für diese Welt", sagte Zazo. Ich hatte die Information, die ich wollte.

Sonntag hatte ich Zeit für die Familie. Endlich war ich wieder zu Hause. Ich hatte >frei<. Mir fiel auf, dass ich wie ein Manager der Marktwirtschaft nach Termin-Kalender lebte.

Am Wochenanfang führte ich in LA der wilden Anja die Anti-Voodo-Technik vor. Sie war begeistert: „Damit können wir sie öffentlich blamieren. Nächsten Dienstag veranstaltet der magische Cirkel nämlich eine Show in der Stadthalle, wahrscheinlich als Reaktion auf meine Antizauber-Flugblätter. Überall in der Stadt hängen Plakate mit der Überschrift: >Der Magische Cirkel Los Angeles lädt ein: Große Zaubershow<. Der Gedanke, den Voodo-Künstlern eine öffentliche Lektion zu erteilen, begeisterte uns beide ungemein. Wir hatten noch ein paar Tage zum Üben.

Vier Tage später war es soweit. Ich konnte perfekt mit beiden Geräten umgehen und saß über der Bühne auf dem Beleuchtersitz. Anja, mit blonder Perücke, hatte sich in der ersten Reihe plaziert. Ein riesengroßes Plakat mit der Aufschrift >MAGISCHEN CIRKEL - EINMALIG< hatten wir im

Bühnenhintergrund plaziert. Die Voodo-Künstler vermuteten eine kleine Aufmerksamkeit des Hallenvermieters und ahnten nicht, dass ich dem schönen Spruch über eine Fernsteuerung alsbald ein Wort hinzufügen würde: >VERLOGEN<. Doch erst einmal kam ihre Show. Ich ließ es langsam angehen, genauso, wie die Zauberer auf der Bühne. Bei den Tricks, die mit dem Verschwinden von Dingen zu tun hatten, mischte ich ein bißchen mit. Als erstes ließ ich den Zauberhut verschwinden, dann den Zauberstock. Das Publikum fand es toll. Der Zauberer näherte sich einer Krise. Als ich ihm von vier eisernen Reifen zwei verschwinden ließ, war es um seine Kontenance geschehen. Er ließ alles stehen und liegen, wischte sich den Schweiß von der Stirn und verließ fluchtartig die Bühne. Das Publikum war irritiert. Das brasilianische Voodo-Triumphirat betrat die Bühne. Eitel, wie sie waren, wollten sie im Wechsel sprechend das Publikum begrüßen. Anjas Part begann. Sie stand auf und rief: „Da sind sie, die drei brasilianischen Voodo-Priester. Angst und Schrecken ist ihr Geschäft." Eine der Frauen ging vorne an die Bühne und rief hinunter zu Anja, der Text kam von mir: „wir sind ehrwürdige Leute, unsere Fahne, dort oben, weht für unsere Ehrlichkeit." Sie fasste sich an ihre Kehle und drehte sich hilfesuchend zu ihren Gefährten um. Die beiden anderen verstanden ihre Besorgnis nicht. Bevor die drei miteinander sprechen konnten, fügte ich dem Plakat das Wörtchen >VERLOGEN< hinzu. Das Publikum raunte. Die Irritation aller Beteiligten verstärkte sich. Die drei waren fassungslos. Der Mann schritt nach vorne, um eine Stellungnahme abzugeben. Ich ließ ihn sagen: „Wir sind wirklich Betrüger" – der Mann stockte und wollte von vorn beginnen, er wiederholte: „Ja Betrüger!" Die Hand an der Kehle stürzte er zurück. Die drei rannten von der Bühne. Fünf Minuten lang geschah gar nichts. Das perplexe Publikum begann sich zu beschweren. Schließlich betrat ein weiterer Zauberer die Bühne. Er stellte einen kleinen Kasten auf den Tisch. Bevor er mit irgendwelchen Zauberkunststücken beginnen konnte, ließ ich den Kasten verschwinden. Der Mann sah sich hilfesuchend um und verließ die Bühne. Wieder geschah fünf Minuten lang nichts. Das Publikum wurde renitent. Da erschien aus dem brasilianischen Triumphirat die Frau, die bisher noch nichts gesagt hatte. Ich ließ sie sagen: „Wir sind arme Schweine." Sie verließ fluchtartig die Bühne. Damit war die Show beendet. Der Vorhang fiel. Niemand betrat an diesem Abend mehr die Bühne. Das Publikum verließ wütend die Stadthalle. Man hatte zwar nichts bezahlt, aber auch niemals eine dämlichere Show gesehen. Am nächsten Tag titelten die Tageszeitungen: „Magischer Cirkel veranstaltet Stümper-Show". Die brasilianischen Voodo-Künstler verließen kurze Zeit später Los Angeles.

Mitte Februar leitete ich mein erstes Skicamp. Alle meine Sinngeber waren gekommen. Mehr als zwei Meter Neuschnee machten uns zu schaffen und die Fahrt im Motorschlitten geriet zum Spektakel. Ständig kippte das Ding um und ließ uns im Pulverschnee verschwinden. Jeff verlor keine Sekunde seine Gelassenheit und seinen Humor. Er hatte Mühe, uns steifen Stadtkindern Tiefschneefahren beizubringen: „Gewicht nach hinten, locker in den Knien, Stockeinsatz und hopp, in die Kurve springen." Unermüdlich versuchte er uns zu motivieren. Aber die Beine waren bald zu schwer. Obwohl ich schon leidlich Skifahren konnte war solch feiner Pulverschnee auch für mich ein unüberwindbares Hindernis, zumindest wenn es darum ging, die Richtung zu ändern. Zwei Tage lang sahen wir wie Schneemänner aus. Dann verlagerten wir unsere Aktivitäten auf Ski-Langlauf, was Jeff veranlasste, seine Laserpistole mitzunehmen, wegen der Grizzlis. Wir erkundeten die Urwälder Kanadas und die Grenzen unserer körperlichen Fitneß. Grizzlis haben wir keine gesehen, vermutlich waren wir zu laut. Ich lernte meine Sinngeber gut kennen. Bis auf Jack, ein Besserwisser erster Güteklasse, fand ich sie alle sympathisch. Dort in der klaren Luft Kanadas reifte der Gedanke, die Affaire mit Corinna zu beenden. Mein Gehirn sollte in der Lage sein, die niedersten Triebe zu beherrschen. Beim Skiwandern durch den schneeglitzernden

Kristallwald kamen mir auch Zweifel, ob das Kidnappen der Loonis die richtige Methode war. Eine bessere Idee fiel mir allerdings auch nicht ein. Es ging sehr schnell. Plötzlich waren die drei Wochen um. Die klare Morgenluft, das tägliche Skilaufen, gemeinsames Kochen und Diskutieren hatte die Seelen gereinigt. Ich war sicher, dass meine Sinngeber einen guten Draht zu mir gefunden hatten, bis auf diesen besserwisserischen Jack vielleicht.

Wir fuhren zurück in den Alltag.

Die Kongresshalle in New York war vollgestopft mit Sicherungstechnik. Im Messekatalog stand: >19. März 2030: medizinische Fachmesse: Der Nutzen der Spektrotomographie in der Gesundheitsvorsorge<. Um die Halle besichtigen zu können, hatte ich mich als Sinnbildner vorgestellt und vorgegeben, einen Kongreß organisieren zu wollen. Logischerweise bekam ich alles haarklein erklärt. Nach dieser Demonstration stand für mich fest: die Looni konnten wir nur vor der Kongresshalle schnappen. Drinnen war das Risiko zu hoch.

Von New York aus flog ich nach Paris. Ich informierte die Insider, und wir konkretisierten unsere Pläne. Nach uralter Methode wollten wir die Looni in einem geklauten Fahrzeug abtransportieren. „Am besten, wir besorgen ein Polizeiauto und verkleiden uns als Bullen, in New York immer noch die beste Methode." – „Kostet nur ein bißchen." Einer aus unserer Truppe sollte in New York mit den örtlichen Gangs verhandeln.

Ich flog zurück nach San Franzisko. Die Kinder wurden immer schnuckeliger, Julia auch. Miss Wandercast hatte mir eine Mappe angelegt, alphabetisch nach Themen geordnet, Berichte über Looni. Sie meinte, es sei vielleicht nützlich, dort einmal hineinzuschauen.

Am ersten Büroabend ging ich an Corinnas Tür vorbei. Zu Hause fiel mir ein, dass ich mir vorgenommen hatte, mit ihr Schluss zu machen, sobald ich in San Franzisko war. Am zweiten Büroabend ging ich dann zu ihr, um die Geschichte zu beenden. Als sie vor mir stand, küsste sie mich beiläufig und sagte: „entschuldige bitte, aber heute passt es gar nicht. Ich habe noch viel zu tun, ich bekomme Besuch, weißt du." – „Besuch?" – „Ja....., ein netter junger Mann." – „Ein netter, junger Mann? Was für ein netter junger Mann?" – „Ach weißt du, ich habe mich ein bißchen verliebt." – „Du dich verliebt, in einen netten jungen Mann?" – „Ja. Bist du böse?" – „Ich, böse? Wie komme ich denn dazu?" –„Na dann ist`s ja gut. Er bleibt eine Woche. Komm doch nächste Woche Mittwoch so gegen Abend, dann erzähle ich dir alles." Ich verabschiedete mich und stand im Flur, wie vom Eimer Wasser überschüttet. Vier Wochen war ich fort gewesen, und das kleine Luder hatte sich in einen anderen verliebt. Ich ging nach Hause und schmiss den Kamin an. Mir war kalt. Obwohl Julia an diesem Abend besonders nett zu mir war, gingen Corinna und ihr Lover mir nicht aus dem Sinn. Ich sah die beiden vor mir. Corinna spreizte ihre Beine, und ich legte ein Stück Holz nach. Julia und ich hatten eine zärtliche Nacht. Die ganze Woche dachte ich an die beiden. Was er wohl für ein Typ war? Wahrscheinlich viel jünger als ich, immerhin war ich sechzehn Jahre älter als Corinna.

Mittwochabend stand ich mit einer Flasche gutem Rotwein vor ihrer Tür. Sie sah wie immer bezaubernd aus. Neugierig befragte ich sie nach dem Neuen. „Ob es Liebe ist, weiß ich nicht", sagte sie, „Jo ist noch so jung, zweiundzwanzig Jahre alt, und so schüchtern." – „Schüchtern?" – „Ja ....., nicht so wie du..." Ich nahm ihre Hand und streichelte sie sanft. Sie legte ihren Kopf auf meine Schulter und ich küsste ihre Haare. „Ja, du bist so direkt..". Ich küsste ihren Mund. Sie legte ihre Hand auf meinen Steifen und ein weiteres Mal meinen Verstand lahm.

Als ich sie verließ, dachte ich über meine Situation nach. Was hatte ich mir vorgenommen und was war daraus geworden? Wieder hatte ich die Frucht genossen. Aber wäre ich nicht ein Idiot solche Freuden zu verschmähen? >Niederste Triebe beherrschen< so hatte ich in Kanada gedacht. Jetzt kam ich aus ihrer Liebesgrotte und war mir sicher: es waren nicht die niedersten Triebe, denen wir uns hingaben, nein, es waren die höchsten. Vielleicht wäre sie bald völlig von diesem Jo in Beschlag genommen, doch selbst dann würde ich sie nicht missen wollen. Ich war mir sicher: so hemmungslos wie wir es miteinander trieben, konnte sie mit ihrem schüchternen Jo nicht abdriften. Ich war auch für sie unentbehrlich.

Zu Hause war es merkwürdig ruhig. Niemand war da. „Einkaufen, um diese Zeit?", wunderte ich mich, doch dann fand ich den Zettel auf dem Küchentisch: „Wir sind zurück nach Paris. Ich kann nicht mehr mit dir leben. Viel Glück mit der anderen. Lass uns bitte in Ruhe. Die Kinder kannst du sehen, wenn sie größer sind, und alles besser verstehen. Julia. PS.: Du kannst dich im TV auf Kanal C-78 bewundern." So stand es dort in Julias Handschrift. Ich wollte es nicht glauben. Benommen ging ich zum TV und sah C-78 an. Dort erschien Demian. Er hielt eine seiner geschwollenen Reden: Werte Julia, herzlichen Dank, dass Sie nach unserem Telefonat diesen Kanal gewählt haben. Die Sendung ist kopiergeschützt und kann zweimal abgerufen werden. Wenn Sie wollen, dass Ihr Gatte sich ebenfalls betrachten kann, schauen Sie es sich nur einmal an. Ich denke allerdings auch, dass eine Vorstellung ausreichend ist. Was Sie sehen werden, geschieht zeitgleich in einer Nachbarwohnung des Büros Ihres Gatten. Mit der Dame unterhält Ihr Gatte seit geraumer Zeit diese sehr spezielle Art von Beziehung. Wir sahen uns zu dieser Offenlegung gehalten, nachdem Ihr Gatte mit einer Bande von Pariser Terroristen den Versuch gestartet hat, einige unserer Mediziner zu entführen. Werden Sie nun Zeugin einer Liveübertragung der besonderen Art. Vielleicht sollten Sie Ihre Kinder ins Kinderzimmer bringen." Das 3-D-

Bild überblendete sich und nach einer kurzen Wartezeit sah ich, mir wurde heiß und kalt, wie ich, voller Gier Corinna entkleidete, genauso, wie ich es sechs Stunden zuvor tatsächlich getan hatte. Fassungslos beobachtete ich mich im Rausch der Sinne. Irgendwann blendete das Bild aus, und Demian erschien wieder: „Hallo Ronda, ich bin sicher, sie können mich verstehen. Wir hätten Schlimmeres mit den Bildern anfangen können. Wir hätten mit ihnen und den Insidern Katz und Maus spielen können, aber ihr Freund, mein Boss, hielt die jetzige Aktion für ausreichend. Nur soviel noch: wer unfair spielt, geht unfair unter, zumindest wenn er es mit uns zu tun hat. In diesem Sinne, bessern sie sich!" Das Bild blendete ab.

Ich war, wie nie zuvor und nie danach in meinem Leben, aufgewühlt. Innerhalb von Minuten hatte sich alles gedreht. Die Familie war fort. Ich kannte Julia. Sie zurückzugewinnen würde mir in absehbarer Zeit nicht gelingen. Das Urvertrauen, das sie in mich gesetzt hatte, war zerstört. Sie war, wie sie oft genug betont hatte, konservativ monogam bis zum Exzess. Darüber hinaus war die Anonymität meiner Insider gebrochen. Bei unserem letzten Treffen hatten wir lauthals in Erinnerungen geschwelgt. Wenn all das aufgenommen worden war..., wofür würde Demian solche Beweise nutzen? Den Bullen zur Verfügung stellen? Auf die gleiche Art und Weise, wie ich damals Mouräne fertig gemacht hatte, erwischte es jetzt mich selber. Ich musste die Insider warnen. Zu allem Überfluß waren die Looni nun auch noch in der Lage, mir in meinem Job Illegalität nachzuweisen. Sie konnten mich hochgehen lassen, wann immer sie wollten. Ganz abgesehen davon war mein letzter plausibler Plan an die Looni heranzukommen, kläglich gescheitert. Wo waren meine Perspektiven geblieben? Was war als erstes zu tun? Ich musste nach Paris. Telefonisch konnte ich die Insider nicht warnen, es gab genug Verrückte, deren Sport es war, ständig Kommunikationsdaten zu entschlüsseln. Auf dem Weg zum Airport fuhr ich am Büro vorbei. Ob Corinna mit den Looni unter einer Decke steckte? Ich hielt alles für möglich. Niemand öffnete. Ich knackte das Schloss und siehe da, nichts Persönliches war mehr in der Wohnung. Die guten Möbel- und Dekorationsstücke waren ausgeräumt, nur noch Plunder stand herum. Mein Paradiesvogel war ausgeflogen. Ich nahm den nächsten freien Flieger nach Paris.

Zu versuchen Julia in dieser Stadt zu finden wäre genauso aussichtslos, wie die Idee durch Lottospielen reich zu werden. Nur der Zufall konnte helfen. Außerdem sagte mir meine Intuition, dass sie mit den Kindern außerhalb wohnte. Aber selbst wenn ich sie finden würde, außer dramatischen Szenen war nichts zu erwarten.

Meine Insider fand ich sofort. Als erstes stellten wir sicher, dass unsere Umgebung abhörsicher waren. Dann erzählte ich den Jungs das komplette Drama. Sie waren hundert Mal cooler als ich. Wir rekapitulierten unsere letzten Treffen und waren uns einig: „Viel hatten wir nicht erzählt. Über „Mistral" hatten wir nicht gesprochen. Ein paar vieldeutige Andeutungen hatten wir gemacht, aber nicht genug, um jemandem Munition gegen uns zu geben. Mir ging es schon wieder besser. Fünfzig Stunden hatte ich nicht geschlafen, so fiel ich nach ein paar Gläsern Rotwein im Pariser Gästebett in komatösen Schlaf. Als ich aufwachte saßen drei meiner Jungs im Nebenzimmer um mich aufzubauen. Wir sprachen über die Looni. Unser Kidnapping-Plan war gestorben, das war klar. Klar war auch, dass Demian nur ein kleiner Wicht war und Zazo das eigentliche Spiel spielte. Ich rief Zazo an. „Hey, Ronda", sagte er, „dir weht der Wind wohl kräftig um die Nase, was? What goes up, must come down, oder wie?" Ich nickte stumm. „Zwei Frauen weggelaufen? Tröste dich, es gibt mehr davon. Deine hinterhältige Art war aber auch zu perfide. Du musstest einen kleinen Dämpfer bekommen. Sei froh, dass ich gerade gute Laune hatte. Übrigens, wenn du deine kriminelle Ader in Zukunft unter Kontrolle hältst, würde ich unter Umständen darauf verzichten, deine Chefin zu informieren." Er lachte kräftig und ergänzte süffisant: „Man sollte jedem eine zweite Chance geben, oder? Kann ich dir sonst irgendwie behilflich sein?" Stumm schüttelte ich den Kopf. „Na dann machs gut. Melde dich, wenn`s dir besser geht." – „Affencool!" meinten meine Jungs. „Mit normalen Methoden kommst du an den nicht ran." – „Wie krieg ich den überhaupt zu fassen?" – „Der Junge schwebt so hoch, den kannst du nur wie eine Tontaube schiessen." – „Genau wie die Faschisten, die Susann vergewaltigt hatten; die Idioten sind auch erst durch unsere Spezialbehandlung bescheiden geworden." – „So wie die wirst du den nicht verschleppen können. Dafür sind die Looni viel zu vorsichtig. Hundertprozentig beobachten die uns noch." Einer meiner Jungs hatte noch einen alten P3-Paralysator, „vor drei Jahren den Bullen geklaut, gibt`s heute gar nicht mehr, sowas. Das Ding verbreitet auf jeden Fall Bescheidenheit." Ich wusste, was für einen Apparat er meinte. Solche Schock-Paralysatoren hatte die französische Polizei 2027 versuchsweise eingesetzt. Die rein körperliche Wirkung war eher harmlos, eben ein Schockparalysator. Psychisch gesehen aber war der P3-Paralysator etwas Besonderes. Der Schock traf spezielle Teile des Gehirns, so dass in vielen Fällen Persönlichkeitsveränderungen eingetreten waren: die Betroffenen wurden eindeutig bescheidener, im Polizei-Jargon >verhaltensmoderater<. Schließlich hatte das oberste französische Gericht den Einsatz von P3-Paralysatoren verboten, wegen Verletzung der Menschenwürde. „Die dürfen dich natürlich nicht mit dem Ding erwischen, sonst bist du den Job sofort los." – „Besser, wir machen das für dich." Mir war klar, dass die GU niemals einen Sinnbildner dulden würde, der eine solche Waffe einsetzt. Andererseits konnte Zazo, wenn er wollte, mich jetzt schon hochgehen lassen: einen Sinnbildner, der mit Pariser Kleinkriminellen, >Insider< genannt, Loonis kidnappen wollte. Zazo selber handelte illegal. Ich konnte es zwar nicht beweisen, aber ich war mir sicher. So gut kannte ich ihn. Bei unserer Diskussion über die geistige Freiheit war seine Menschenverachtung zu deutlich gewesen. „Nutzlose Parasiten", hatte er das Gros der menschlichen Rasse genannt und hämisch grinsend hinzugefügt, dass man sich bei den Looni „intensiv um solche Trottel kümmert". Bei all seinen Aktionen schützte er sich und seine Organisation so perfekt, dass niemand eine Chance haben würde, ihm Illegalität nachzuweisen. Meine Insider hatten Recht, ein paar Monate zuvor hatte ich nicht die geringsten Skrupel gehabt, in einem ähnlichen Fall, die religiöse Faschisten, die das Mädchen eines unserer Jungs vergewaltigt hatten, mit illegalen Mitteln zu bestrafen. Die Konstellation war die gleiche: wir waren sicher, dass legale Methoden keine Chance hatten. Musste ich, bloß weil ich Sinnbildner geworden war, nun anders denken? Was Zazo anging, gab es nur zwei Alternativen: entweder er blieb in seinem Tun ungestört, oder man verpasste ihm einen Denkzettel, wofür der Paralysator optimal geeignet wäre. Meine Insider drückten es drastischer aus: „mit den Weichei-Methoden der GU kannst du den nicht packen." Da war er, der vorhersehbare Konflikt zwischen Moral und Realität. Die hohe Ethik, die Frau Dreyer mir vermitteln wollte, stand auf der einen Seite und auf der anderen, die alt vertraute Gnadenlosigkeit des Lebenskampfes. Ich wusste nur zu gut, dass vornehme Moral im Kampf gegen ausgebuffte Ganoven nichts bewirken konnte. Gideon fiel mir ein. Würde ihm etwas Klügeres einfallen? Etwas Legales? Vielleicht eine TV-Aktion, eine bessere verdeckte Ermittlung? Je mehr ich überlegte, umso sicherer war ich, dass Zazo alle Angriffe souverän abwehren würde. Ihn ungeschoren zu lassen aber kam nicht in Frage. Das Schwert des Erzengel Michael war mir näher, als die Gnade Jesus`. Ich war Kämpfer und schlug denen aufs Haupt, die hochmütig Böses taten. Zazo war gemeingefährlich, und er hatte meine Familie zerstört. Der Paralysator war genau das Richtige für ihn. Die Jungs wussten um meinen Gewissenskonflikt: „Wir machen das für dich, du kannst dich auf uns verlassen." – „Kommt nicht in Frage, das ist meine Sache."

Mit dem Paralysator in der Tasche verließ ich meine Freunde. Zwei Tage blieb ich noch in Paris. Zwei Tage Zeit für schleichende Gedanken in der Stadt vertrauter Wege. Ich vermutete, die Dinge würden sich wie immer von selbst entscheiden. Man musste ihnen nur ihre Zeit lassen. Mein Lebensweg war an einer Gabelung angekommen, die zumindest in einer Richtung keine Rückkehrmöglichkeit bot und somit über alles Spätere entscheiden würde. Würde ich die Gewalt wählen, hätte ich den Weg der Seriosität ein für allemal verlassen. Den Sinnbildner-Job wäre ich los. Der Verstand, der mich üblicherweise leitete, sagte „Nein!" und empfahl mir die Kraft des langen Weges. Doch mein Herz siegte. Ich bestieg, den Paralysator im GU-Diplomatengepäck, den Flieger nach San Franzisko.

Das Haus war unglaublich leer ohne Familie. Tiefe Traurigkeit kroch mir die Kehle hoch und bewies, dass ich vom knochenharten Straßenwolf zum verletzbaren Romantiker geworden war. Alleine in diesem großen Haus, weit weg vom Lachen und Weinen meiner Kinder, festigte sich das Ende meiner bürgerlichen Karriere. Möbel und Kleinkram, die Julia und ich voller Begeisterung ausgesucht hatten, verloren jegliche Bedeutung. Frau Dreyer, die vermutlich aufgrund ihrer phänomenalen Intuition anrief, alles war mir egal. Ich entwickelte mich zurück, wurde wieder Wolf. Und genau das musste ich sein, wenn ich Zazo mit dem P3-Paralysator erwischen wollte. Eine solche Aktion war nur mit Eiseskälte zu verwirklichen. Ich wurde kalt und berechnend.

Ein paar Wochen später lud ich mich bei Zazo ein. Ich wollte erfahren, wann und wo er in der Öffentlichkeit auftreten würde. Erwischen konnte ihn nur außerhalb des Looni – Geländes, denn auch als spezieller Freund wurde ich von seinen Sicherheitsleuten jedesmal gründlichst gefilzt.

Zazo war nicht so aufgeschlossen wie sonst, oder bildete ich mir das ein? Auf meinen Wunsch saßen wir wieder im Luxus-

Dampfbad. Ich versuchte die Atmosphäre mit ein paar Scherzen aufzulockern, doch er blieb bedeckt. Ich erklärte ihm, dass ich zur Vervollständigung meines GU-Berichtes ein Portrait von ihm auf einer Public Relation Tour machen wolle. „Oder trittst du selber öffentlich nicht mehr auf?" – „Selten. Bin schon zu alt für solche Kinkerlitzchen." – „Wohl eher zu faul." – „Was macht deine Familie? Deine Frau schon zurück?" – „Nein." – „Beleidigt?" – „Scheint so." – „Ziemlich nachtragend die Kleine, was?" – „Wir werden sehen." – „Nimm`s nicht so schwer. Renkt sich alles wieder ein." – „Ich denk auch." – „Die Idee, meine Leute zu kidnappen, war aber auch super hirnrissig." Ich schwieg. „Du hattest den Denkzettel verdient. Besser so als arbeitslos." – „Ja, ist ja gut. Was wird nun aus einer Begleitung auf `ner PR-Tour?" – „Wenn`s sein muss." Ich brauchte noch zwei Wochen, ehe ich ihn so weit hatte, mir einen Vortragstermin in London mitzuteilen.

Am 28. Mai 2030 wollte Zazo im Creativ Theatre London einen seiner seltenen Auftritte außerhalb von Looni Centren geben. Unter dem Motto >Zeit für die Seele – Looni Weisheit< wurde auf allen kommerziellen Kommunikationswegen Werbung geschaltet. Fast jeder, der in London umsonst telefonierte, mailte, oder sonst interaktiv war, bekam Zazos Reklame und den Vortragstermin präsentiert. Das Creativ Theatre London verfügte über 50.000 Sitze. Auf sechs TV-Kanälen sollte der Vortrag gesendet werden. Zazos Name wurde nicht genannt, ganz nach der Looni-Philosophie: Inhalte entscheiden, nicht Personen. Zazo verriet mir: „die Inselaffen (womit er die Engländer meinte) haben bisher wenig Sinn für unsere Religion entwickelt. Die sind einfach zu querköpfig, schon seit Generationen. Das Volk ist prädestiniert zur Isolierung des Gen-Codes für Sturheit." Den Londoner Vortrag sah er als historische Aufgabe an. Es galt den britischen Eigensinn zu knacken. Nur deshalb stellte er sich ausnahmsweise selber auf die Bühne. Er meinte, das

Leben sei eigentlich zu kurz für solche Banalitäten." Ich war sicher, dass er in London keine Banalitäten erleben würde.

Natürlich gab es Schwierigkeiten zu überwinden. Das Creativ Theater war gut gesichert. Außerdem war Demian mir nach wie vor auf den Fersen. Ich ahnte, dass er es war, der mich in Paris bei den Insidern bespitzelt hatte und ich vermutete, dass er mir Corinna ins Nest gelegt hatte. Zu meiner eigenen Sicherheit lockte ich ihn auf eine falsche Fährte: Zeitgleich zu Zazos Vortragstermin organisierte ich ein Treffen mit meinen Insidern in San Franzisko. Ich setzte voraus, dass Demian meine Kommunikation kontrollierte, also sprachen wir kodiert. Der Code war so gehalten, dass Demian ihn –wenn auch mit Anstrengungen, aber immerhin- knacken konnte. Wir fingierten einen Einbruch in Zazos Prunkvilla, exakt zum Zeitpunkt von Zazos Vortrag in London. Zwei Tage vor dem Vortrag verabredete ich mich mit den Insidern in Paris. In den heimatlichen Büschen und Schleichwegen Belgiens hängte ich Demian ab. Niemand konnte mich in meiner Heimat gegen meinen Willen überwachen. Historisch wertvoll und gesundheitlich belastend setzte ich in einem Speedboot über den englischen Kanal. Pünktlich zu Richard Einhorns Konzert am 26. Mai 2030, 20 Uhr GMT war ich im Creativ Theatre London. Das Netherlands Philharmonic Orchestra spielte wie immer bravourös und ich inspizierte mit ein paar Musiknoten unterm Arm in aller Ruhe den Zugang zur Bühne und die Möglichkeiten sich in Bühnennähe zu verstecken. Im Nebenzimmer der Souffleurkabine stand ein riesiger Kleiderschrank. Ideal geeignet für eine Zwischenwand. Die bastelte ich mir in den beiden folgenden Nächten. Als die Sicherheitsleute der Looni kamen, hatten sie keine Chance mich zu finden.

Dann kam Zazos Vortrag-Tag. Er hatte mir eine Karte für die erste Reihe gegeben und wunderte sich vermutlich gar nicht, dass ich nicht gekommen war. Demian hatte ihm von unseren Einbruchsplänen berichtet, und folglich sah Zazo mich im

Polizeigewahrsam von San Franzisko. Dabei war ich ihm näher als irgendjemand sonst. Ich hatte mit zumindest einem seiner Sicherheitsleute in der Souffleurkabine gerechnet und für diesen Fall mein Blasrohr mitgenommen. Das Blasrohr stammte noch aus der Insider-Zeit. Eine Spezialanfertigung aus Aluminium: zusammenschiebbar, innenliegende Karbonlamellen, ideal für Geschosse aus langen Stahlspitzen mit Silikonhütchen. Lautlos und auf zehn Meter absolut treffgenau. Ein paar Betäubungsspitzen hatte ich mitgenommen, die ich in der engen Kabine gut hätte einsetzen können. Es war aber niemand da. Durch einen schmalen Schlitz im Vorhang, weniger als zwei Meter vor mir, sah ich Zazo am Rednerpult stehen. Den Paralysator in der Hand hörte ich ihm zu. So, wie er sprach, und wie er mir in den letzten persönlichen Gesprächen begegnet war, kam man nicht auf die Idee, er könnte irgendjemandem ein Leid zufügen. Im Gegenteil, er strahlte Wärme und Sympathie aus. Einmal mehr ergriff sein Charisma Besitz von mir. Mir kamen Zweifel. War Zazo wirklich zu verurteilen? O.K., er hatte einen rauhen Humor und machte andere zu seinem Spielball, aber war er deshalb böse? Je länger ich ihn vor mir sah, umso größer wurden meine Zweifel. Ich musste mich wirklich zwingen, den Verstand einzuschalten. Warum war ich hergekommen? Warum war ich mir so sicher gewesen, dass er Böses tat? Natürlich mit seinem Charisma wickelte er jeden ein, nicht nur mich. Dabei gab er 'nen Teufel auf die Millionen von Menschen, die er in seiner Organisation zusammengepfercht hatte. Für seinen persönlichen Vorteil ließ er Menschen und Moral verrecken. Und diese faszinierende Ausstrahlung machte ihn erst recht gefährlich. Nicht nur all die Looni, meine eigene Familie war sein Opfer geworden. Zazo sagte gerade: „Jeder Mensch strebt in seinem Innersten nach Frieden. Frieden zwischen der Natur, Gott und sich selber", als ein greller Lichtblitz aus meinem Souffleurkasten seiner Scheinheiligkeit ein Ende bereitete.

Binnen einer tausendstel Sekunde war Zazos Gehirn Schauplatz wüster Reaktionen: Sämtliche Stationen seines bisherigen Lebens rasten durchs Gehirn. Sein Körper wand sich, gepeinigt vom Verlust jeglicher Kontrolle. Das Bewusstsein befand sich außerhalb des Körpers. Er sah sich selber dort unten auf der Bühne liegen, den krampfhaft zuckenden Körper. Dann wurde es dunkel. Um ihn herum wisperte und murmelte es, dumpf und immer lauter werdend. Was war das? Plötzlich wusste er es: es waren Geister und Dämone, die ihn in ihre Mitte ziehen wollten. Sie umschwirrten ihn und schnatterten, gurrten, gurgelten. Sie wussten, dass sie ihn bekommen würden, dass er bald zu ihnen gehören würde. Er wollte weg, weg aus dieser Finsternis, dem ewig Ruhelosen. Zurück! Zurück in seinen Körper wollte er und schrie: „Nein! Nein!" Doch niemand hörte ihn. Es war der kleine Tod, den er durchlebte, ein Erlebnis, das er niemals vergessen würde. Seine Leibwächter hielten ihn fest.

„Das hat gesessen." Ich war sicher, das Richtige getan zu haben, als mich, Sekunden nach dem Schuss, Zazos Sicherheitsleute stellten. Das Tohuwabohu in der Halle war perfekt. Die Zuschauer drängten zu den Ausgängen und die Presse war fast genauso schnell bei mir, wie Zazos Bodygards. „Warum haben Sie das getan?" – „Wer sind Sie?" Sie schrien durch den Raum. Kameralicht blendete mich. „Der Sack hat eine Ohrfeige verdient", habe ich noch gesagt, dann haben die Londoner Cops mich zur Central Police Station abtransportiert. Juristisch gesehen war nicht allzu viel drin: selbst leichte Körperverletzung war strittig, denn der Körper war nicht verletzt, und es gab genug Fachleute, die zu Gunsten der Pariser Polizei ermittelt hatten, das auch Schmerzen im eigentlichen Sinne nicht auftraten. Man vertrat sogar die Ansicht, dass das außergewöhnliche Erlebnis, das man einem Getroffenen verschaffte, eher wertvoll als schädigend war, aber wie gesagt, die obersten Gerichte hatten das Ding aus Gründen menschlicher Würde und

Selbstbestimmung verboten. Natürlich wurde ich wegen verbotenen Waffenbesitzes und noch ein, zwei anderen Punkten verurteilt, im Schnellverfahren. Ich war nicht vorbestraft, Sinnbildner, und hatte etliche Milderungsgründe zugesprochen bekommen, also beließ man es bei einer Geldstrafe unter Anrechnung der drei Tage, die ich in London in Haft gesessen hatte.

Frau Dreyer besuchte mich noch im Londoner Gefängnis. Sie war sehr traurig. Traurig, was meine persönliche Entwicklung betraf. Das ganze juristische Tamtam interessierte sie nicht. „Warum sind Sie nicht zu mir gekommen?" wollte sie wissen. Ich dachte: „Weil mir deine Antwort nicht geholfen hätte." Ich sagte: „Weil ich zu wütend war." Ich wollte sie nicht verletzen. Sie überreichte mir unter Tränen die Kündigung. „Sie dürfen nach Ihrer Entlassung noch eine Woche auf GU-Kosten reisen und Ihre Dinge bereinigen. Karten und Communicator geben Sie bitte bei Miss Wandercast ab. Ich wünsche Ihnen persönlich alles Gute." Ich umarmte sie, zum ersten und zum letzten Mal.

Noch heftiger war die Begegnung mit Julia. Frau Dreyer hatte ihr die Reise nach London gesponsert. Sie saß vor mir und war weit weg. Kein nettes Wort, kein lieber Blick. „Du hast dich sehr verändert", meinte sie und: „Um uns brauchst du dir keine Sorgen machen. Uns geht es gut." Ich fragte nach den Kindern, und sie gab mir zu verstehen, dass die zum Glück noch klein seien und schnell vergessen. „Sie finden gerade etwas Stabilität im Kindergarten", erzählte sie und fügte überflüssigerweise hinzu, dass es besser wäre, wenn ich sie erst einmal in Ruhe lassen würde. Es war das erste Mal, dass ich erlebte, wie schnell große Liebe zu kleinen Gesten mutieren kann. Ich fragte sie, ob sie sich vorstellen könne, jemals zu mir zurück zu finden und erfuhr ihren Pragmatismus. Sie müsse sich erst einmal um sich selber und die Kinder kümmern, sagte sie, und dass es nett wäre, wenn ich ihr über ihre Eltern diese und jene Haushaltsgegenstände zukommen lassen würde. Dass sie noch einmal „romantische Gefühle" für mich entwickeln würde, konnte sie sich nicht vorstellen. Beim Abschied wollte ich sie auch umarmen. Doch mehr als ein warmer Händedruck war nicht drin.

V. Kapitel -Rondas Odyssee-

Meine letzte kostenlose Reise ging von San Franzisko, wo ich Haus und Hausrat aufgegeben hatte, nach Paris, allerdings nicht wegen Julia und den Kindern. Die hatte ich auch aufgegeben. Mir fiel einfach kein anderer Ort ein, der mich auffangen konnte. Doch die Straßen von Paris waren nicht mehr meine Straßen. Die Insider-Freunde taten zwar alles, um mich bei Laune zu halten, aber ich konnte den Großstadtdreck nicht mehr sehen. Meine Freunde bezogen allesamt GU-Mittel, und wenn sie nicht auf dem Kommu-Sofa saßen, verdienten sie sich ein paar Penunzen nebenbei, als Securities von Shops und Tennisclubs. Es ödete mich an. Wir waren alt geworden, Kinder dominierten in den Gangs. Ihr Spaß war nicht mehr unser Spaß. Ich wurde GU-Mittel Empfänger, bekam eine Wohnung in der Nähe meiner Kumpel und war bald jeden zweiten Tag mit ihnen zusammen. Phantasievoll war das nicht gerade. Nur, was war die Alternative? Wo konnte es besser sein? Kanada fiel mir ein. Dort, in der Natur, hatte ich mich immer gut gefühlt. Nach Kanada kam ich nicht mehr, mir fehlte das Geld. „Auch Europa hat Natur," dachte ich. Ja, auf dem Land würde ich gesünder leben: bessere Luft, kein Dreck, kein Krach. Auf einem Bauernhof könnte ich arbeiten, selbst wenn der Verdienst nur geringfügig besser wäre als die GU-Grundmittelversorgung. Eine Beschäftigung mit der Natur würde mir gut tun. Das Nichtstun war mir unerträglich. Von meinem letzten Geld kaufte ich eine sündhaft teure Outdoor-Ausrüstung: Thermoanzug, Thermojacke und Thermoschuhe für Temperaturen zwischen plus 30 und minus 40 Grad Celsius, ein Kugel-Thermozelt, ein Thermoschlafsack, Luftmatratze und ein Mini-Kochset. Alles zusammen wog weniger als 4 Kilogramm und passte in einen Rucksack, der nicht größer als ein Fussball war. Absolutes High-Tech-Equipment, atmungsaktiv und 100 %ig wasserdicht, mein wertvollster Besitz für die nächsten Jahre.

Zu Fuss wanderte ich durch die Sommerlandschaft Richtung Süden. Mit den Gefühlen der Kindheit roch ich Gras und Blumen. Schon lange hatte ich nicht mehr auf Vogelgezwitscher geachtet. Erstaunlich, wie schnell Gerüche, Atmosphären, Geräusche innerhalb von Sekunden Jahrzehnte zurückdrehen können. Nachts lag ich zwischen krabbelnden Käfern auf der Wiese und betrachtete den Himmel, das unendliche All. Millionen von Sonnen, die tausende von Planeten ernähren. So weit entfernt, dass sie trotz aller Technik unerreichbar blieben. Da ich mich bei der GU ordnungsgemäß abgemeldet hatte, konnte ich in jeder Stadt per Finger- und Iris- Identifikation meine Grundmittelkarten abholen. Ab und zu musste man ein paar Tage arbeiten. Auf den Versorgungsämtern traf ich Gleichgesinnte, besser gesagt, andere „Hauslose" (so der offizielle GU-Jargon). Ich war erstaunt, wieviele Männer, aber auch Frauen, diese Art des Lebens gewählt hatten. Auf fünf Männer kam etwa eine Frau; so gab es die kuriosesten Pärchen. Ich lernte die Zeichensprache und den Ehrencodex der Clochards kennen. Ein Halbkreis mit Strich nach rechts, bedeutete beispielsweise, dezent auf eine Mauer gekrickelt, dass in der nächsten Straße rechts eine Schlafstelle mit Dach zu finden war. In der Stadt eine nützliche Info für Regentage.

Meine Ausrüstung leistete erstklassige Dienste. Ich merkte bald, dass viele Clochard-Kollegen scharf darauf waren. Sie hatten ständig feuchte Klamotten. Meine waren immer trocken. Sie froren oder schwitzten, mir ging es gut. Ihre Zelte zerfetzten, meines war unverwüstlich. Was sollte ich tun? Es war absehbar, dass jemand versuchen würde, mir meine Schätze abzujagen. Also besorgte ich mir Teflon-Farbe, besser gesagt, ich klaute sie in einem Spezialgeschäft, denn sie war unerschwinglich. Es musste Teflon-Farbe sein, da die physikalischen Eigenschaften meiner Ausrüstung nicht verloren gehen sollten. Mit der Farbe grau/braun schmierte ich die Sachen so hässlich an, dass sie niemand mehr haben wollte. Ansonsten gab es wenig Kriminalität unter Tippelbrüdern. Man stahl nach Möglichkeit überhaupt nicht. Schließlich bekamen Clochards mehr GU-Mittel als Festansässige. Außerdem wollten Clochards kein schlechtes Image. Man war penibel darauf bedacht, seinen Müll ordentlich zu entsorgen. Das galt jedenfalls für die nordeuropäischen Ländern. Die Südeuropäer, allen voran die Portugiesen, müllten selber derart in ihren Wäldern herum, dass man sich das Entsorgen sparen konnte. Ja, bis nach Portugal kam ich im Laufe von neun Monaten. Neun Monate, die vergingen wie neun Wochen. Ich lernte eßbare Kräuter, Pilze und Beeren kennen und badete in kristallklarem Quellwasser. Die Zeit verlor an Bedeutung. Ärgerlich waren nur die Versorgungsämter in Portugal. Dass portugiesische Behörden miserabel funktionierten, war allgemein bekannt, aber dass es so schlimm war, hätte ich nicht gedacht. Als ich eines Tages wieder einmal erfolglos aus einem portugiesischen Amt kam (die Computeranlage war defekt – vermutlich konnte man sie nur nicht bedienen·), erinnerte ich mich an die alte Idee, auf einem Bauernhof zu arbeiten. Von portugiesischem Dilettantismus hatte ich die Nase voll, und nach spanischer Hitze stand mir nicht der Sinn. Also machte ich mich auf den Rückweg nach Frankreich.

Nach einem Jahr Wanderschaft überschritt ich die Grenze Spanien/Frankreich bei Bayonne. Tatsächlich verspürte ich Heimatgefühle. Von Bayonne aus wanderte ich zuerst die Atlantikküste hoch. Mit braun gebrannten Touristinnen vergnügte ich mich in den Wellen und ab und zu auch in den Dünen. Die Arbeit beschränkte sich auf GU-Arbeit. Schließlich kam ich nach Creon, einem idyllischen Städtchen, östlich von Bordeaux. Auf dem dortigen Markt traf ich einen Weinbauern, der Hilfskräfte zur Weinernte suchte. Da er die Kosten steuerlich absetzen wollte, musste ich mich bei der GU-Versorgung abmelden. Die Hofstelle war Jahrhunderte alt, ganz im Gegensatz zu seiner Frau. Mit dem Gesicht eines Engels bewegte sie sich im wahrsten Sinne des Wortes extraordinär. Obwohl verheiratete Frauen eigentlich nicht mein Fall sind, kam ich gegen diese Reize nicht an. Wie bei Corinna war die Sache elementar. Sie sah mich an und ich wusste: unsere Vereinigung war nur noch eine Frage erwartungsfroher Stunden. Der Bauer kontrollierte sein Juwel ohne Unterlaß. Ein mühseliges Unterfangen und bei der Weinernte schlichtweg aussichtslos. In der zweiten Woche der Weinlese versenkte ich mein Zepter in ihrem süssen Apfel. Wir erschufen das Reich der Sinne, als wir ihn plötzlich den Hang hinaufschnaufen hörten. Das war das Ende meiner bäuerlichen Arbeitszeit. Ich flüchtete den Hang hinunter, und er folgte mir schreiend zwei geschlagene Stunden lang. Irgendwie tat er mir leid, andererseits war ich froh solche Sorgen nicht zu haben.

In Bergerac fand ich wieder Arbeit bei der Weinlese. Monsieur Pellier hatte sich auf edle, schwere Weine spezialisiert. Bei ihm war alles sauber, was zur Folge hatte, dass ich endlich mal wieder in einer Badewanne saß. Wir schufteten rund um die Uhr. Abends gab es deftige Küche. So konnte man es aushalten, obwohl auch hier die Bezahlung nur knapp über GU-Standard lag. Ende Oktober war die Ernte eingebracht. Ich wanderte weiter.

Das Dordogne-Tal wurde gen Osten immer schöner, und trotzdem überkam mich Unzufriedenheit. Naturgenuss hatte ich mittlerweile genug gehabt. Langsam aber sicher ödete mich das Wanderleben an. Mir fehlte ein Ziel! Etwas, das Sinn machte. Ich musste lachen. Ich, der Sinngeber, ja sogar Sinnbildner, saß am Fluss und suchte einen Sinn. Solange ich anderen Sinn vermittelt hatte, brauchte ich mir um den eigenen keine Gedanken machen. Und jetzt? Clochard war ich geworden, weil mir die Heimat abhanden gekommen war. Ein Jahr lang hatte ich so gelebt und viel gelernt. Viel Neues konnte mir diese Lebensform nicht mehr bringen. Außerdem wurde die Natur langsam herbstlich ungemütlich. Was sollte ich tun? Meine Schritte wurden zaghafter, meine Gedanken verstockt. Seltsam orientierungslos, fast lahmgelegt, streunte ich tagelang in der Gegend von Puybrun umher.

Zazo hatte nach dem >Attentat<, wie Rondas Aktion in Looni-Kreisen genannt wurde, sehr bald mit Demian zu kämpfen. Der wollte ihn „entlasten" wo immer es möglich war. Er wusste einen mental geschwächten „Chef" vor sich. Zazo aber war klug genug seine eigene Situation realistisch einschätzen zu können. Durch Rondas Attacke war ihm das alte Selbstverständnis abhanden gekommen. Er war zweifelnder geworden, vor allem, wenn es um große Inhalte ging: das Leben an sich war ihm vieldeutiger geworden, der Mensch an sich komplizierter. Trotzdem und vielleicht gerade deshalb, wollte er die Looni nicht Demian überlassen. Ärzte und Bekannte hatten ihm geraten, sich zurückzuziehen, sich zu erholen und das Tagesgeschäft einem tüchtigen Nachfolger zu überlassen. Er aber wusste, welche Macht Demian in die Hand bekommen würde, und was der damit anfangen würde. Einen Nachfolger gab es nicht, den konnte es gar nicht geben. Das System >Looni< war auf ihn persönlich zugeschnitten, und die Geheimnisse des Systems waren zu brisant. Niemand durfte wissen, was hinter den Kulissen geschah. Dank seines nach wie vor messerscharfen Verstandes kontrollierte er Demians Ehrgeiz mühelos. Er ließ ihn unter Hinweis auf alte Sünden lästige Arbeiten erledigen, und stellte ihm eine Rückkehr an die Spitze in frühestens sieben Jahren in Aussicht. In einer Beziehung allerdings unterschätzte Zazo seinen Zögling nach wie vor, und das betraf Ronda. Wie von magischer Hand geleitet konnte Demian nicht von Ronda lassen. Während Rondas gesamter Clochard-Zeit bespitzelte Demian ihn. Zazo wusste nichts davon.

Ich saß in Camps am Ufer der Cére und dachte über die Symbolik meines Werdegangs nach. Gescheitert war ich ausgerechnet an dem Mann, der Grund für meine Beförderung gewesen war, Zazo. Schon in unserer Jugend hatte er mir wenig Glück gebracht. Stress und Ärger waren meine, - wohlgemerkt meine, nicht Zazos- ständigen Begleiter wenn ich mit ihm zusammen war. Lehrer, Kaufhausbesitzer und Freaks machten mich –und nur mich- zum Sündenbock für unsere gemeinsamen Taten. Nun war wieder ich im Abseits, und Zazo stand besser da als je zuvor. Einmal mehr hatte ich mich zum Verlierer und ihn zum Gewinner gemacht. Das Zusammensein mit ihm hatte seinen Reiz im Kräftemessen. Doch es kostete mich Kraft und gab mir keine. Bei Michel, dem Dritten im Bunde der Jugendfreundschaften, funktionierte das Prinzip genau anders herum. Michel war zu weich zum Kräftemessen und hatte mir mit seiner weichen Art immer Kraft gegeben. Das Zusammensein mit Michel war stärkend, denn unsere Aktionen waren nützlich, zugegeben, auch ein wenig langweilig. Vielleicht gab es solche schicksalhaften Festlegungen zwischen Menschen? War das die Lösung? Ging es im Leben darum, diejenigen zu finden, die einem Nutzen und Glück bringen? Musste man fruchtbare Allianzen suchen? Wenn ja, wäre ein Zusammensein mit Michel noch heute für mein Leben vorteilhaft? Selbst wenn es nicht so wäre, es interessierte mich, was aus dem alten Freund geworden war. So kam es, dass der, der mir schon in der Jugend Kraft gegeben hatte, sie mir nun wieder geben sollte. Die Idee, Michel zu besuchen, beflügelte mich ungemein. Ich erinnerte mich an Zazos Worte: „Der hat eine lebhafte Frau erwischt, die ihn nach Norditalien verfrachtet hat, in die Nähe von San Remo..." Das Nest fing mit „Bu" an, mehr konnte ich nicht mehr erinnern. Gut gelaunt wanderte ich Richtung: Italien/San Remo/Michel.

Der Herbst schlug ungemütlich in den Winter um, als ich auf der Via Romana nach San Remo kam. Kräftiger Wind beutelte die Palmen und mein erster Weg führte mich zum Versorgungsamt. Es gab viel weniger Tippelbrüder als in Frankreich, so dass ich auf meine Marken nicht lange warten musste. Eines allerdings war nachteilig: die wenigen >Hauslosen<, die es gab, mussten entsprechend den GU-

Regeln, strikt soziale Arbeit leisten, also deutlich mehr als in Frankreich. Vermutlich waren Clochards deshalb in dieser Gegend so selten. Für mich hieß das: kaum in San Remo angekommen, schon an den Strand dirigiert, Algen sammeln. Tonnenweise brachten wir das klebrige Zeug zum Trocknen auf karge Felder. Lebensmittel und Dünger wurde daraus gemacht. Mit allen Mitteln versuchte man das Mittelmeer von der Algenplage zu befreien. Sogar die Balearen waren mittlerweile vom Algenteppich bedroht. Algenfischerei galt als innovativer, erfolgversprechender Berufszweig.

Der kleine Ort mit >Bu<, in der Nähe von San Remo, konnte nur Bussana sein. Genauer gesagt handelte es sich um zwei Orte: >Bussana Nova< und >Bussana Vecchia<. Die Geschichte des Ortes war auch sehr symbolträchtig. Vor dreihundert Jahren wurde dem katholischen Pfarrer von Bussana Vecchia mitten in der Predigt die Gemeinde durch das Kirchdach erschlagen. Ein Erdbeben wütete exakt in dem Moment, als der Pfarrer die Worte sprach: „möge Gott dem heiligen Vater (so nannte man den Papst), der heiligen römisch, katholischen Kirche und ihren Gläubigen Schutz vor Erdbeben ......". Lange Zeit stand das halb zerstörte Dorf leer. Man baute Bussana Nova. Später wurde Bussana Vecchia zum Künstler- und Touristendorf.

Der Bäcker, den ich in Bussana Nova nach einem Maler, namens Michel fragte, gab mir für >Michel-Pintore< in Bussana Vecchia einen kleinen Kuchen mit, „weil er den so gerne mag". Über dem Verkaufstresen hing ein Gemälde von Michel. „Ein Geschenk, schon heute tausende von Dollars wert", erzählte der Bäcker stolz. Offensichtlich hatte Michel nichts von seinem alten Charme eingebüßt.

Auf dem Weg hoch zum alten Bussana lichteten sich die Wolken. Die Sonne schien auf Olivenhaine und Gewächshäuser voller Nelken. Ein Touristen-Carrier nach dem anderen überholte mich. Aus Monaco, Nizza, Antibes, ja sogar aus

Mailand kamen Kunst-Touristen nach Bussana. Michel fand ich zwischen zwei Olivenbäumen, in der Hängematte liegend. Er las ein Buch: >Die Geheimlehre der Tempelritter< von Allan Oslo. Dass ich, zwanzig Jahre nach unserem letzten Zusammensein, jetzt wieder vor ihm stand, fand er ganz normal. Er freute sich: „Was zusammengehört, findet sich immer wieder", sagte er und ahnte nicht, wie sehr er damit meinen Symbolik-Nerv traf. Er war schwer begeistert von seiner Lektüre und erzählte bei ein paar Gläsern Rotwein von seinen neuesten Erkenntnissen. „Stell dir vor", sagte er, „das, was Juden, Christen und Islamisten gleichermaßen wichtig ist, ist das alte Testament. Bei allen Unterschieden sind die Gesetze Mose's die Bausteine dieser Religionen. Und da fängt der große Betrug schon an." Er erzählte, dass diese Religionen nur deshalb so einflußreich geworden seien, weil das alte Testament auf Furcht und Macht aufbaut. „Den Menschen wird eingebläut, dass ihnen Übles droht, wenn sie nicht nach den Gesetzen der Kirche leben. Dabei haben Jesus, Mohammed und viele andere bewiesen, dass es ein liebender, gütiger Gott ist, dem man im eigenen höheren Selbst begegnen kann, und dass der wütende, tobende Gott des alten Testamentes mit Gott, dem Schöpfer und Allumfassenden nichts zu tun haben kann. Gott steht über Rachegefühlen und Belohnungen. Der drohende, brutale Gott des alten Testaments stammt aus den Hirnen machtbewusster Geister. Deren materielle Denkungsart, im alten Testament auf Gott übertragen, ist allenfalls Ausdruck des gefallenen Engels, des Satans, oder wie immer man den materiellen Schatten Gottes nennen will. Wo es um Materie, Geld und Macht geht, wo Furcht und Schrecken herrschen, ist Gott, der freie Seelen berühren will, weit entfernt. Mit anderen Worten: der Gott des alten Testamentes ist in Wirklichkeit der Teufel. Stell dir das vor: wer diesen Gott anbetet, betet in Wirklichkeit den Teufel an. Was erklärt, warum viele die das tun, materiell so erfolgreich sind. Das Problem war nach Michels Meinung, dass der Mensch aus

Fleisch und Blut geschaffen ist und sich deshalb auch immer wieder an die materielle Welt verliert."

Ich kam mir vor, wie in der Kirche. Zwar hatte ich das Gefühl, dass Michel einige Wahrheiten von sich gab, doch stand mir nicht der Sinn nach seinen hochtrabenden Gedanken. Ich wollte Irdisches, war neugierig, wollte seine Bilder sehen, wollte wissen, wie er lebt, wollte seine Familie kennenlernen, wollte den Touristenrummel in Bussana beobachten, wollte ein gutes Essen kochen. Ich fühlte mich wohl, und das lag an Michel. Er ließ keinen Zweifel daran, dass ich hochwillkommen war.

Seine Frau Celia hatte wirklich Power. Sie betrieb eine Gallerie in Bussana und verkaufte Michels Bilder zu üppigen Preisen. Fürs Tagesgeschäft hatte sie ihn verdonnert, täglich mindestens zwei Skizzen abzuliefern. „Wir verkaufen zwar nicht, wie andere hier, jeden Tag zwei große Bilder, aber mit den Skizzen und zwei großen Bildern im Monat geht es uns immer noch besser, als allen anderen." Michel verzog das Gesicht, und erklärte: „Sie denkt nur ans Geld und ist damit natürlich des Teufels fette Beute. Aber würde ich meine Bilder selber verkaufen, ich wäre wohl GU-Kunde." Celia konterte trocken: „Wenn ich deine letzte Theorie richtig verstanden habe, sind wir Frauen sowieso dem Teufel verschrieben, da kommt's auf das bißchen Geld nicht an." Michel lächelte mich verschmitzt an: „Weißt du, ich habe ihr gesagt, dass es bisher noch keine Frau zum Philosophen oder Religionsstifter gebracht hat, was wohl daran liegt, dass ihnen das Materielle näher ist als große Gedanken." – „Immerhin sind wir es, die mit unserem schönen Körper dafür sorgen, dass menschliches Leben entsteht. Da ist es wohl kein Wunder, wenn wir näher am Leben dran sind, als ihr hochkarätigen Gedankenflieger." – „Keine Chance!" ‚schloss Michel die Diskussion, und ich schlug versöhnend vor, am Abend eines meiner Spezialgerichte zu kochen. Ich ahnte nicht, dass ich mit dieser Idee zum permanenten Chefkoch einer fünfköpfigen Großfamilie avancieren würde.

Michels Haus war ein dreistöckiges uraltes maurisches Gebäude. Es hatte Natursteinbögen als tragende Elemente und zwei Zimmer, pro Etage. Viel Platz gab es also nicht. In der Parterre waren Küche und Bad, im ersten Stock Kaminzimmer und Schlafraum und oben zwei weitere Schlafräume. Ganz oben, auf dem Dach befand sich mit Blick aufs Meer eine kleine gemauerte Kammer, die ich von allem möglichen Gerümpel befreite um dort meine Luftmatratze zu plazieren. Im Haus wohnten Michel und Celia, ihre Kinder Joel und Danni und außerdem Eve, eine 27-jährige Schönheit und Freundin von Celia. Joel, 13 Jahre alt, kam nach dem Vater. Er malte erstaunlich naturgetreue Portraits. Danni war zwei Jahre älter und hatte hauptsächlich Jungs im Kopf. Aus Eve wurde ich nicht schlau. Sie schlief meistens im Kaminzimmer, aber ich vermutete, dass sie eine spezielle Beziehung zu Celia hatte.

Am ersten Abend machte ich Fondue. Die Zutaten besorgten Michel und ich im Supermarkt. Endlich konnte ich wieder einkaufen was das Herz begehrte, ohne Rücksicht auf GU-Marken. Michel zahlte Cash. Die Sachen übers Internet zu bestellen und anliefern zu lassen, lehnte er ab. Internet lehnte er überhaupt ab. Höchstens zwei-, dreimal im Jahr saß er vor seinem uralten Flachbildschirm und sah TV. Wir kauften also ein: sündhaft teures echtes Rinderfilet, Schweinefilet und Putenfilet. Als Saucenzutaten: Mayonnaise, Sahne, Creme fraiche, Knoblauch, Meerrettich, Senf, Tomaten, Zwiebeln, Essiggurken, Kapern, Chili und grünen Pfeffer. An weiteren Zutaten: Baguettes, Butter, Petersilie, Dill, Käse und Weintrauben sowie Fruchtsäfte und köstlichen Rotwein. Angesichts der horrenden Rechnung konnte ich es mir nicht verkneifen festzustellen: „Die materialistisch, teuflische Seele deiner Frau hat ihre verdammt guten Seiten." Michel entlockte ich damit ein fröhliches Grinsen: „Zum Glück sind`s ihre Sünden, nicht meine." Der Fondue-Abend wurde ein voller Erfolg und der Beschluss der Hausgemeinschaft stand fest: ab sofort wurde mir das abendliche Kochen angetragen. Ich nahm die Aufgabe an, denn ich wollte Nützliches tun. Außerdem kochte ich sowieso gerne. Von Spaghetti al Pesto bis zum Wiener Schnitzel ließ ich die Gaumenfreuden meiner neuen Großfamilie durch die europäische Küche schweifen. Das Leben in Michels Haus war grandios. Es schien, als hätte ich schon immer dazu gehört. Meine Vergangenheit interessierte Michel nur wenig. Die Wanderschaft durch Europa fand er gelungen, aber mit dem Sinngeber- und Sinnbildner-Job konnte er nichts anfangen. Zazo war ihm auch egal. „Der ist schon immer etwas böse gewesen. Weißt du, ich bin aber auch zu dumm für die moderne Welt", kokettierte er. Tatsächlich beschäftigte er sich ausschließlich mit seiner Kunst und philosophischen Büchern. Celia war den ganzen Tag in der Gallerie. Sie pflegte ihre Kundschaft, indem sie Michels neue Werke fotografierte und über das Internet bekannten Kunden und Kunstinvestoren anbot. In Internet-Galerien und auf den Web-Seiten von Banken bot sie Michels Werke zu etwas höheren Preisen an. Mit ihrem Management hatte sie ihm schon zu Lebzeiten einen kleinen Ruhm erarbeitet. Sie war sicher, dass einige Touristen nur wegen Michel nach Bussana kamen. Eve war Surflehrerin am Strand von Bussana Nova. Im Sommer unterrichtete sie Touristen und Anfänger, im Winter Fortgeschrittene.

Nach ein paar Wochen erklärte Michel, dass ich bleiben könne, so lange ich wollte. Er hätte mit den anderen gesprochen, alle seien einverstanden. Ich würde gut zu ihnen passen. Er war rührend.

Die Beziehung zwischen ihm, Celia und Eve interessierte mich, hatte ich selber in dieser Hinsicht doch kläglich versagt. „Wie macht Ihr drei das?", fragte ich ihn und erntete sein Lächeln: „Das sieht schwieriger aus, als es ist", sagte er. „Ja treibt ihr es zu dritt?" – „Eher weniger. Celia und Eve mögen sich und spielen manchmal miteinander. Dass sie mich dabeihaben wollen, ist eher selten." – „Und du? Bist du nicht eifersüchtig?" – „Auch eher weniger. Ich finde Eve sehr nett." – „Und deine Beziehung zu Celia? Ist sie dadurch nicht getrübt?" – „Überhaupt nicht! Im Gegenteil." – „Wie? So einfach ist das?" – „Ja." Ich staunte. Was eheliche Beziehungen anging war ich gänzlich andere Ansichten gewohnt.

Bussana war mit seinen Hunderten von Tagestouristen ein hektischer Ort, weshalb Michel sich zum Malen entweder aufs Dach verzog (oben, vor meine Hütte), oder ins Grüne, zwischen die Olivenbäume. Ich merkte bald, dass er wie kaum ein anderer Ruhe brauchte. Da meine Kochkünste immer erst ab 17 Uhr benötigt wurden, hatte ich viel Zeit. Ich erkundete die Umgebung, ging surfen und angeln. Michel gab mir seine Bücher. Merkwürdigerweise hatte ich aber bei allem was ich tat schon nach kurzer Zeit das Gefühl, mich eigentlich zu langweilen. Ich wurde regelrecht melancholisch. Celia empfahl mir, zu malen, zu bildhauern, zu töpfern oder zu schreiben. Ich versuchte alles Mögliche, doch nichts verschonte mich vor dieser schleichenden Langeweile. Wochen und Monate vergingen. Ich hatte eine Geliebte, Ines aus San Remo. Dort, in San Remo am Hafen waren wir uns begegnet, hatten gemeinsam die Segelboote bewundert. Sie wollte heiraten und Kinder haben, was mir den Spaß an der Liaison schnell verdarb.

Im Sommer 2032 lagen Michel und ich einmal mehr im Olivenhain in unseren Hängematten. Er rezitierte aus einem buddhistischen Buch und ich trank Rotwein. Michel regte sich darüber auf, dass Buddhisten nicht an Gott glauben. Für mich war das O.K. . Ich war sowieso nicht gläubig. Michel meinte, eine Religion ohne Gott bleibe auf halber Strecke stehen. „Da kann der Dalai Lama noch so spirituell sein, wenn er Weisheit und Liebe nicht vom Schöpfer ableitet, kennt er nur die halbe Wahrheit." Michels Begeisterung für solche Themen konnte ich nicht teilen. Überhaupt begeisterte ich mich zur Zeit für gar nichts. Ich machte mir Gedanken über meine Zukunft. Nicht dass ich mich in Bussana unwohl fühlte. Unsere Wohngemeinschaft harmonierte in wundersamer Weise. Ines, eine attraktive Bildhauerin aus Bussana hatte sich in mich verguckt, und ich besuchte sie ab und zu. Meine Kochkünste waren mittlerweile dorfbekannt, so dass mich das örtliche Restaurant >Osteria< für gelegentliche Spezialitäten-Diners engagierte. Mir ging es eigentlich gut. Wieso kam mir mein Leben trotzdem so käfighaft vor? Vertrug ich das süße Leben nicht? Michel hielt es für möglich, dass ich Urlaub von der Harmonie machen müßte. Aber das war nicht der Punkt. Zugegeben, bis dahin war mein Leben durch Kampf geprägt. Mit den Eltern hatte ich um Selbstständigkeit gekämpft, in den Pariser Straßen um Macht, mit den Frustrierten um Zuversicht und schließlich mit Zazo um Freiheit. Aber es war nicht der Kampf, der mir fehlte. Die Harmonie nervte mich nicht, im Gegenteil, ich genoss sie. Michel kramte in seinem philosophischen Gedankenfundus und meinte schließlich: „Vielleicht brauchst du einen spirituellen Lehrer?." Ich und ein spiritueller Lehrer! Die Idee kam mir spontan selten abwegig vor. Lehrer! Soetwas konnte ich nun gar nicht gebrauchen. Ich war Anarchist! Mir konnte niemand, aber auch kein einziger Mensch irgendetwas von Wahrheit oder Wichtigkeit erzählen. Ich trug die Wahrheit in mir. Ich gehörte nicht zu der Horde Waschlappen, die den Gedanken anderer nachhingen. „Ich brauche keine Vordenker!", sagte ich. „Nicht Vordenker! Im Gegenteil! Katalysator." Katalysator! Du meine Güte! Zum letzten Mal hatte ich den Begriff im Chemieunterricht gehört. Ich konnte mich gerade noch erinnern, dass Katalysatoren Beschleuniger sind. „Was um Himmels Willen willst du bei mir beschleunigen? Ich bin schon speedy genug." – „Spirituelle Lehrer, oder auch Gurus beschleunigen Individuationsprozesse, das meine ich."

Individuation oder auch Selbstwerdung war das Ziel, das wir als Sinngeber und Sinnbildner bei der GU für unsere Frustrierten und Schutzempfohlenen gelernt hatten. Mit anderen Worten: Michel empfahl mir einen Sinnbildner, um zu mir selber zu kommen. Die Idee beleidigte mich. Schließlich war ich Profi, ich war <u>Sinnbildner.</u> Ich war es gewesen. Es gab nichts Höheres, wenn es um die Frage von Sinn und Selbstwerdung ging. Ich, der Lehrer, sollte zum Schüler werden? Das hatte ich nicht nötig.

„Ich habe alles gelernt, was mit Individuation zu tun hat. Da wird mir niemand etwas beibringen können." - „Tut mir leid, wenn ich dich gekränkt habe, so war das nicht gemeint. Warte, ich lese dir ein Rätsel vor:" Er blätterte in seinem Buch und zitierte: „Eine Kuh will durch ein Gitter. Vorsichtig steckt sie den Kopf durch die Stäbe, dann folgt der Hals, dann der massige Körper. Sie ist schon fast hindurch, doch dann paßt die letzte Spitze ihres Schwanzes nicht durchs Gitter. Warum? Wie kann das sein?" Selten hatte ich ein dümmeres Rätsel gehört. „Was soll der Quatsch?" fragte ich und bekam zur Antwort: „das Rätsel ist mehr als tausend Jahre alt. Man kann es nur lösen, wenn man der Erleuchtung nahe ist. >Koans< nennt man solche Rätsel." Ich wollte es nicht glauben und sah in seinem Buch nach. Tatsächlich, da stand das merkwürdige Rätsel geschrieben. Michel sagte: „Wir Europäer sind viel zu sehr von Logik und Verstand gefangen. Die Gurus, die ich meine, können dieses steife westliche Denken knacken und dafür brauchen wir sie, ganz bestimmt nicht als intelligente Vordenker."

Seit diesem Gespräch geisterte die Vorstellung einer Erkenntnis ohne Verstand durch meinen Kopf, verwirrend und reizvoll, mit der Aussicht auf dicke Belohnung: Die Erleuchtung. Ich wollte erleuchtet sein, also las ich Michels Bücher. Buddhismus, gelebte Toleranz. Die einzige Religion, die anderen Religionen den gleichen Rang einräumt, wie sich selbst. Der Buddhismus geht davon aus, dass das Leben solange leidvoll ist, wie man gierig hinter irgendwelchen Dingen herjagt. Jedes Verlangen muss kläglich enden, spätestens mit dem eigenen Tod. Soweit, so gut, und soweit alles logisch. Aber wie verlor ich die Logik? Dadurch, dass ich mich wie Buddha unter einen Baum setzte und versuchte, jegliche Begierden zu verlieren? War ich in dem Moment nicht schon wieder begierig? Michel versuchte mir gute Ratschläge zu geben: „Meditiere, sitze und konzentriere dich auf das ›Hier und Jetzt‹", sagte er. Ich setzte mich unter einen Olivenbaum und meditierte. Außer dicken Waden und Durst auf Rotwein kam nicht viel dabei heraus. Michel kramte seine besten Philosophien zum Vorschein. Er erzählte von den Bäumen um uns herum. Davon, dass sie wachsen und vergehen, genauso wie wir (die wir ihre Oliven essen). Davon, dass es egal ist, ob ich in Italien auf den Olivenbaum, oder in Californien auf den Mammutbaum schaue. Beides mache gleich viel Sinn oder Unsinn. Ich hörte seinen Ergüssen andächtig zu, hatte aber nicht das Gefühl, dass mir gleich der Verstand abhanden kam. So ging es nicht weiter. „Wie finde ich einen Guru?", fragte ich ihn schließlich. „Ich glaube, du musst einfach hingehen", sagte er in seiner herzerfrischend mystischen Art. „Okay, sagte ich, „nächste Woche gehe ich los." Damit hatte er nicht gerechnet, jedenfalls schien er ruckartig wach zu werden: „Wie, du gehst los? Willst du nach Indien oder Tibet?" – „Keine Ahnung, irgend so etwas wird's wohl sein." Noch am Abend kramte Michel Bücher über Tibet heraus. Seiner Meinung nach war Tibet besser, denn Tibet sei einer der 24 heiligen Orte der Erde. „Dort findest du garantiert einen Guru", sagte er. Er blätterte in einem Bildband und fand tatsächlich einen fotografierten Guru. „Guck mal, der hier! Das ist so einer." Auf dem Foto war ein Mann abgebildet, um die 50, kahlköpfig, in rotbraunem Wollmantel.. Unter dem Foto stand:

Tibetanische Berglandschaft bei Zo thang. Einsiedlermönche, wie abgebildet, gelten der einheimischen Bevölkerung noch heute als heilig. Ihnen werden parapsychologische Fähigkeiten zugeschrieben.

Ich war beeindruckt, ›Zo thang‹ hieß mein Ziel. Noch beeindruckter war ich allerdings, als ich im Impressum des Buches las: ›Zürich 1989‹. Der Mann war seit Jahrzehnten tot. Das alles konnte mich aber nicht schrecken. Ich war entschlossen, der verrückten Idee nachzugehen. Ich konnte nur gewinnen, und zurückkommen konnte ich immer. Michel meinte, dass solche Gurus manchmal steinalt werden. Ich glaube, er wollte mir Hoffnung machen, dass der Mann auf dem Foto noch lebt. Für einen Realisten, wie mich, ein untauglicher Versuch.

VI. Kapitel   -Ronda und Tibet-

Es sollte also losgehen, Richtung Tibet. Meine Großfamilie war ehrlich traurig. Ich musste jedem Einzelnen, auch Eve, in die Hand versprechen, dass ich nach der „Reise zur Erleuchtung" zurückkommen würde. Celia, Ines und das Restaurant >Osteria< sponserten Hin- und Rückflug nach Calcutta (Rückflug: binnen 3 Jahren). Michel drückte mir 100 US $ in die Hand: „Damit du dir ab und zu etwas Gutes kochen kannst".

Demian hatte langen Atem, sowohl was Zazo als auch was Ronda anging. Nachdem Ronda in Italien unter die Bohemien gegangen war, hatte er ihn als akute Gefahr abgeschrieben. Trotzdem blieb Ronda ein Unsicherheitsfaktor. Er war der einzige Freund Zazos und hatte bewiesen, dass er für alle möglichen Überraschungen gut war. Selbst wenn er momentan mit Zazo und den Looni nichts im Sinn hatte, war es doch denkbar, dass er irgendwann wieder auftauchen würde, um Kontakt mit Zazo zu suchen. Die Überwachung kostete lächerliche 50.000 US $ pro Jahr, also nichts im Vergleich zu dem Risiko einer unkalkulierbaren Jugendfreundschaft. Ronda blieb bespitzelt. Zazo zeigte immer weniger Elan. Im letzten Jahr hatte er gerade einmal die Gründung eines Looni-Symphonie-Orchester auf die Reihe gebracht. Die Mitgliederzahlen stagnierten, und neue Projekte gab es kaum. Das Erreichte schien ihm genug. Wenn es so weiterging, wäre der Abstieg unvermeidbar. Spätestens dann sah Demian seine Chance kommen. Er organisierte regelmäßige Treffen der 1st – und 2nd – Chiefs und übernahm auf diese Art und Weise nach und nach die Leitung der Organisation. Zazo wusste um Demians Aktivitäten und ließ ihn gewähren -nicht aus Schwäche, er hatte die beruhigende Gewissheit, am längeren Hebel zu sitzen-. Er wusste nicht genau, wohin die Looni-Gesellschaft steuern würde. Die Wachstumsgrenzen waren bald erreicht, außerdem erschien es ihm zu banal, nur mengenmäßig Macht und Einfluß zu mehren. Das Erreichte zu wahren und zu verfeinern war ein lohnenswerteres Ziel. Mind-machines mussten nur noch selten agressiv programmiert werden. Die Dinge liefen rund, wie sie waren. Das Looni-Symphonie-Orchester machte ihm große Freude. Dank der Qualität des Ensembles gehörte es bereits nach kurzer Zeit zur absoluten Weltspitze. Die Zukunft des eifrigen Demian war ihm ebenso ungewiss. Einerseits war ihm der Ehrgeizling als Nachfolger zu skrupellos, andererseits brauchte eine solch riesige Organisation eine starke Hand. In einem Punkt allerdings war Demian tatsächlich Zazo immer noch voraus, und das betraf Ronda. Nach wie vor hatte Zazo keine Ahnung von Rondas Überwachung.

In Calcutta angekommen, ging ich zum Versorgungsamt. Ich wusste, dass die Ämter in den Bergen dünn gesät waren, so dass man die Marken für mehrere Monate im Voraus bekam. Sie erzählten mir, dass in meiner Zielregion noch Ämter in Bhagalpur und Darjeeling waren. Falls ich sofort Marken wollte, müsste ich erst einmal zwei Wochen lang das Krankenhaus reinigen. Das reizte mich wenig, schließlich rief die Erleuchtung. Also zog ich weiter gen Bhagalpur. Der Zug dorthin kostete 15 US $, Fladenbrote mit Käse 1 US $ das Stück, und der historische Schienenzug nach Darjeeling 5 US $. Michels Geld schmolz wie Schnee in der Sonne. Natürlich hätte ich billiger leben können. So ging beispielsweise nach Darjeeling auch ein GU-Bus, der mich nichts gekostet hätte, aber der historische Zug war schon etwas Besonderes. 1881 gebaut, bewältigte der >toy-train< 2100 Meter Höhenunterschied von Silliguri nach Darjeeling in 24 Stunden. Mit maximal 10 km/h sorgte er dafür, dass sich ein weiteres Mal die Bedeutung der Zeit verlor. In Darjeeling gab es Marken für sechs Monate im Voraus, weil ich in die Berge wollte. Voraussetzung für den Stapel Marken waren vier Monate Arbeit in den GU-Teeplantagen. „Mon Dieu", dachte ich, „der Weg zur Erleuchtung ist steinig." Als Clochard in Europa war ich wöchentlich zur Behörde gegangen. Da fielen zwei, drei

Tage Arbeit nicht ins Gewicht. Aber jetzt? Vier Monate am Stück Tee pflücken? Das war eine starke Nummer. Ich tat es. Was blieb mir anderes übrig. Michels Geld sollte länger als einen Monat reichen. Das Teepflücken war eine Wissenschaft für sich Beim ersten Schnitt nahmen wir nur die hell grün sprießenden Spitzen der Sträucher. >Orange Pekoe< hieß diese beste, kräftigste Qualität. Dann kam der zweite Schnitt, die mittleren Blätter, >Pekoe< genannt, und schließlich der Rest, >Broken<. Je nachdem, ob die Blätter kurz gedämpft oder intensiv getrocknet wurden, entstand grüner oder schwarzer Tee. Viele Europäer arbeiteten in den Plantagen. Die Gäste waren in den üblichen GU-Zelten untergebracht. Ich bevorzugte mein Spezialzelt, es war ein echtes Zuhause geworden. Dezent befragte ich ein paar Leute nach den „angeblichen Gurus in dieser Gegend" und erntete nichts als Spott und dumme Bemerkungen, in etwa nach dem Motto: „du meinst die, die vor ein paar hundert Jahren ausgestorben sind?" Vier Monate Teepflücken vergingen schnell. Die Suche nach einem Guru war dahin wenig ermutigend verlaufen.

Einer spontanen Intuition folgend, hatte Zazo seinen besten High-Tech Mann mit Demians Überwachung beauftragt. Natürlich rechnete Demian mit solchen Aktionen und war mehr als vorsichtig, aber Zazos Mann war perfekt. Trotz aller Vorsichtsmassnahmen hatte selbst Demian keine Chance. Zazos Motive für Demians Überwachung waren langfristiger Art. Mit aktuellen Überraschungen rechnete er bei Demian nicht. Umso erstaunter war er, als sein Mann schon nach einem Monat folgenden Tonmitschnitt präsentierte: „Na, was macht unser Ronda?" – „Boss, tut mir leid, aber ich brauche mehr Geld." – „Wieso mehr Geld?" – „Ihr Ronda ist soeben nach Indien geflogen. Die Kontrolle ist unter solch exotischen Bedingungen etwas teurer." – „Was will der Trottel in Indien? Woher hat der überhaupt das Geld für den Flug?" – „Gesponsert von seinen Künstlern. Der will sich `nen Guru suchen." – „`Nen was?" – „`Nen Guru. Einen Heiligen, einen

Vorbeter." – „Ach du liebe Güte. Das wird ja immer skurriler."
Das fand Zazo auch. Warum ließ Demian Ronda überwachen?

Von Darjeeling aus wanderte ich die Berge hinauf nach Norden. Weiße Schneegipfel glitzerten in der Ferne. Dorthin, hinter das Himalaya-Gebirge wollte ich. Auf dem Schotterweg durch die geschwungenen, grünen Berge kam ich mir reichlich lächerlich vor. Wie war ich nur der Wahnsinnsidee verfallen, in der tibetanischen Einöde nach einem Guru zu suchen? Das musste der italienische Rotwein gewesen sein. Warum ich trotzdem immer weiterging, weiß ich bis heute nicht. Pro Tag schaffte ich dreißig Kilometer. In Gangpa, einem Dorf mit fünfhundert Einwohnern, besuchte ich die einzige Gaststätte. Dort saßen Einheimische vorm Internet TV und tranken höllisch scharfen, selbstgebrannten Obstschnaps. Man sprach englisch und war an Touristen gewöhnt. Ich lernte Yanman kennen, einen Endfünfziger, der mit seiner Statur an einen Gorilla erinnerte. Yanman lud mich zum Schnapstrinken ein, er hatte eine Literflasche von zu Hause mitgebracht. Neugierig, wie Yanman war, wollte er alles über mich wissen: wo aufgewachsen? Was gearbeitet? Kinder? Familie? Ziele? Ich hatte keine Probleme, ihm meine Geschichte zu erzählen. Nur mein Ziel, der Guru, damit tat ich mich schwer; das schien mir dann doch zu naiv. Ich wollte nicht, kaum angekommen, schon der Trottel des Dorfes sein. Yanman lachte viel. Er sei Samadrog, erzählte er, halb Nomade und halb Bauer. Er und seine Familie besaßen ein festes Haus im Dorf. Aus getrockneten Schlammziegeln hatte er es eigenhändig gebaut. Zu fortgeschrittener Stunde lud mich Yanman dorthin ein. Ich erklärte ihm, dass ich in meinem Zelt gut aufgehoben sei, aber er ließ sich nicht beirren, ich sollte seine Familie kennenlernen. Leicht betrunken wankten wir kurz vor Mitternacht in sein Haus. Dort ging es noch hoch her. Fünf Kinder, zwischen zwölf und zwanzig hatten seine Frau und er. Genauer gesagt: seine Frau, denn Yanman erzählte mir, dass man es in Tibet mit der Treue nicht so pingelig nahm. Nicht dass man offen fremd ging. Man lebte Leidenschaften diskret aus. Ein uralter tibetanischer Spruch besagte: >Die Häuser meiner Freunde wimmeln von meinen Kindern, mein Haus wimmelt von den Kindern meiner Freunde.< In Yanmans Haus wohnten also außer Kindern, Mutter und offiziellem Vater noch Großmutter und offizieller Großvater. Die Bude war stimmungsvoll laut. Fünf Kinder! In Europa gab es so etwas kaum noch. Auch in Afrika und Asien waren mehr als zwei Kinder die Ausnahme. Die GU hatte nämlich die Grundmittel für die dem ersten Kind Nachgeborenen drastisch gekürzt. Damit war, finanziell gesehen, schon das zweite Kind für GU-Mittel-Empfänger eine Belastung. Weltweit regte man sich über diese >Ungerechtigkeit< auf. Man sprach von einer Privilegierung der sowieso schon Bessergestellten, nämlich derjenigen, die in der Marktwirtschaft arbeiteten.

Yanman kannte solche Probleme nicht. Er hatte sechsundsiebzig Ziegen, die ihm täglich zwanzig Liter Milch gaben. Daraus machte er Kilolaibe Käse. Pro Laib bekam er sechs US $. Außerdem produzierte er Obstschnaps und Likörwein, den er beim Imker gegen Honig, beim Schuster gegen Schuhe, überhaupt gegen alles eintauschte, was er gerade brauchte. GU, Behörden und Gesetze interessierten ihn nicht. Einmal hatte ihn jemand vom Finanzamt besucht. „Ein netter Kerl", sagte Yanman, „der mochte meinen Likörwein so gerne, dass er einen ganzen Tag vorm Kaminfeuer geschlafen hat." In seiner Familie war niemand untätig. Großmutter fertigte Jacken und Pullover aus Leder und Wolle, Großvater baute Tabak an, die Kinder halfen bei den Ziegen und im Gemüsegarten. Yanmans Frau backte stapelweise Fladenbrot. Yanmans Familie ging es gut.

Das Haus war deutlich kleiner als Michels. Die Hälfte der Bewohner schlief im großen Kaminzimmer, in Schlafnischen, die in die Wände eingebaut waren. Die andere Hälfte verteilte sich nach oben, in kleine Kammern. Ich schlief auf meiner Luftmatraze, wegen der knallenden Glutfunken in respektvollem Abstand zum Kamin. Zum Frühstück gab es den üblichen salzigen Buttertee, den die Tibeter aus schwarzem Tee, Butter und Salz in hölzernen Bottichen stampfen. Dazu wurde Tsampa gereicht, Gerstenkörner, die Yanmans Frau in der Pfanne überm Kaminfeuer röstete. Vorsichtig fragte ich, ob es noch so etwas wie „Gurus" in der Gegend gäbe. Yanman meinte, das sei etwas für die Alten, und tatsächlich, vor zehn Jahren hatte Großvater von einem Wunderheiler gehört. In der Nähe des Mont Everest soll er gewohnt haben. Das lag in meiner Richtung. Beim Abschied schenkte mir Yanman einen Ziegenlederbeutel mit Obstschnaps und getrocknetes Dri-Fleisch. „Da, wo die Weisen wohnen, soll es kalt sein", sagte er.

Drei Wochen später war ich in Golam, einer Kleinstadt mit Busanschluss an den Rest der Welt. Es gab sogar ein Hotel, wo ich für 10 US $ Bett und Badezimmer buchte. Die englischen Zeitschriften im Foyer waren ein Jahr alt. An der Hotelbar saß eine schicke, westliche Lady. Sie nickte mir solidarisch zu, wir waren die einzigen Bleichgesichter. Ich setzte mich auf ein Bier zu ihr. Sie erzählte, dass sie ihren Vater besucht hatte und jetzt zurück nach England wollte. Keine aufregende Geschichte soweit. Auf meine Frage, wie es ihr in Tibet gefallen habe, musste ich mir die Geschichte ihrer schauerlichen Unterkunft anhören. „Stellen Sie sich vor, drei Nächte habe ich in einem Schweinestall auf Stroh schlafen müssen." Ich war entsetzt und dachte mir: „Wenn du wüsstest, wo ich schon überall geschlafen habe." Mit ihrem Seiden- und Kashmere- Outfit passte die Schnuckelmaus aber auch wirklich nicht in einen Schweinestall. Dezent fragte ich sie, warum der Vater ihr nichts besseres als einen Schweinestall mit Stroh angeboten hatte, woraufhin sie resigniert feststellte: „Der liebt sowas. Der ist aus dem bürgerlichen Leben ausgestiegen, obwohl er so erfolgreich war." Sie erzählte die tragische Geschichte ihres Vaters: „Erfolgreicher Chemiker war er. Einer der Besten, um ein Haar Nobelpreisträger, ja wirklich. Dann hat er in seinem

Club diesen Eckehard kennengelernt. Einen Scharlatan. Dem ist er bis nach Tibet gefolgt. Hat einfach alles stehen und liegen lassen. Meine Mutter und ich verstehen die Welt nicht mehr." – „Was für ein Scharlatan ist denn das?" – „Ein Guru, ein Spinner, einer, der glaubt, die Welt verbessern zu können, indem er ständig auf irgendwelchen Kissen herumsitzt." – „Ein Guru?" – „So nennt er sich, aber in Wirklichkeit macht er sich über alles lustig." – „Ach ja?" – „Ja, egal, was ich gesagt habe, der hat mich gar nicht ernst genommen." – „Und der Vater?" – „Der ist ihm hörig. Der hat keine eigene Meinung mehr und redet immer nur von Liiiiieeeeebe." Sie schluchzte herzzerreißend und tat mir wirklich leid. Sie zu trösten, nahm ich ihre Hand. Da brach der ganze Frust aus ihr heraus, und ich hatte das Mädchen im Arm. Sie war attraktiv und fühlte sich gut an. Hätte ich den Verlauf des Abends vorher gekannt, ich hätte die 10 Dollar für mein Zimmer sparen können. Tanja Berning, so hieß sie. Beim gemeinsamen Frühstück erzählte sie, wo der Scharlatan seine Hütte hatte: „Zwanzig Kilometer mit dem Taxi nach Nordwesten, an der Weggabelung rechts, Richtung Tatschpur. Am Ortseingang geht ein kleiner Pfad rechts hinauf in die Berge. Da kommst du nur zu Fuss weiter. Fünf Kilometer zu Fuss, stell dir das vor! Dafür brauchst du mindestens einen halben Tag. Dann kommen am linken Berghang zwei kleine Steinhäuser, und davor ein paar Zelte." – „Zelte?" – „Ja, einige seiner Jünger wohnen in Zelten. Eine schreckliche Bande. Willst du wirklich versuchen, meinen Vater da rauszuholen?" – „Ich will sehen, was ich tun kann." Sie gab mir ihre Telefonnummer in London.

Zwei Tage später stand ich vor der Hütte des Scharlatans. Das Haus war genauso, wie sie es beschrieben hatte. Haus und Stall aus Natursteinen gebaut, die schwere Holztür kunstvoll geschnitzt. Vor dem Haus standen drei Igluzelte. Kein Mensch war zu sehen. An der Tür hing eine Messingglocke mit langem Seil. Ich zog daran und wunderte mich über den kräftigen Klang, der durchs Tal hallte. Eine junge Frau mit kurz geschorenem Haar öffnete. „Sie wünschen bitte?" fragte sie in tadelosem Englisch. „Ist Herr Eckehard da?" – „Einen Moment bitte."

Vor der Tür wartend, überkam mich erneut das Gefühl perfekter Absurdität. Jetzt klingelte ich hier in der tibetischen Einöde an einer Steinhütte und verlangte nach einem Mann, den ich nie gesehen hatte. Was sollte ich ihn fragen? Dann stand Eckehard vor mir. Der erste Eindruck ist entscheidend, sagt man. Dieser Mann jedenfalls schien mir äußerst harmlos. Sein Alter war schwer zu schätzen. Zwischen sechzig und achtzig war alles drin. Mit seinen knall blauen Augen lächelte er mich gut gelaunt an: „Was treibt dich her, Fremder?" – „Ich habe in Golam die Tochter von Herrn Berning getroffen." – „Aha, du willst zu Herrn Berning." – „Nein, eigentlich war ich neugierig auf Sie." – „Na, dann komm mal rein."

Ich kam in einen dunklen Raum, wo hinter einem Vorhang vier Personen auf kleinen Kissen saßen und still vor sich hin auf den Boden starrten. Ein paar Kerzen brannten. Eckehard gab mir ein Kissen in die Hand und deutete auf den Fussboden. Ich versuchte, wie die anderen auch, im Schneidersitz zu sitzen. Eckehard flüsterte mir zu: „Ruhig und tief atmen. Sonst nichts. Nichts denken, nur sitzen." Dann setzte er sich auf sein Kissen. Ich musste an die Meditation mit Zazo in Tokio denken. Ob mir hier auch wohl jemand hinterrücks aufs Kreuz schlug? Michel und Celia fielen mir ein. Ich war sicher, dass sie in diesem Moment an mich dachten. Plötzlich sprach Eckehard zu uns: „Wir bemerken ständig irgendwelche Gedanken in uns. Gedanken über uns und andere. Gedanken über gestern und morgen. Wir wundern uns, wie schwer es ist, ohne solche Gedanken auszukommen. Dabei ist es so einfach. Wir sitzen jetzt hier und denken nur an unser Sitzen und Atmen." Dann war es wieder still. Warum saß ich hier? Warum sollte ich an nichts denken? Warum durfte man nicht über sich oder andere nachdenken? Bei den Looni wurde auch meditiert. War Meditation eine Methode, eigenständiges

Denken abzutrainieren? Mir konnte so etwas nicht passieren. Bei diesem Eckehard schon gar nicht. Gegen Zazo war das alte Männchen harmlos. Sechs Anhänger! Sechs! Lächerlich! Zazo hatte sechs Millionen... . Meine Knie und Füße schmerzten höllisch. Wozu diese unmenschliche Sitzposition? Die anderen rührten sich nicht. Ich faltete meine Beine auseinander. Der Schneidersitz war nicht nur unbequem, er war unerträglich, schließlich war ich kein Schneider. Jemand schlug einen Gong. Alle standen auf, verbeugten sich und verließen den Raum. So schnell würde ich die nächsten zehn Minuten nicht laufen können. Ich massierte meine armen Füße und Eckehard setzte sich zu mir. „Du bist also neugierig auf mich? Wie komme ich zu der Ehre?" – „So genau kann ich das nicht sagen. Es ist eher intuitiv." – „Eher intuitiv? Was willst du intuitiv von mir?" Ich überlegte. Jetzt von Erleuchtung zu faseln wäre peinlich. Im Grunde hatte ich auch schon die Nase voll und spielte mit dem Gedanken, alsbald einen Flieger zurück nach Mailand/Italien zu nehmen. Meine Antwort fiel deshalb recht patzig aus: „Ehrlich gesagt, ich weiß es auch nicht." – „Vielleicht keine schlechte Ausgangsposition", war seine erstaunliche Antwort. „Ausgangsposition, wofür?" – „Für das, was man eigentlich will, oder das, was man eigentlich ist, wer weiß?" Sein Gefasel ging mir auf die Nerven. Ich versuchte, ihn aus der Reserve zu locken: „Was man eigentlich ist? Was ist man denn eigentlich" Seine Antwort war mindestens genauso patzig wie meine: „Nichts!" – „Nichts? Was soll das denn heißen?" – „Nichts, heißt genau das, nämlich nichts. Es gibt nichts, was du eigentlich bist oder was dich von anderem trennt." · „Dann bin ich also nichts anderes, als der Stuhl dort in der Ecke?" – „Wenn du das erst weißt, mein Freund, dann ist das so." Mir wurde klar, dass der Mann ein armer Irrer war. Ich war also nichts anderes als ein Stuhl. Ich wollte wissen, wie weit seine geistige Umnachtung ging und fragte: „und wenn wir dort im Dunklen stumm und still auf kleinen Kissen sitzen, spielen wir dann Stuhl?" Die Attacke war frech. Doch Eckehard ließ sich nicht aus der Ruhe bringen. Mit freundlichem Lächeln und einer kleinen Verbeugung lobte er mich: „Da hast du aber gut aufgepasst. Genau das tun wir. Wenn wir schön still sitzen, können wir uns im Stuhl erkennen." Der alte Mann klatschte sich vor Lachen auf die Beine. Ich schwankte zwischen Mitleid und dem Gefühl, veralbert zu werden. Dieser Mann legte es jedenfalls nicht darauf an, neue Mitglieder zu werben. War er wirklich verrückt? Würde ein „fast Nobelpreisträger" sich mit einem Verrückten einlassen? War Herr Berning selber verrückt geworden? Irgendetwas hatte Eckehard an sich, das unangenehme Erinnerungen in mir weckte. Was war das? Als er mir aufmunternd auf die Schulter klopfte wusste ich es: Zazo! Zazo schlug mir genauso auf die Schulter. Und Zazo veralberte mich genauso. Ja, das war es. Ich kam mir veralbert vor. „Wir können solche Gedankenspiele noch stundenlang weiterspielen", sagte er, „nicht, dass es mir keinen Spaß macht, aber ich wollte noch ins Gemüsebeet. Also, Vorschlag zur Güte: Von tausend Fragen darfst du mir fünf sofort stellen, dann ist erst mal Pause, Okay?" – „Das ist ja wie im Märchen", alberte ich, „fünf Fragen frei." – „Na los, keine Hemmungen!". Ich entschied mich spontan für den altbewährten Sensity-Test der GU: „Was glauben Sie, sind die wichtigsten Dinge im Leben?" Wieder lachte er. „Wieviel wichtige Dinge möchtest du denn hören? Wenn ich fünf davon aufzähle, ist dein Fragerecht für heute erschöpft." – „Wenn das so ist,.. sagen wir: die beiden wichtigsten Dinge, fürs erste." Er goss salzigen Buttertee in tönerne Teeschalen und reichte eine herüber. „Du machst es mir leicht, werter ......" – „Ronda" – „Gut, Ronda, du machst es mir leicht. Das wichtigste ›Ding‹, wie du es nennst, ist mir momentan dieser wunderbare Tee. Ist er nicht ganz vorzüglich?" Ich fühlte mich um eine Antwort betrogen und fragte: „Und das Zweitwichtigste?" – „Ich glaube, das ist das Lied des Lebens, das der äußerst begabte Vogel dort draußen singt." Jetzt, wo er es sagte, hörte ich den Vogel auch. Ich hatte kaum Zeit, mich über die dummen Antworten zu ärgern, denn er fragte mich: „Was glaubst du, Ronda, übertrifft den Tee und den Gesang des Vogels?" – „Jetzt drehte der Typ den Spieß auch noch um", dachte ich, doch die Situation war insgesamt so absurd, dass es darauf nicht mehr ankam. Es gab nur die Wahl, zwischen einer Fortsetzung des Gespräches zu seinen Bedingungen, oder dem Abschied. Aus Italien war ich hergekommen, um einen Guru kennenzulernen, und hier alberte ich mit einem herum, zumindest mit einem, der vorgab einer zu sein. Ich entschied mich ernsthafter zu werden: „Wichtiger als Tee zu trinken und dem Vogel zu lauschen könnte es sein, ein harmonisches Verhältnis zu seiner Umgebung zu bekommen. Zur Natur, zu Menschen, zu sich selber, zur Zeit, zum Tod, überhaupt zu den Elementen." – „Das mag schon sein", sagte er, „nur, wo kommt diese Harmonie her?" – „Ich dachte, das Rätsel könntest du mir lösen," spielte ich den Ball zurück. „Aha, du suchst also die Lösung eines Rätsels. Ein Geheimrezept für ein harmonisches Leben, sozusagen. Und die Lösung des Rätsels besteht in einer Art Erleuchtung, zu finden in den Bergen, bei einem Guru. Du bist, wenn man so sagen will, Romantiker. Eine liebenswerte Eigenschaft, die uns eine Unmenge wunderbarer Musik und bezaubernder Poesie beschert hat." Ich staunte. Ganz so verrückt schien der Mann doch nicht zu sein. „Glaube mir", sagte Eckehard, „Erleuchtung gibt es nicht. Es gibt sie genauso wenig, wie die Erlösung durch ein harmonisches Leben. Wenn du mich fragst: Das Beste was du tun kannst ist, jede Hoffnung auf eine solch glorreiche Zukunft sausen lassen. Das Leben ist so, wie es ist. Es gibt kein besseres Leben, nicht durch Erleuchtung, nicht durch einen Guru, nicht durch Meditation, ein schönes Haus, den idealen Lebenspartner, oder viel Geld." Was Eckehard da von sich gab, hörte sich gar nicht mehr verrückt an. Ganz im Gegenteil. Er spielte sich, und seine Bedeutung als Guru, herunter. Zazo würde das Gegenteil tun. Nur, wenn es schon keine Erleuchtung und keine Erlösung durch einen Guru gab, warum saß seine Anhängerschaft bei ihm auf kleinen Kissen, wohnte in Zelten vor seinem Haus? Eckehard beobachtete mich. Er ahnte, was ich dachte. „Warum hier einige Freunde bei mir sitzen, willst du wissen? Diese Leute kommen genauso wie du, um in mir einen Lehrer oder geistigen Vorreiter zu finden. Dabei kann ich das nicht sein, und ich sage es ihnen immer wieder. Aber sie glauben mir nicht." Er lachte heftig. „Nein, im Ernst. Ich kann nur am Anfang ein Begleiter sein. Vielleicht jemand, der gelernt hat, wie herzerfrischend es ist, genau dieses Leben, und nicht den Traum eines besseren, späteren Lebens zu leben. Doch lassen wir es gut sein für heute. Wenn du willst, sprechen wir morgen weiter. Du bist jedenfalls als Gast herzlich willkommen." Er stand auf und holte mir eine Wolldecke und eine Schale mit Wallnusskernen. „Du kannst auf einer der Sitzmatten schlafen", sagte er. Ich erklärte ihm, dass ich in meinem Zelt besser aufgehoben sei. So wurde mein Zelt das vierte vor seiner Tür.

Ich lernte die anderen kennen: Ivonne, die mir die Tür geöffnet hatte, kam aus Rom/Italien, Desire, eine siebzig Jahre alte Frau aus der Schweiz, Jaques, einunddreißig Jahre alt, Franzose, und Herr Berninger, Tanjas sympathischer Vater.

Zazo hatte einige Tage überlegt, bevor er sich Demians Spitzel kommen ließ. Natürlich wäre der Mann nicht freiwillig gekommen, beziehungsweise, nicht ohne Demian zu warnen. Also hatte Zazo zwei seiner Bodyguards nach Indien geschickt, um den Mann reibungslos und gut verpackt einzusammeln. Die Jungs waren mit einem Gleiter nach Calcutta geflogen und von dort, getarnt als Himalaya-Touristen, mit dem Mietcab nach Golam. Keine drei Tage später hatten sie Spencer, so hieß der Mann, kassiert. Kurz darauf lieferten sie ihn bei Zazo ab. Bevor Zazo mit ihm sprach, setzte er ihn unter eine spezial präparierte mindmachine. Danach war Spencer überzeugt, dass Zazo das Gute und Demian das Böse verkörperte. Bereitwillig berichtete er: „Ronda hat sein Zelt bei einem alten Mann aufgeschlagen, den man in Tatschpur „den Zauberer" nennt. Vier andere Leute wohnen noch dort." – „Und was machen die dort?" –

„Die meiste Zeit meditieren. Ansonsten Holz sammeln, Gemüse anpflanzen und über das Leben philosophieren." – „Und worüber philosophieren sie?" – „Ich könnte Wortmitschnitte zur Verfügung stellen, wenn Sie wollen." – „Mach das. Für mich wohlgemerkt. Für Demian hast du nur die üblichen Informationen." – „Geht in Ordnung." Spencer war einen Tag später wieder in seinem Versteck am gegenüberliegenden Hang.

Es war noch dunkel, fünf Uhr morgens, als Jaques mich aus dem Schlafsack holte. „Bon Jour, mon amis. Falls du mit uns meditieren möchtest, musst du jetzt aufstehen." Ich stand auf. Da saßen wir, ohne Früstück, mit schmerzenden Knien und Füßen im Schneidersitz. Die Sitzung schien kein Ende zu nehmen. Vorsichtig faltete ich meine abgestorbenen Füße auseinander. Der Schneidersitz war Foltersitz. Wie eine Erlösung kam der Gong. Die anderen verbeugten sich und gingen hinaus. Wie machten die das nur? Selbst Desire schien, trotz ihrer siebzig Jahre, kein Problem mit ihren Gelenken zu haben. Nach dem Sitzen gab es Frühstück. In dem Gebäude, das Tanja als „Schweinestall" bezeichnet hatte, waren an der Wand dicke Holzbohlen aufgestapelt, die nach Bedarf zu Sitzbänken und zu einer großen Tischplatte zusammengelegt wurden. An der Stirnseite des Raumes befand sich ein Backofen, der angenehme Wärme abgab. Desire backte darin Fladenbrot, das wir warm mit Ghee, nepalesischer Margarine, und Quittenmarmelade aßen. Eine Delikatesse! Dazu gab es salzigen Buttertee. Mr. Berning wollte wissen, wie ich seine Tochter getroffen hatte. Ich erzählte ihm, wie sehr sie sich auf das zivilisierte England gefreut hatte. Von ihrer Traurigkeit und unseren intimeren Treffern erzählte ich nichts.

In Eckehards Gruppe hatte jeder seine Aufgabe. In der Shang, der Gemeindeverwaltung von Golam gab es sogar eine GU-Außenstelle, die zweimal im Monat besetzt war. Dort konnte man, gegen vierzehntägige Mitarbeit an einem Staudammprojekt Marken für einen Monat bekommen. Mit den Marken bekam man Mehl, Zucker, Reis und ein paar andere elementare Sachen. Ivonne, Eckehard, Jaques und Herr Berninger gingen jeden zweiten Monat zum Staudamm. Eckehard meinte, wenn es nach ihm ginge, wäre Milarepas Speise völlig ausreichend, doch den anderen könne er das wohl nicht zumuten. Milarepas, ein vor Jahrhunderten gestorbener Asket hatte sich ausschließlich von Brennnesseln ernährt. Eckehards Ansicht nach gehörte die GU zu den besten Erfindungen der Menschheit seit viertausend Jahren. Ich verzichtete auf den Hinweis, dass ich an der Entstehung der GU nicht unmaßgeblich beteiligt gewesen war. In Tibet gehörten damals Gerste, Weizen, Mais, Hirse und Kartoffeln, die fünf Schätze der Tibeter, zur Grundmittelversorgung der GU. Chenresi, der Gott des Mitleids soll den Tibetern diese fünf Schätze vor Jahrtausenden geschenkt haben. Eckehard schnitt tatsächlich ab und zu Brennnesseln und Desire kochte daraus >Milarepas-Suppe<. Sie kümmerte sich überhaupt um die Küche und wollte diese Aufgabe auch mit niemandem teilen. Die anderen besorgten den Gemüsegarten. Ivonne schrieb ein Buch: „Über die Wechselwirkungen zwischen Mann und Frau" – sie meinte die geistigen Wechselwirkungen.

Nach dem Frütsück setzte sich Eckehard zu mir. „Fleißig, fleißig, so früh schon gesessen", scherzte er. Das Thema war für mich ein Reizthema, denn meine Füße schmerzten immer noch. Ich fragte ihn, ob Zazen eine Übung für Masochisten sei. Er schwieg eine Zeitlang und sagte dann: „Vielleicht hast du für den Anfang zu lange gesessen. Es kommt nicht darauf an Schmerzen zu empfinden. Wichtig ist das Jetzt der Gedanken. Wenn du willst, gebe ich dir nachher ein wenig Unterricht im Sitzen." Zögernd erklärte ich mich einverstanden. Eckehard schlug mir aufmunternd auf die Schulter und ging ins Haus. Desi, die dabeigesessen hatte, war begeistert: „Er mag dich. So freiwillig bietet Eckehard sonst nicht so schnell Hilfe an." – „Wieso? Ist er sonst solch ein Griesgram?" – „Griesgram bestimmt nicht, aber mit Hilfestellung ist er sparsam. Er empfängt uns nur einmal pro Woche zu Einzelgesprächen. Dokusan nennt man das." – „Dokusan. Worüber spricht man bei Dokusans?" – „Über sich selber, über das Leben, über alles. Das Beste ist, du fragst ihn selber. Du bist ja zum Dokusan eingeladen." Sie erzählte mir, dass Eckehard einen sehr geregelten Tagesablauf hat. „Nach der Meditation und dem Frühstück geht er täglich für zwei Stunden in sein Zimmer und komponiert. Am Spinett schrieb er Songs, die zweimal im Jahr von einem Musikmanager abgeholt wurden. Angeblich waren schon Welterfolge, die viel Geld eingebracht haben, dabei gewesen. Eckehard steckte das Geld in die Restaurierung eines alten Klosters, das vor hundert Jahren von chinesischen Kommunisten zerstört worden war." Ob er jemals in dieses Kloster umsiedeln würde, wusste niemand.

Am Nachmittag ging ich zum Dokusan, das heißt, ich besuchte Eckehard in seinem Zimmer. Der Raum war klein. Gerade mal Bett, Stuhl, Hocker, Tisch, und Spinett passten dort hinein. Es war aufgeräumt und kahl wie in einer Mönchszelle. „Komm herein, junger Freund. Setz dich dort auf den Hocker. Ich habe uns einen schönen Tee gekocht." Wir saßen am Tisch und Eckehard war erstaunlich redselig: „Du musst nicht denken, dass Zazen, also unser meditatives Sitzen, irgendetwas mit Quälerei zu tun hat. Einige Zen-Meister glauben zwar, dass die Überwindung von Schmerzen ihr Zen stärkt, aber ich sehe das anders. Für mich zählt beim Sitzen nur die Aufmerksamkeit, sonst nichts, nur Aufmerksamkeit. Künstliche Schwierigkeiten, Schmerzen beim Sitzen und besondere Anreize brauchen wir nicht. Falls du also Zazen praktizieren willst, beginne langsam, überanstrenge dich nicht. Zehn Minuten sind am Anfang genug. Aber wir wollen nicht voreilig sein. Erst einmal musst du dich wohl entscheiden, ob du den Zazen-Weg überhaupt gehen willst." – „Genau! Wofür soll das Sitzen gut sein? Was bedeutet Aufmerksamkeit?" – „Beim Sitzen hast du die stabilste, wache Position, die ein Mensch haben kann. Stabil und wach musst du nämlich sein, wenn du für den Moment, also das Atmen und Sitzen, aufmerksam sein willst. Wenn deine Gedanken abschweifen, und das geschieht immer wieder, beobachte dieses Abschweifen und hole deine Gedanken zurück zu Atmung und Sitzen, unermüdlich, eins ums andere Mal. Das ist die ganze Übung." Mir mutete soviel Brimborium um das bißchen Sitzen etwas merkwürdig an. Ich fragte: „wofür soviel Zinnober um solch eine simple Sache? Das Sitzen ist doch wohl das Passivste und Langweiligste, das es gibt." · „Es geht nicht um das Sitzen", sagte er, „es geht um Aufmerksamkeit. Du sollst lernen, konzentriert im Jetzt zu sein. Würde ich dir erklären, wofür das alles gut ist, würdest du beim Sitzen immerzu an meine Worte denken, und das würde dich noch mehr ablenken." – „Zuviel der Rücksichtnahme." – „Im Ernst. Wir haben beim Sitzen kein Motiv. Zazen kennt keine Motive, keine Träume, keine Ideale, keine Ziele." Er zeigte mir den verhassten Schneidersitz. „Drei feste Punkte hast du auf der Erde: die beiden Knie und der Po. (Anfänger verlängern den Po um ein Kissen). Die Füße klemmst du auf die Oberschenkel (für Anfänger genügt ein Fuss auf einem Oberschenkel). Merkst du, wie stabil du sitzt?" Ich merkte, wie unbequem ich saß. Eckehard fand, dass ich für den Anfang genug erklärt bekommen hatte und wollte das Dokusan beenden, doch ich wollte wissen, was es mit der Aufmerksamkeit auf sich hatte. Schließlich ließ er sich erweichen: „Die Aufmerksamkeit beeinflußt alle deine Tätigkeiten. Die Betrachtung der Dinge, der Menschen, Tiere, Pflanzen, Steine, erfordert im Grunde nur Eines: Aufmerksamkeit, oder anders ausgedrückt: absolute Wachheit. Nur wenn du wach bist, hast du eine Chance, die Dinge so zu sehen, wie sie wirklich sind. Nur dann kannst du ihr wirkliches Selbst erkennen und deine Seele spiegelt sich in ihrer Existenz. Aber jetzt haben wir genug philosophiert." Damit war mein erstes Dokusan beendet.

Für mich stand fest, dass Eckehard kein Scharlatan war. Vielleicht war er sogar ein Guru, ich würde das herausbekommen.

Von da an habe ich immer nur zehn Minuten lang gesessen, und mich gewundert, wie häufig in so kurzer Zeit meine Gedanken abschweifen konnten. Geärgert hab ich mich über meine Unkonzentriertheit. Abends wurde es schnell kühl, so dass wir früh in unsere warmen Schlafsäcke krochen. Das frühe Schlafengehen hatte auch deshalb seinen Sinn, weil wir morgens um fünf schon wieder aufstanden. In den Zelten schliefen Desire, Ivonne, Jaques und ich. Mr. Berninger war im „Schweinestall" untergebracht.

Nach einigen Tagen wollte ich wissen, welch nützliche Aufgaben ich erledigen könnte, woraufhin Eckehard meinte, er wüsste etwas Nettes für mich. Nach dem Komponieren wollte er es mir zeigen. Um die Mittagszeit, ging es dann los. „Nimm dir ein paar Fladenbrote mit", sagte er, „wir wandern ein Stück." Es stapfte den Schotterweg hinauf, Richtung Berggipfel. In halsbrecherischem Tempo kletterte der alte Mann über steinige Abhänge und gurgelnde Gebirgsbäche. Ich kam kaum mit. Schließlich gelangten wir auf eine Schonung. „Hier kannst du mir helfen, Kiefern und Tannen anzupflanzen", sagte er. Ich kam erst fünf Minuten später zu Atem. „Woher hast du solche Kondition?" fragte ich ihn. Er ignorierte die Frage und zeigte mir, wie ich aus einem nahen Bach, Wasser in die Schonung leiten konnte. „Später werden die Wurzeln alleine Wasser ziehen", sagte er, was mich zu dem Vergleich verleitete: „Du hilfst den Bäumen in gleicher Weise, wie den Menschen." Seine Antwort war verblüffend: „Im Gegenteil. Euch grabe ich das Wasser ab." – „Was? Wieso das denn?" – „Ihr habt zuviel davon. Euch muss man trockenlegen, wie kleine Babys." Er lachte laut, und hatte mich schon wieder neugierig gemacht: „Wie meinst du das?" – „Was den Bäumen das Wasser, ist euch der Verstand", sagte er. Und weil ich ihn halb mitleidig, halb verständnislos anschaute, bequemte er sich hinzuzufügen: „Der Verstand macht euch groß. Mit ihm ordnet ihr die Welt und packt alles in Schachteln. Irgendwann merkt Ihr, dass ihr selber in der Schachtel steckt. Dann kommt ihr zu mir und fragt mich nach dem Sinn eurer Käfige. Was bleibt mir anderes übrig, als den Quell des Übels, euren übermächtigen Verstand, wieder abzugraben?" · „Und ohne Verstand geht es uns besser?" · „Mit dem Verstand kontrolliert euer Ego die Welt, besser gesagt, euer kleines Ich, ganz nach der Devise: >sicher ist sicher< und >besser keine Überraschungen< . Dadurch werdet ihr zwar materiell immer größer, aber geistig immer ärmer." – „Und wenn wir den Verstand verloren haben, landen wir dann in der Nervenklinik?" Eckehard bekam einen mittleren Lachkrampf. „Du wirst hier weit und breit keine Nervenklinik finden. Wir sind hier nicht in New York oder Paris." – „Aber ein Leben ohne Verstand? Was bleibt da übrig?" Diesmal schien Eckehard an einem weitaus heftigeren Lachkrampf sterben zu müssen: „Gar nichts!", brachte er schließlich hervor, „reinweg gar nichts." In diesem Moment war mir klar, dass der Mann von seinem Verstand schon ein wenig zu viel verloren hatte. Ich fragte ihn, wie er es anstellen wollte, uns den Verstand zu rauben, und er sagte: „Der Verstand ist der Sklave des Willens. In dem Moment, wo ihr gelernt habt, das Leben ohne Wollen zu betrachten, ist der Verstand arbeitslos." Seine Gedanken waren nicht ganz abwegig. Vielleicht trafen sie sogar einen tieferen Sinn, aber ehrlich gesagt, ich hielt ihn nach wie vor für einen weltfremden Spinner. Aus reiner Höflichkeit ging ich weiter auf ihn ein: „Das Leben ohne Wollen betrachten, was bedeutet das?" – „Gut", sagte Eckehard, „Du bist schon wieder dabei, mich auszufragen, dabei können dir Worte kein bißchen helfen. Trotzdem will ich versuchen, es zu erklären: „Beim Zazen trainierst du das Jetzt. Beim Jetzt gibt es kein Wollen. Das Jetzt kann nur Jetzt sein. Wenn du Jetzt bist, siehst du Menschen und Dinge, wie sie ohne dein Wollen sind. Wenn du Menschen und Dinge ohne dein Wollen siehst, siehst du ihr wahres Selbst. Solange du aber mit deinem kleinen Ich in der Sackgasse der Wünsche herumstolperst, kannst du nicht Jetzt sein, Menschen und Dinge nicht sehen, wie sie wirklich sind. Der Verstand, der vom Wollen gesteuert wird, löst sich im Jetzt in Nichts auf. Dieses Nichts ist die Wahrheit, das was du Erleuchtung nennen kannst. Und das, was ich dir jetzt gesagt habe, mein Freund, sind Worte, aus denen du nichts wissen kannst. Für solches Wissen bleibt dir nur das Sitzen." Er lachte und klopfte mir wieder auf die Schulter. Ich hatte eine Menge verstanden. Das Sitzen sollte das Wollen ausschalten, das Wollen, das sich beim Sitzen in tausend Ablenkungen äußerte. Eckehard ergänzte: „das schlimme an Worten ist, dass sie aus dem Wollen geboren sind, und das Wollen gebären. Wenn du aufgrund meiner Worte nun besonders willenlos, besonders verstandestötend sein willst, bist du wieder in die Falle des Wollens getappt. Es gibt wirklich keine andere Lösung, als das pure Jetzt, das absichtslose Sitzen."

Zazo hörte diese Worte mehrmals an und wunderte sich über sich selber. Einsiedler und Weltverbesserer hatte er noch nie ernst genommen. In diesem Fall aber wusste er, dass Eckehard über ein Wissen verfügte, das ihm bisher verschlossen war. Sein üblicher Spott blieb ihm im Halse stecken. Statt dessen wurde er neugierig. Vorsichtshalber überprüfte er, wie eigentlich jeden Tag, seine eigene Gemütslage: war er durch Rondas Paralysator-Schock doch zum Weichei geworden? Nein! Er empfand sich als kräftig und kritisch. Da war nichts Weichliches. Er war neugierig, wie Rondas Experiment weitergehen würde. Spontan entschloss er sich, es parallel zu begleiten, und selber auch zu sitzen.

Einige Abende später saß ich trotz Schmerzen schon zwanzig Minuten lang, als Eckehard eine seiner Kurzansprachen hielt: „Ihr wollt wissen, wo es lang geht. Ihr wollt das Gute, und ihr wollt es wiederholbar machen. Beides jedoch, wissen, was gut ist und das Gute wiederholbar machen, könnt ihr nur, wenn ihr Ordnung und Kontrolle über die Dinge habt. Und weil das so ist, seid ihr sogar beim Sitzen weit weg von der

Wahrheit. Ihr sitzt fett und bräsig mittendrin, in euren Wünschen, in eurem kleinen Ich. So schafft ihr es nie! Ihr müsst das kleine Ich töten! Keine Wünsche! Keine Ziele! Auch nicht beim Sitzen. Das kleine Ich ist schlimmer als ein Chamäleon. Es tarnt sich perfekt, und solltet ihr es trotzdem erwischen verwandelt es sich, im Moment seines Todes in ein stolzes Pferd, auf dem ihr aufrecht sitzend durch die Prärie der eigenen Selbstherrlichkeit galoppiert. Es gibt nichts, worauf ihr stolz sein könnt. Schon gar nicht den Tod des kleinen Ichs. Nichts bleibt als das Sitzen."

Obwohl ich den Sinn der Worte verstand, blieben sie mir doch fremd und wenig realistisch. Zazo ging es ähnlich.

Dann kam die zehntägige Arbeitszeit am Staudamm. Von Golam aus fuhren wir mit etwa zwanzig anderen Leuten per Bus ins Nachbartal. Dort wurden Staudamm und Wasserkraftwerk gebaut. Auf einem Hängegerüst verfugten wir mit Zementeimer und Füllspachtel die Staudammmauern. Gearbeitet wurde von morgens acht bis dreizehn Uhr. Dann gab es das übliche GU-Mittagessen: vegetarisches Fleisch mit Kartoffeln, Sojasauce und Reis. Aus großen Kannen wurde salziger Buttertee ausgeschenkt. Von fünfzehn bis achtzehn Uhr wurde weiter gearbeitet. Eckehard bestand darauf auch während der Arbeitszeit stramm jeden Morgen von sechs bis sieben und am Abend von zwanzig bis einundzwanzig Uhr zu sitzen. Er meinte auch, es würde uns nicht schaden, länger als nur diese zwei Wochen zu arbeiten. Ich war froh, nach vierzehn Tagen wieder Wassergräben in meine Waldschonung zu ziehen. Die Bäumchen wachsen zu sehen brachte mir mehr Freude, als tagelanges Fugenspachteln.

Eines Abends kam ich an Eckehards Fenster vorbei, als dort ein wütendes Geschrei stattfand. Wie sich herausstellte brüllte Eckehard den armen Jaques beim Dokusan an. Ich war schockiert. Solche Brutalität hätte ich Eckehard nicht zugetraut. Ich fragte Desire, und die erklärte mir, dass manche Zen-Meister ihre Schüler sogar mit dem Stock schlagen. Sie sagte: „Es soll Schüler gegeben haben, die durch einen kräftigen Hieb schlagartig wach geworden sind, beziehungsweise erleuchtet wurden. Mich hat er auch schon einmal erschreckt, ohne Schlagen natürlich, aber es hat mir nicht geholfen." Als Jaques aus dem Dokusan kam, fragte ich ihn, ob die Schreierei was genützt hätte. Er winkte nur ab.

Irgendwann machte ich den Vorschlag, zwei Ziegen zu halten, um Ziegenkäse herzustellen. Ich erzählte von Yanman. Natürlich wollten alle leckeren Ziegenkäse. Aus Ästen baute ich einen stabilen Holzverschlag. Für zwei Ziegen und Labferment gab ich vierzig Dollar aus. Dann hatte ich pro Tag zwei Stunden mehr Arbeit am Hals: Futter suchen, Melken, Käse pressen und trocknen. Ich mischte Kräuter in den Käse und wurde zum anerkannten Käsespezialisten.

In Eckehards Philosophie dominierte der Tod des kleinen Ichs. Mit nichts war er zufrieden. Ich war mir nicht sicher, ob ich nicht einen großen Fehler machte, wenn ich ihm folgte. Ging es bei den Looni nicht um das gleiche Prinzip? >Tod dem individuellen, asozialen Ich<? War es nicht dasselbe, wie >Tod dem kleinen Ich<? Warum sollte man sich selbst verstümmeln? Was war so schlecht an individuellen Wünschen und Vorstellungen?

Beim nächsten Dokusan fragte ich Eckehard sehr direkt: „Warum soll ich meine Wünsche töten? Was ist eigentlich so schlecht an Individualität?" – „Da hast du etwas falsch verstanden", sagte er, „beim Tod des kleinen Ichs geht es nicht um Selbstaufgabe. Im Gegenteil. Was nach dem Tod des kleinen Ichs bleibt, entspricht absolut dir, bist du, ganz individuell. Wir nennen es auch das >eigentliche Selbst<, das du dort findest. Niemand, der Zen praktiziert, verschreibt sich jemand anderem oder einer fremden Sache. Wir bleiben immer bei uns selbst, starke Individuen. Aber man muss sagen, dass nicht jeder für den Zen-Weg geeignet ist. Wem

Genuss, Macht oder Geld das Wichtigste im Leben ist, der ist weder bereit noch in der Lage den Zen-Weg zu gehen."

Die Tage vergingen, und ihre Abläufe wurden immer eintöniger. In mir machte sich wieder diese melancholische Grundstimmung breit. Mir fehlten konkrete Lebensinhalte. Immer war ich Aktivist gewesen, Anarchist und Straßenkämpfer, Familienvater, GU-Idealist und jetzt? Ziegenhirt und Gärtner? Sitzenbleiber? Monotoner ging es nicht mehr. Verbissen versuchte ich, das kleine Ich zu töten. Ich saß und saß, Tag um Tag und versuchte, Gedanken und Wünsche an Zukunft und Vergangenheit zu töten. Schließlich fragte ich Eckehard im Dokusan: „widerspricht es nicht der Natur, wenn ich immer nur sitze und Sinne töte?" Ich staunte über meine eigenen Worte: „Sinne töte…" Meine Güte, ich war vom Sinnbildner zum Sinntöter geworden. Ja. Ich versuchte, Sinne zu töten. Und verlor dadurch jegliche Fröhlichkeit und Begeisterung für das Schöne im Leben. „Ist das nicht gegen die Natur?", fragte ich Eckehard. – „Werter Ronda, es geht nicht darum, den Wert der Dinge zu zerstören. Im Gegenteil. In dem Moment, wo die Dinge nicht mehr von deinen Wünschen bedrängt werden, kommen sie in ihrem eigentlichen Wert zur Geltung. Wir versuchen beim Zazen nicht, den Dingen ihren Inhalt zu nehmen, sondern, sie von unseren kleingeistigen Zielen und einseitigen Interessen zu befreien." – „Willst du sagen, dass die Dinge an Wert verlieren, sobald wir ihnen einen Wert geben?" – „Das kannst du so sagen. Wir sind ständig auf der Suche nach Nutzen und beflecken unsere Umgebung mit dieser Sichtweise. Wir stufen Menschen und Dinge nach ihrer Nützlichkeit ein, und haben deshalb keine Ahnung, wie sie wirklich sind. Nimm zum Beispiel den Tod. Wir fürchten ihn, weil er uns keinen Nutzen bringt. Er beendet unsere Suche nach Nutzen, also fürchten wir ihn. Dabei ist der Tod bezogen auf die Menschheit und die Erdkugel sehr nützlich. Aber solcher Nutzen interessiert das kleine Ich nicht. Das kleine Ich interessiert nur der persönliche Nutzen.

Durch diese primitive Sichtweise wird unsere Welt zum Puppentheater."

Nachdenklich lauschte Zazo diesen Worten.

Eines Tages diskutierte ich mit Jaques über das elende kleine Ich. Er hatte dazu seine eigene Idee: „Das Gegenteil vom kleinen Ich ist das große Ich. Weißt du, was das große Ich ist?" Ich wusste es nicht. Seine Antwort war einleuchtend: "Wenn du dich von Oben beobachtest, bist du im großen Ich. Der Mensch ist das einzige Lebewesen, das sich selber reflektieren kann. Wir können uns inmitten unserer Handlungen von oben sehen, uns über uns selber amüsieren. Kein Tier kann das. In dem Moment, wo wir das tun, stehen wir über den Dingen, und das kleine Ich hat verloren. Ich amüsiere mich öfter über mich selber. Das ist herzerfrischend und versetzt dem kleinen Ich heftigste Niederlagen. Wenn ich zurück in Frankreich bin, mache ich meinen eigenen Zen-Orden auf. Dort üben wir dann die Sicht von oben." Ich fragte Jaques, was Eckehard von seiner Idee hielt, doch Jaques winkte ab: „Der hat seinen eigenen Kopf." Die Idee vom großen Ich beschäftigte mich tagelang. Tatsächlich schaffte ich es ganz gezielt, mich während meines Tuns regelmäßig von oben zu betrachten. Eines Tages fragte ich Eckehard nach dieser Sache. „Die Idee der Selbstreflektion ist ganz nett", sagte er. „Es gibt Leute, die sich bis in den Traum hinein selber reflektieren und auf diese Art und Weise in höhere Sphären katapultieren. Wir im Zazen verfolgen etwas anderes. Unser Ziel nennt man seit Jahrhunderten >eigentliches Selbst<, wir sprachen schon darüber. Das eigentliche Selbst meint mehr als nur das >große Ich<. Wir sehen uns nicht nur von oben, sondern nach dem Tod des kleinen Ich, sieht unser eigentliches Selbst die Dinge und Menschen so, wie sie wirklich sind. Beim großen Ich schwelgst Du in grandiosen Gefühlen, wenn du dich von oben siehst. Ich würde sagen, in dem Moment, wo du diese tolle Leistung genießt, sitzt du mit deinem Hintern mitten drin, im kleinen Ich. Also vergiss das große Ich. Erschlage es genauso, wie das kleine Ich." Ich war enttäuscht. Schon wieder ein Haltegriff weniger. Dieser Eckehard machte alles zunichte. Ich war stocksauer. „Nichts bleibt übrig", grummelte ich, und Eckehard nickte: „es gibt keine Hoffnung."

Zazo lächelte, als er diese Worte hörte.

Nach mehr als sieben Monaten (sieben lange Monate) bekam mein Sitzen eine andere Qualität. Die Schmerzen verloren sich. An ihrer Stelle wuchs so etwas wie Zufriedenheit. Es war zur Selbstverständlichkeit geworden, zweimal täglich zu sitzen, und wenn ich saß, beruhigten sich meine Gedanken. Ruhe und angenehme Schwingungen entstanden. Ablenkungen wurden immer seltener. Im alltäglichen Leben bekamen meine Handlungen mehr Gelassenheit und Konzentration. Ich hatte ein Gefühl größerer Klarheit. Im Dokusan ermahnte mich Eckehard, mich nicht an diesen tollen Gefühlen festzuhalten. „Schlag sie tot", sagte er. Manchmal hasste ich ihn.

Eines Tages fragte er mich, ob ich Lust hätte, mit einem Koan zu arbeiten. Ich erzählte ihm von Michels Koan >Warum kam der Schwanz der Kuh nicht durchs Gitter?<. Er kannte das Ding und lachte: „Na gut, wenn du das schon kennst, wie wäre es mit folgendem: >Was ist Mu?<" Ich stutzte: „Wie? Das ist alles? >Was ist Mu?< Das ist ja noch dümmer, als die Geschichte mit der Kuh." Eckehard erzählte, dass dieses Koan schon vor tausend Jahren Zen-Schüler zur Verzweiflung gebracht hat. Aber tausende Zen-Schüler hätten durch >Mu< auch schon zur Wahrheit gefunden. „Konzentriere dich auf >Mu< so stark du kannst. Wann immer dein Geist anderes denken will als >Mu<, führe ihn zurück zu >Mu<. >Mu< und nochmal >Mu< soll dein Leben sein. Wenn du eins geworden bist mit >Mu<, wirst du die Antwort wissen."

Die Zeit, die dann kam, war brutal. Ich trieb die Ziegen den Hang hinauf und dachte: „Mu! Mu macht die Kuh." Ich machte Käse und dachte: „Mu, in allen Dingen? Im Käse? Mu, nur ein Wort? Mu, Mu!" Ich arbeitete am Staudamm und dachte: „Mu, ein Wort ohne Bedeutung? Was ist Mu?" Ich saß beim Zazen und konzentrierte mich auf Mu. Einssein mit Mu! Wie konnte man einswerden mit Mu? War Mu ein Symbol? War es das gleiche wie >Nichts<? Wenn es so wäre, könnte ich genauso denken: „Nichts, Nichts, Nichts". Sollte mein Verstand mit Mu endgültig gekillt werden? Der Todesstoss für ordnende Gedanken durch die Konzentration auf ein dummes Wort?

Es vergingen Wochen und Monate, und ich konnte das Mu-Rätsel nicht lösen. In den Dokusans spornte mich Eckehard immer wieder an: „Denke Mu! Sei Mu! Finde Mu! Gib nicht auf!" Mehrmals wollte ich den Schwachsinn hinschmeißen, er ließ es nicht zu.

Mit den verschiedensten Erklärungsversuchen versuchte ich Eckehard zufriedenzustellen: „Mu ist ein Symbol. Für die Unwichtigkeit von Worten und menschlichen Werten, für die Größe des Weltalls und die Winzigkeit des Menschen. Eckehard fand manchen Erklärungsversuch interessant, andere weniger gelungen. Bei dem einen wie dem anderen aber hätte ich Mu noch lange nicht getroffen. Er sagte: „Du musst Mu essen und trinken, Mu kommt in deinen Magen und dein Magen ist Mu. Alles ist Mu. Konzentriere dich auf Mu!"

Irgendwann hatte ich die Nase voll. „Scheiß Mu", schimpfte ich im Dokusan. Eckehard reagierte überraschend: „Ich glaube auch, du hast dich lang genug mit diesem glühenden Eisen herumgequält." Keine Durchhalteparolen, kein Ansporn mehr. „Vielleicht wäre es gut, wenn du insgesamt mal eine Pause einlegen würdest. Fahr wieder nach Europa oder wandere durch die Berge." Seine gleichgültige Reaktion gefiel mir gar nicht. War ich in seinen Augen gescheitert? Hatte er mich aufgegeben? Ich sagte, ich würde es mir überlegen und verließ frustriert sein Zimmer. Ich stürzte mich umso intensiver in >Mu<. In dieser Zeit hatte ich Träume von ausgiebigen Liebesaffairen mit wunderhübschen Frauen. Nicht nur der Verstand, auch Triebe und Instinkte hatten ihre Stimme.

Zazo begleitete Ronda während des Mu-Experiments. Seit Monaten versuchte er gleichermaßen Mu zu finden und Mu zu denken. Natürlich hatte er nicht so viel Zeit wie Ronda, doch Rondas Frust konnte er gut nachempfinden. Dieses Mu war hochgradig unangenehm, jedenfalls, wenn man es ernst nahm.

Nach dem letzten frustrierenden Dokusan entschloss ich mich, den Dokusans in den folgenden Wochen fernzubleiben. Das ganze Gerede hatte bei Mu sowieso keinen Zweck. An Mu blieb ich dran. Es gab nur die beiden Möglichkeiten: entweder ich gab auf und fuhr zurück nach Europa, oder ich machte weiter mit diesem verrückten Mu. Ich gab nicht auf, und Eckehard hatte mit seinem Vorschlag Mu sein zu lassen, meinen Ehrgeiz einmal mehr erfolgreich angestachelt. Bedingungslos stürzte ich mich in Mu. Alles wurde Mu, wochenlang. In dieser heftigsten Mu-Phase bat mich Eckehard eines Tages, in Golam die Marken abzuholen und ein paar Säcke Mehl und Reis mitzubringen. Für derartige Transportzwecke benutzten wir Desires Kofferkuli, solide Schweizer Wertarbeit. So stand ich, den Kofferkuli in der Hand, in Golams Straßen und versuchte, Mu zu denken. Mir fielen die vielen geschäftigen Menschen auf. Sie hasteten durch die Straßen, als liefe ihnen die Zeit davon. Die Zeit, für mich war sie Mu. Staunend beobachtete ich, wie ernst den Menschen ihr Treiben war. Ich konnte mich erinnern, früher genauso gewesen zu sein, jetzt war mir das Gehetze völlig fremd. Wie Ameisen kamen sie mir vor, Ameisen, in einem kurzen Ameisenleben. Winzig klein waren wir Menschen im Vergleich zum All und Gottes zeitloser Existenz.

Ich berichtete Eckehard von meinem Erlebnis, und der schimpfte heftig: „Glaub bloß nicht, du seist besser oder klüger als irgendein Obstverkäufer in Golam. Nur weil du hier faul zweimal pro Tag auf deinem Hintern sitzt und Mu jagst bist du kein besserer Mensch. Bedenke, Ronda, Geltungsdrang ist eine typische Fessel des kleinen Ichs. Komme nicht ab vom Weg, bleibe bei Mu.

Den Wortlaut dieses Dokusan hörte sich Zazo dreimal an.

In den folgenden Wochen sah ich in jeder Idee, jedem Gefühl und jeder Tat Mu. Ich dachte Mu und ich träumte Mu. Ich spürte, wie ich kurz davor war, meinen Verstand zu verlieren. Es machte mir keine Angst, denn der Verlust war auch nur Mu. Mit diesem verwirrten Geist schickte Eckehard mich Wochen später wieder nach Golam, Lebensmittel holen. Da stand ich, verwirrt wie nie zuvor, in dieser quirligen Stadt und dachte: „Mu", als ich plötzlich begriff. Ein unbändiges Lachen überkam mich. Ein Lachen, in dem alles enthalten war, das Wichtige und Unwichtige, die Gegensätze und Widersprüche, das Große und Kleine, das Nichts, das Alles, das Mu. Das Lachen befreite mich von meiner Suche nach Wahrheit, der Suche nach Erleuchtung und der Suche nach mir selber. Da stand ich, an einer weiß gekalkten Wand und lachte aus tiefstem Grunde. Einige Passanten verbeugten sich, aus Achtung oder Vorsicht, schließlich weiß man nie, ob man einen Irren oder einen Weisen vor sich hat. Die meisten nahmen keine Notiz von mir. Mein Gemüt wurde leicht, denn es gab nichts mehr zu verlieren und nichts zu gewinnen. Ich erkannte: „Tatsächlich, es ist alles eins! Widersprüche und Gegensätze existieren nur an der Oberfläche. Wichtigkeiten kommen und gehen, wie die Kreise der Atome im grenzenlosen All. Was alles zusammenhält, ist grenzenlose Liebe. Für mich war es die Liebe des Schöpfers. Jeder Planet, jedes

Lebewesen, jede Pflanze, jeder Stein sind Kinder seiner Seele, seiner Liebe. Ich ging durch die Straßen und kannte alle Menschen, kannte die Tiere, die Pflanzen und mich. Ich war sehr dankbar, dieses Leben leben zu dürfen.

Als ich zurückging, kam mir Eckehard entgegen. Er sah mich an und umarmte mich: „Herzlichen Glückwunsch, du hast es geschafft. Ich wusste, dass die Stadt dir helfen würde." Höchstpersönlich kochte er eine Kanne Tee. Desiree staunte nicht schlecht, und Eckehard erklärte ihr: „Unser Freund Ronda hat die Schwelle zur Wahrheit überschritten." Desi war begeistert. Sie umarmte und küsste mich. Draußen im Garten setzten wir uns auf Holzscheidte und tranken genüsslich Tee. Eckehard riet mir regelmäßig weiter zu sitzen, denn „auch die Erleuchtung verflüchtigt sich, wenn man sie nicht pflegt. Aber von nun an kannst du deinen Weg alleine gehen. Mich brauchst du nicht mehr." Das hörte sich nach Abschied an, und so war es auch gemeint. „Nicht dass ich dich rausschmeißen will, aber du wirst deine Kreise woanders finden. Bleibe hier solange du willst. Irgendwann wirst du spüren, dass die Zeit des Abschieds gekommen ist." Wir konnten beide nicht ahnen, dass das sehr schnell passieren würde.

Die anderen waren aufgeregt. Sie bombardierten mich mit Fragen: „Wie hast du das geschafft? Was hast du gemacht? Wie war es?" Ich konnte im Grunde keine Antworten geben, denn das, was ich erlebt hatte, entzog sich jeglicher Worte. Ich erzählte, dass vermutlich die Arbeit am Koan den Durchbruch gebracht hatte. Jaques begann noch am gleichen Tag über Mu nachzudenken.

In den nächsten Tagen brachte ich Ivonne den Umgang mit den Ziegen und die Käsezubereitung bei. Sie meinte, sie würde von allen noch am längsten dableiben, außerdem liebte sie Ziegenkäse über alles. Nachdem die Käseproduktion in Ivonnes Hände übertragen war, hatte ich zwei Stunden Zeit pro Tag mehr. Ich nutzte die Zeit zum

Spazierengehen in der näheren Umgebung. Der Frühling zauberte traumschöne Blumenfelder auf die Hügel. Kristallklare Bäche kamen aus der Schneeschmelze, und über mir schraubte sich ein Steinadler-Pärchen höher und höher. Inmitten der Idylle blitzte plötzlich am Berghang gegenüber etwas auf. Mir war sofort klar, dass das Blitzen nicht natürlichen Ursprungs war. Es stammte von Metall oder einem Spiegel. Dort gab es keinen Weg und trotzdem war dort jemand. Ich ließ mir die Beobachtung nicht anmerken und schlenderte zum Haus zurück. Im Schutz der Dunkelheit wollte ich nachsehen, was es mit der Reflektion auf sich hatte. Den anderen erzählte ich nichts davon, sie waren für solche Aktionen nicht geschaffen. Als sie zum Sitzen gingen, schlich ich mich den Berg hinauf. Von oben kam ich an die Stelle heran, und erst fünf Meter davor hörte ich einen Mann leise murmeln. Total erstaunt war ich, als Eckehards Stimme leise aus einem Kopfhörer quakte. Der Mann hörte uns ab! Schritt für Schritt ging ich näher und stand schließlich einen Meter hinter dem Mann. Der verbarg dort, hinter einem perfekten Tarnnetz, Schlafzelt und High-Tech-Geräte. Kurz entschlossen griff ich ihn mir. Den perfekten Würgegriff meiner Jugend hatte ich noch nicht verlernt. Der arme Kerl erschreckte sich derart, dass er sich in die Hose pisste. Ich fragte ihn, was er dort machte, aber er gab keine Antwort. Ich drückte fester zu und fragte noch einmal. Er schwieg. Ich drückte ihm die Luft ab und ließ ihn, wie einen Fisch in der Luft, zappeln. „Letzte Chance", sagte ich, „wenn du jetzt nicht redest, redest du überhaupt nicht mehr." Er schwieg. Ich schleifte ihn den Hang hinunter zu den anderen. Die herabstürzenden Steine waren so laut, dass die anderen ihr Sitzen unterbrachen und uns vor dem Haus erwarteten. Ich erklärte ihnen, dass der Mann uns belauscht hätte. Sie fragten ihn: „Warum?" Er schwieg. Eckehard dirigierte uns ins Haus. Dort stellte er sich vor den Mann und sah ihm in die Augen: „Wir wissen, dass Sie ein guter Mensch sind. Also machen Sie es uns nicht schwerer als nötig. Wer hat Sie geschickt?" Dem Mann war Eckehards Präsenz unangenehmer als mein Würgegriff. Er schluckte, schwitzte und brach schließlich in sich zusammen. „Demian", stieß er hervor. „Wer ist Demian?", wollte Eckehard wissen, ich erklärte es ihnen. „Und nun?", fragte Desire, „dieser Demian wird seinen Bericht erwarten. Wenn der nicht kommt, wird er sich um seinen Mann Sorgen machen." Wir waren uns einig, den Mann bedingungslos laufen zu lassen, alles andere würde zu noch mehr Komplikationen führen.

Spencer war trotz der misslichen Situation cool geblieben. Er war Profi, und Zazos mind-machine hatte gewirkt. Gezielt hatte er Demians Namen und nicht Zazos preisgegeben. Zurück beim Unterschlupf funkte er als erstes Zazo an: „Sir, die haben mich entdeckt. Ich habe gesagt, dass ich für Demian arbeite." – „Ein anderer Name ist dir nicht eingefallen?" – „Schien mir alles wenig glaubhaft. Die Typen sind clever." – „In Ordnung. Dann sag jetzt Demian Bescheid und gib mir danach eine Kopie des Gesprächs." Spencer funkte Demian an: „Boss, die haben mich entdeckt. Wir sind aufgeflogen." – „Wissen die, dass ich dich geschickt habe?" – „Ich hatte keine Chance, Boss, die hätten mich sonst kaltgemacht." – „Du Idiot, du dummer Idiot, fahr sofort nach Calcutta, Firna Hotel, am Flughafen. Wir holen dich dort ab." Demian beendete den Kontakt und Spencer gab Zazo eine Kopie des Gesprächs. „Du fährst nicht ins Firna Hotel. Du nimmst den nächsten Flieger nach Bombay. Dort sehen wir uns im Looni Gästehaus," lautete Zazos Order.

Demian überlegte fieberhaft: Ronda wusste also, dass er ihn überwachen ließ. Natürlich würde er vermuten, dass Zazo hinter der Überwachung steckte. Früher oder später würde er sich bei Zazo beschweren. Vielleicht würde er sich auch einen neuen Paralysator besorgen. Wer wusste das schon? So oder so war es mehr als wahrscheinlich, dass Zazo durch Ronda von der Sache erfahren würde. Damit aber wäre seine Nachfolge als Looni-Chef endgültig gescheitert. Zazos Reaktion konnte er sich lebhaft vorstellen. Er hätte für immer und ewig verspielt. Es gab nur eine Lösung. Alle, die von der Sache wussten, mussten verschwinden, für immer, alle: Ronda, seine Gebetsbrüder und –Schwestern und Spencer. Das Ganze musste sofort und lautlos über die Bühne gehen. Er rief sein Spezialkommando für ultimative Fälle.

Zazo überlegte. Demian hatte sein Extrem-Kommando in den abhörsicheren Keller beordert, womit sein Plan klar war. Er wollte Spencer und Ronda beseitigen, vielleicht auch die übrigen Zen-Adepten. Sollte er die Aktion verhindern? Solange Demian im Keller saß, konnte er ihn per Funk nicht erreichen. Für eine Gegenaktion müsste er einen Gleiter und mindestens zwei seiner Spezialisten losschicken. Der Aufwand wäre enorm, und würde womöglich den Kampf zweier Looni-Gleiter bedeuten. Würde so etwas bekannt werden, wäre ein Imageverlust unvermeidlich. Außerdem hatte er nicht vergessen, dass Ronda, dieser Idiot, ihn mit dem Paralysator beschossen hatte. All das sprach gegen eine Intervention. Andererseits war Ronda ihm in den letzten Monaten ans Herz gewachsen. Die gemeinsamen Zen-Übungen hatten, trotz aller Distanz, eine gewisse seelische Verbindung geschaffen. Überhaupt ekelte ihn Demians Brutalität an. Er entschied, gegen alle Vernunft, ein Schutzkommando loszuschicken.

Demian hatte den beiden Killern seinen Privatgleiter zur Verfügung gestellt. Er saß unten im Keller und ahnte nicht, dass Zazos Schutztruppe eine halbe Stunde später gestartet war. Er ahnte auch nicht, dass Zazo, tausende von Kilometern entfernt, mit allen Mitteln versuchte, ihn zu erreichen.

VII. Kapitel   -Rondas Rückkehr-

Eckehard rief Ronda zu sich. „Ich weiß nicht, was du in deinem bisherigen Leben gemacht hast, und ich will es auch nicht wissen. Aber dass du in dieser Einöde überwacht wirst, hat nichts Gutes zu bedeuten. Ich spüre auch, dass andere Dinge folgen werden, keine guten. Du solltest dich an einen sicheren Ort begeben." – „Wohin?" – Geh hinauf in mein Kloster, drei Tagesmärsche entfernt. Durch Tatschpur hindurch, Richtung Norden. Nach zwei Kilometern findest du einen Fußweg, in einem großen Tal, rechts am Fluss entlang. Etwa achtzig Kilometer folgst du diesem Weg, dann siehst du links das halb fertiggestellte Kloster in den Bergen." Ich dankte ihm für seine Hilfe und packte meine Sachen zusammen. Zehn Minuten später verabschiedete ich mich von den anderen. Die waren irritiert. Die unendliche Ruhe, die Eckehards Tal seit Jahren ausgezeichnet hatte, war durch mich innerhalb weniger Stunden erschüttert.

Im Bewusstsein, in mir und allem anderen zu ruhen, egal was geschah, ging ich gutgelaunt durch Tatschpur. Obwohl ich dort niemanden kannte, grüßten mich einige Menschen. Plötzlich waren die ungewohnten Geräusche eines Gleiters zu hören. Ich wusste, sie kamen, um mich zu suchen. Ich wusste auch, sie würden zu Eckehard fliegen und ihn befragen. Im ersten Moment machte ich mir Sorgen um meine Freunde. Doch je mehr ich über die Situation nachdachte, umso sicherer war ich, dass Eckehard die Situation im Griff haben würde.

Demians Leute landeten nicht, wie von Spencer vorgeschlagen, kurz vor Tatschpur, an der Abzweigung zu Eckehards Hütte. Sie flogen direkt in das Tal ein, gemäss Demians Weisung. Ronda sollte mit erster Priorität so schnell als möglich erledigt werden. Zehn Meter vor Eckehards Hütte landeten sie. Eckehard hatte die anderen zum Wasserholen an den Fluss geschickt. Er lief auf die beiden Killer zu und rief: „Seid ihr Rondas Freunde? Wollt ihr zu Ronda?" Die beiden sahen sich an und nickten freundlich: „Ja, wo ist der? Ich soll Euch sagen, dass er ..." In diesem Moment kam Desire mit einem Wassereimer den Hang hinauf. Eckehard stockte und rief Desire zu: „Bring das Wasser ins Haus, Desire." Die beiden Männer waren Profis. „Ich frage die Alte, du den hier", sagte der eine und ging hinter Desi ins Haus. Eckehard blieb nichts anderes übrig, als zu berichten, dass Ronda zum alten Kloster gegangen war. Er beschrieb, wie das Kloster zu finden ist.

Zazos Leute hatten es leichter, das Kloster zu finden. Sie brauchten nur den Induktionsspuren des anderen Gleiters zu folgen. Sie hatten auf ihren Monitoren den Gleiter soeben zum zweiten Mal landen sehen. „In zwei Minuten haben wir ihn", meldeten sie Zazo. Exakt zwei Minuten später schwebten sie über dem anderen Gleiter und fragten Zazo: „Wir haben sie, Sir. Sollen wir die Kiste zerlegen? Zazos Anweisung war knapp: „Einer von euch geht raus, um Ronda zu schützen. Der andere bleibt über dem Gleiter und passt auf, dass der kein dummes Zeug macht."

Demian hatte es sich im Keller gemütlich gemacht.An der Kellertür leuchtete >Total Security<. Das bedeutete: Absolut keine Störungen! Die Bediensteten, oben im Haus, wussten, dass er für niemanden zu sprechen war. Auch nicht für Zazo, der seit einer Stunde ständig anrief und immer wütender wurde. Er erhielt die gleiche Auskunft, wie alle anderen Anrufer: „Demian ist außer Haus, kommt aber vermutlich bald zurück." Man wusste zwar, dass Zazo Demians Chef war. Demians Anweisungen aber waren eindeutig: >Total Security< heißt: Niemand, absolut niemand, durfte ihn stören. In dieser Hinsicht war Demian rigoros. Demian saß also, abgeschottet im Keller und wollte sich Rondas Showdown in aller Ruhe, live, in 3-D, über Satellit gönnen. Soeben hatte er miterlebt, wie sich seine Leute den Einsiedler-Spinner und eine Zen-Tante vorgenommen hatten.

Er gab Order, die beiden leben zu lassen. Sie würden niemanden benachrichtigen, und vielleicht würde er sie noch brauchen. Sein Gleiter hob ab, Richtung >altes Kloster<. Gut gelaunt ließ er sich einen Obstsalat kommen. „Mit viel Ananas", sagte er, und seine Haushälterin, genervt von Zazos Drohungen, wagte den Hinweis: „Sir, Entschuldigung, Zazo versucht sie dringend zu erreichen." – „Was will der?" – „Keine Ahnung, Sir." – „Soll später wieder anrufen." – „Soll ich ihn das nächste Mal durchstellen?" – „Ausnahmsweise."

Zazo hatte permanenten Kontakt zum Schutzkommando. Sie hatten den anderen Gleiter unter Kontrolle. Von Ronda gab es keine Spur, weder Infrarot- noch Induktionssensoren konnten eine dritte organische Lebensform orten. „Da sind nur die beiden Leute von Demian", meldeten sie Zazo. „Zum Glück findet das Spektakel in dieser abgelegenen Berglandschaft statt", dachte der und versuchte ein letztes Mal, Demian zu erreichen. Die Haushälterin sagte: „Soeben angekommen. Ich stelle durch." – Die Laser-Projektoren hatten Demians Bild noch nicht stabilisiert, da brüllte Zazo ihn schon an: „Du pfeifst sofort deine Jungs in Tibet zurück, mein Freund, sonst mache ich heute noch Gulasch aus dir." Demian wurde bleich. Er hörte über Zazos Leitung: „Demians Gorillas verhalten sich ruhig, Sir. Sollen wir sie festsetzen?" Gleichzeitig riefen seine Leute ihn: „Boss, über uns ist ein Gleiter. Ein Looni-Gleiter!" – „Bleibt ruhig. Keine Aktionen", sagte er. So wurde Eckehards Kloster davor bewahrt, wieder in Schutt und Asche gelegt zu werden. Die Besatzungen der beiden Gleiter bekamen Order, zurückzufliegen. Demian stand drei Stunden später vor Zazo.

Ich hörte den Gleiter wieder starten. Er flog nach Norden, also zum alten Kloster. Ich ging weiter Richtung Kloster, als mich ein zweiter Gleiter überflog. Das machte die Sache noch merkwürdiger. Zwei Gleiter wegen mir? Ein wenig übertrieben. Da spielten sich noch andere Dinge ab. Als wenig später, beide Gleiter, rasch an Höhe gewinnend, mich auf ihrem

Rückweg überflogen, wusste ich, dass der Spuk vorüber war. Ich beschloss, zu Eckehard zurückzugehen. Da ich gespannt war, was sich bei Eckehard abgespielt hatte, schritt ich weit aus. So brauchte ich für den Rückweg nur die halbe Zeit. Gegen Mitternacht schlug ich kurz vor Tatschpur mein Zelt auf. Am folgenden Tag war ich mittags bei Eckehard. Sie erzählten mir, dass zwei Muskelprotze freundlich nach mir gefragt hatten. Wir konnten uns keinen Reim auf die merkwürdigen Ereignisse der letzten Tage machen. Was war so besonders an mir, dass man mich überwachte und Gleiter nach mir schickte? Verständlicherweise wollten die anderen nun meine komplette Geschichte hören. Kurz gerafft erzählte ich ihnen alles, genau so, wie ich es hier in diesem Buch aufgeschrieben habe. Eckehard traf schließlich den Nagel auf den Kopf: „Dein Kampf mit Zazo ist zwar lange her, aber solche Leute denken langfristig. Vielleicht haben sie immer noch Respekt vor dir? Vielleicht ahnen sie, dass du noch einmal wichtig für sie wirst? Vielleicht ist das deine Zukunft? Der zweite Gleiter schien den ersten zurückgepfiffen zu haben, vielleicht gibt es einen Streit zwischen Zazo und Demian? Ich glaube, es wäre nicht das Dümmste, wenn du Zazo kontaktieren würdest."

„Boss, ich habe nur aus Sorge gehandelt. Ich befürchtete, er könnte Ihnen noch einmal gefährlich werden." Demian kämpfte verzweifelt. „Nur deshalb hab ich ihn weiter überwachen lassen. Die Kosten waren bescheiden." – „Und warum hast du gestern den Gleiter losgeschickt?" – „Kurzschlusshandlung, nachdem Spencer enttarnt war." – „Kurzschluss mit möglicher Todesfolge?" Demian schwieg. Da sich Zazo nicht bequemte, irgendetwas zu sagen, sagte Demian schließlich: „Meine Güte, Chef, immerhin hat der Blödmann Sie abgeschossen. Selbst wenn er draufgegangen wäre, hätte das dem Weltgeschehen keinen Abbruch getan." – „Exakt, Demian, da kommen wir der Wahrheit schon näher. Kalt, wie Kunsteis, bist du. Mein Wohlergehen liegt dir schon deshalb nicht am Herzen, weil du so etwas nicht hast. Wenn es nach dir ginge, würdest du lieber heute als morgen Chef der Looni werden und mich als Dauerpatient in der Psychiatrie unterbringen. Dein Pech, dass ich zu stark für dich bin." – „Boss, das ist nicht wahr. Ich habe immer.." – „Schweig! Ronda war für dich ein Risiko, weil er ein alter Jugendfreund ist, einer der wenigen Menschen, die mir emotional nahekommen können. Genau dieses Risiko wolltest du kontrollieren. Und wenn du das leugnest, setze ich dich heute noch unter eine brain-check-machine." Demian wusste, dass Zazo nicht scherzte. Die brain-check-machine wollte er sich sparen. „Ok, Boss, Sie haben gewonnen. Und jetzt?" – „Jetzt packst du deine Sachen und suchst dir einen neuen Job." – „Boss, das können Sie nicht machen, wegen diesem Trottel..." – „Es ist nicht wegen diesem Trottel. Es ist wegen deiner eigenen Trotteligkeit; die können wir Looni uns nicht mehr leisten. Maximal für einen Monat kannst du noch hier im Gästehaus wohnen, dann musst du deine eigene Unterkunft gefunden haben. Dein altes Haus betrittst du nicht mehr. Ich selber werde aussortieren, was dir gehört." Damit war Demian entlassen. Er konnte es nicht fassen. Mit einigem hatte er gerechnet, aber das gerade Erlebte überstieg sein Vorstellungsvermögen. Er sollte kein Looni mehr sein? Zazo war tatsächlich nicht mehr ganz bei Trost. Eine solche Unverschämtheit würde er nicht auf sich sitzen lassen.

Am nächsten Tag war ich wieder in Tatschpur, diesmal zum Telefonieren. Noch mehr Leute, als am Vortag, grüßten mich. Ich war schon bekannt. Zwölf meiner restlichen dreiundzwanzig US $ gingen drauf, um Zazo über eine uralte Bildtonleitung zu bekommen. „Ronda, es tut mir leid, wegen der Unannehmlichkeiten", sagte er, bevor ich selber zum Sprechen kam. „Kannst du mir erklären, was der Quatsch soll?" – „Na klar. Soll ich dich abholen?" – „Du kannst gerne vorbeikommen." – „Okay, in zwei Tagen bin ich bei dir." Als ich Eckehard am Abend von dem Telefonat erzählte, orakelte der: „Abholen hat er gesagt? Ich glaube die neue Welt bürdet dir eine schwere Verantwortung auf." Rückblickend ist mir klar, dass Eckehard die Sonne des Durchblicks, die ich, lachend an der Kalkwand, kurz hatte aufleuchten sehen, ständig in sich trug. Deshalb sah er mit Klarheit und Intuition, was sich anbahnte. Mir selber war solches Verständnis in dem Moment verwehrt. Zu vieles Neues irritierte mich.

Zazos Gleiter landete direkt vor Eckehards Haus. Ich staunte nicht schlecht, als der große Zazo sich vor Eckehard verbeugte und sagte: „ich habe mich sehr auf diese Begegnung gefreut." Eckehard schien Zazo zu mögen, er lud ihn zu einer „schönen Tasse Tee" ein. Auf den Holzbohlen im Schweinestall erzählte Zazo bei salzigem Buttertee: „Demian hat dich aus Eifersucht überwachen lassen. Ihm war unsere Jugendfreundschaft ein Dorn im Auge. Zum Glück bin ich früh genug dahinter gekommen. So kam es, dass er euch und ich ihn überwacht habe. Dadurch bin ich seit Monaten in den Genuss eurer Dokusans gekommen. Eine Inspiration erster Güteklasse. Es tut mir leid, wenn ich dadurch eure Intimsphäre verletzt habe." · „Bei den Dokusans gibt es nichts Intimes", meinte Eckehard und fragte Zazo: „hat Ihnen das Zuhören genutzt?" – „Doch sehr. Es hat mich weitergebracht, wenn auch nicht ganz so weit, wie meinen Freund Ronda." Er erzählte, dass er seit einem halben Jahr parallel zu uns gesessen habe. „Angesichts der Zeitverschiebungen zwar zu anderen Zeiten, aber eine Stunde pro Tag habe ich gesessen. Das ›Mu‹ Koan habe ich nur halbherzig versucht zu lösen, dafür ist mein Tagesgeschäft zu hart."

Zazo lehnte Eckehards Einladung zur Übernachtung im Schweinestall ab. Er wollte so schnell wie möglich zurück. Dringende Entscheidungen seien zu treffen. Wie selbstverständlich lud er mich in sein Haus nach San Franzisko ein, und wie selbstverständlich nahm ich seine Einladung an. Ich spürte, dass mein Lebensweg in diese Richtung führte. So kam es zu dem unerwartet frühen Abschied von Eckehard und den anderen. Eckehard sah mir in die Augen. „Du wirst es schaffen", sagte er und umarmte mich. Ich wußte nicht, ob ich ihn jemals wiedersehen würde. Von den anderen hat nur Jaques mich später einmal besucht. Als wir den Gleiter bestiegen, rief Eckehard: „Vergesst das Sitzen nicht!" Es hörte sich an, als meinte er uns beide.

Zazo fand es „wie immer symbolisch passend" mit mir nach San Franzisko zu fliegen. „Dort, wo unser Diskurs begann, können wir einen zweiten Zyklus finden," meinte er.

San Franzisko! Die schlechten Erlebnisse dieser Stadt hatten ihren Stachel verloren. Ich kam als jemand zurück, der in sich selber ruhte. Nicht so wie früher, voller Begeisterung und Ehrgeiz, blind vor Energie. Nein. An die Stelle des Ehrgeizes und Ruhms war die Gewissheit getreten, für nichts und niemanden mehr Statthalter sein zu wollen. Statt Begeisterung und Aktivismus durchflutete mich ein tiefes Verständnis des Lebens. Schlechte Erinnerungen spielten da keine Rolle mehr. Die Symbolik, die Zazo ansprach, hatte einiges für sich. Vor allem spürte ich seine Bereitschaft zu einer neuen persönlichen Annäherung. Ich spekulierte nicht über mögliche Folgen eines solchen Neuanfangs. Die Ziele der GU beherrschten mich nicht mehr. Trotzdem wollte ich Zazo und mir die Chance für eine neue Diskussion des Lebens geben. Allein deshalb war ich mitgereist. Auf der dreistündigen Flugreise über die wunderschöne Pazifikwelt stellte ich fest, dass Zazo sich tatsächlich bemühte, offener zu sein. Zynismus und Ironie, seine ständigen Begleiter aus der Vergangenheit, wichen dem Bemühen, die Welt zu verstehen wie sie wirklich ist. Sollte er auf diesem Weg die Begegnung mit mir suchen, wäre ich gerne bereit ihm zu assistieren. Immerhin hatte er, wenn auch auf Distanz, die letzten Monate mit uns Zazen praktiziert. Ganz abgesehen davon, hatte ich, was meinen künftigen Aufenthaltsort anbetraf, sowieso keine Pläne. Ich wusste, dass ich, egal, wo ich mich befinden würde, mit der göttlichen Schöpfung im Einklang war. Zwangsläufig würde ich zur rechten Zeit am rechten Ort sein.

Demian betrat das Gästewohnheim nicht. Er wusste zwar, dass Zazo ihn bespitzeln ließ, doch Zazo sollte wissen, dass er eine solche Demütigung nicht hinnehmen würde. Zazo sollte klar sein, dass es zur Konfrontation kommen würde. Nicht wissen sollte Zazo allerdings, wie diese aussehen würde und schon gar nicht, bei welcher Bank und auf welchen Konten, er wieviel Geld gebunkert hatte. Natürlich hatte Demian für schlechte Zeiten vorgesorgt. Fünfzehn Millionen US $ hatte er in allen möglichen Ländern deponiert. Verschiedene Ausweispapiere trug er ständig bei sich, darunter zwei Camouflage Identitäten. In den folgenden Tagen unternahm Demian alles, um seine Bewacher abzuschütteln. Er verbrachte den halben Tag in der New Yorker U-Bahn. Danach fuhr er, wie ein Schuljunge ohne Ticket, mit der Schnellbahn nach Chicago. Dort angekommen war er sicher, dass ihm niemand mehr folgte.

Als erstes lotste Zazo mich in sein Saunaparadies. Es bereitete mir wieder große Freude, die Vorzüge der prachtvollen Anlage zu genießen. Wenn der Körper durch Hitze und Wasser berauscht wird, bekommt die Seele Flügel. Nur, anders als beim letzten Mal, beherrschte mich dieses Gefühl nicht. Nichts beherrschte mich mehr. Vorsichtig versuchte Zazo, mich zu taxieren, so, wie es Kinder mit fremden Kindern auf Spielplätzen tun. Ich vermutete, dass er San Franzisko, vor allem das Saunaparadies, als erste Begegnungsstätte gewählt hatte, um mich leichter analysieren zu können. In der Ausnahmesituation körperlichen Wohlgefühls liess sich der Geist noch am ehesten aus der Reserve locken. Er wollte sehen, wie sich meine Reaktionen verändert hatten, wie sehr die neugefundene Balance gefestigt war. Ich sprach ihn auf seine Erwartungen an: „Wäre es dir lieber, den alten Ronda neben dir sitzen zu haben? Den, der vom Luxus und dem Hochgefühl der Körperlichkeit geblendet ist?" Spontan wehrte er ab: „Mir ist schon klar, dass du nicht mehr der alte bist. Wir haben uns beide verändert." Ich ließ seine Aussage im Raum stehen. Kurz darauf gab er zu: „Vielleicht hast du Recht. Man klammert sich viel zu sehr an alte Muster. Wärst du der alte, es wäre verlockend, wie gewohnt mit dir umzugehen." Ich bestätigte seine Überlegung: „Dabei sorgen alte Muster nur für die eigene Versteinerung." Er lachte und meinte, wir würden wohl eine nette Zeit miteinander verbringen. Als ich etwas provokativ erklärte, in Tibet wie ein echter Looni gelernt zu haben, der Stimme der Schöpfung und der göttlichen Harmonie zu folgen, schlug er die Augen gen Himmel und seufzte: „Ach du liebe Güte. Lass uns von was anderem sprechen." Da war es an mir, ihm aufmunternd auf die Schulter zu klopfen. Sein obligatorisches Schulterklopfen! Er sah mich erstaunt an.

Bei der Cornfield Morgan Bank hatte Demian eine Million US $ auf seine Camouflage Identität ›Edmond Grover‹ deponiert.

Die Bank war, wie ein paar andere Banken auch, seit ihrer Gründung darauf bedacht, die GU völlig draußen zu halten. Aktionäre und Kunden hatten sich zur Offenlegung sämtlicher Vermögenswerte verpflichtet. Man durfte nicht mehr als 1,5 Millionen US $ Gesamtvermögen haben. Die meisten Banken sehen das nicht so eng. Sie sind sowieso Kooperationspartner der GU, denn sie machen von der gesetzlichen Möglichkeit Gebrauch, für die GU die Verwertung von erbschaftsrechtlich relevanten Betrieben zu übernehmen. Vor allem bei mittelständischen und großen Unternehmen organisieren Banken und spezielle Bankenorganisationen die erbschaftsrechtliche Auseinandersetzung zwischen GU, Erben, Arbeitnehmern und denjenigen, die erwerben wollen. Die GU darf die ihr zufallenden Firmen, Gesellschaftsanteile oder Aktien nur dann selber am Markt verwerten, wenn sich weder eine qualifizierte Bank, noch eine Trade Union finden lässt, die solches übernimmt. Bei Aktienpaketen und kleineren Firmenanteilen ergeben sich selten Probleme. Hier hat die Mehrheit der restlichen Inhaber das Sagen.

Schwieriger wird es, wenn komplette Firmen betroffen sind. In einem solchen Fall bewerkstelligen, wie gesagt, Banken die Verwertung. Dabei sorgen sie manchmal für ein neues Management oder realisieren unterschiedlichste Erwerbermodelle, von der Arbeitnehmerbeteiligung bis zur neuen Aktiengesellschaft. Normalerweise muß die Verwertung innerhalb eines Jahres abgeschlossen sein, genauso wie die Berechnung der Kosten und Auskehrung der Überschüsse an Erben und GU. Natürlich versuchen die Banken vorzugsweise, Betriebsteile oder den Betrieb als Ganzes zu verkaufen. Man mag mir meinen stümperhaften Exkurs in die Volks- und Betriebswirtschaft verzeihen, aber dieses Thema war bei der Entstehung der GU von grosser Wichtigkeit. Natürlich wollten die Erfinder der globalen Gerechtigkeitsidee durch die erbrechtlichen Regelungen zugunsten der GU keine Arbeitsplätze gefährden und keine laufenden Betriebe zerschlagen. Sie haben in einer, für alle GJP-Parteien geltenden Regelung festgelegt, dass in erster Linie die das Unternehmen finanzierenden Banken das Recht haben, eine wirtschaftlich sinnvolle Verwertung erbrechtlich betroffener Betriebe zu organisieren. Für die Banken hat sich dadurch ein völlig neuer, lukrativer Geschäftszweig aufgetan. Wenn die finanzierenden Institute auf ihr Recht zur Verwertung ganz oder teilweise verzichteten, kamen die Trade Unions, also die Auffangorganisationen der Gewerkschaften zum Tragen und erst danach andere Banken oder Inhaberorganisationen. Nur wenn keine der beteiligten Gruppen wollte, durfte die GU selber verwerten. Auf der Erwerberseite stehen den Erben Vorkaufsrechte zu, wobei die Erhaltung des Betriebes oberste Priorität hat. Neutrale Sachverständige und Arbeitnehmervertreter begleiten die Be- und Verwertung erbschaftsrechtlich betroffener Betriebe. Den Banken hat dieses neue Tätigkeitsfeld übrigens sehr geholfen, nachdem sie durch das neue Erbrecht um einiges geschrumpft waren und in vielen Fällen noch weiter schrumpfen.

Bei der Cornfield Morgan Bank jedenfalls wollte man mit der verhassten GU nichts, aber auch gar nichts, zu tun haben. Was Edmond Grover anbetraf, wusste man, dass er nicht mehr als die ererbte eine Million US Dollar hatte. Von den Zinsen lebte Mr. Grover. Die Hausfinanzierung und diverse andere Anschaffungen wurden monatlich abbezahlt. Die Nachbarn beneideten Herrn Grover, der nur selten von einer seiner Weltreisen zurück ins neue Haus kam. Sie mussten hart arbeiten, um sich solch gehobenen Standard leisten zu können.

Wir saßen im Kaminzimmer als die Nachricht kam, man hätte Demian verloren. Zazo war beunruhigt: „Der Kerl ist eine lebende Bombe, ich bin sicher, er wird versuchen, sich zu rächen." Er erzählte, wie er Demian hinausgeworfen hatte. Von 11 Millionen versteckten Dollars und einer Camouflage Identität wusste Zazo. Er hatte in den entsprechenden Geldinstituten seine Leute postiert. Würde Demian versuchen das Geld abzuheben, würde die Falle zuschnappen. „Das wäre vollendete Unterschlagung von Looni-Geldern", erklärte Zazo. Von Herrn Grover in Chicago wusste er nichts. Zazo bot mir an, eine Zeitlang bei ihm zu wohnen. Er scherzte in der gewohnten Art: „Auf deine GU-Grundversorgung kannst du solange verzichten." Ich nahm das Angebot an, denn ich war überzeugt, dass mich das Schicksal nicht zufällig zum dritten Mal zu Zazo gebracht hatte. Wozu es gut sein sollte, konnte ich nur ahnen, aber ich würde nicht versuchen, die Dinge in irgendeine Richtung zu beeinflußen. Der Lauf der Dinge würde sich von selbst ergeben. Ich konnte nur Hilfestellung leisten.

Demian veränderte nach und nach sein Äußeres. Er ließ sich einen Bart wachsen und scherte sich die Haare kahl. Die Nachbarn besuchte er in höflicher Regelmäßigkeit, damit die sich an sein neues Outfit gewöhnten. Nach drei Monaten sah Mr. Grover seinem Passbild ähnlicher als zuvor, und Zazo wäre kaum auf die Idee gekommen, dass dieser Mann irgendetwas mit Demian zu tun hatte.

Jeden Morgen und jeden Abend meditierten Zazo und ich eine halbe Stunde lang. Er fragte mich nach dem >Mu< Koan, und ich machte ihm Appetit auf „das glühende Eisen", wie Eckehard es genannt hatte. Tatsächlich versuchte Zazo es noch einmal mit Mu. Doch, wie beim ersten Mal, waren seine Ablenkungen zu stark. Ständig hatte er irgendwelche Entscheidungen zu treffen. Fast stündlich wurde er um dringenden Rat und Hilfe gebeten. Seit Demian weg war, hatte sich sein Arbeitspensum mehr als verdoppelt.

Eines Tages fragte er mich tatsächlich, ob ich Demians Job übernehmen wollte, ich würde auch fürstlich dafür bezahlt. Ich dankte ihm für sein Vertrauen und lehnte ab. Zazo stellte mir die Übernahme seiner Position als Looni-Chef in Aussicht: „Du weißt, ich will sowieso nicht mehr lange arbeiten. Ich will endlich, so wie du, Zeit für mich haben. Vielleicht lebe ich dann auch ein, zwei Jahre bei Eckehard und löse das Mu-Rätsel. Ich glaube, der mochte mich." Ich erklärte ihm, dass ich für solche Aufgaben nicht geschaffen sei. „Was ich künftig machen werde, weiß ich nicht, aber Manager einer riesigen Organisation werde ich mit Sicherheit nicht. Das entspricht mir nicht." Zazo fragte mich, welche Antwort ich ihm vor vier Jahren gegeben hätte. Ich vermutete, dass ich auch damals abgelehnt hätte, wenn auch aus anderen Gründen. „Damals war ich GU-Idealist." – „Und heute?" – „Heute bin ich Realist." Er missverstand diese Äußerung und begann über die GU herzuziehen, woraufhin ich ihm erklärte, dass ich die GU auch heute noch für eine gelungene Einrichtung hielt. „Würdest du wieder für den Verein arbeiten, wenn sie es dir anbieten würden?" – „Wer weiß? Vielleicht?" Zazo war mir nicht böse, dass ich sein Angebot ablehnte. Ich glaube, eher das Gegenteil war der Fall. Er wusste nun, dass ich kein Interesse an seinen materiellen Werten hatte.

Demian war ganz Edmond Grover geworden. Was ihn tagtäglich bewegte, war der Hass auf Zazo. Ihn zu bestrafen war sein Lebensinhalt. Mr. Grover hatte zu diesem Zweck diverses Material aus Armeebeständen besorgt. Die Amerikaner leisteten sich nach wie vor eine Armee, weil sie überzeugt davon waren, sich in absehbarer Zeit mit Außerirdischen herumschlagen zu müssen. Viele Europäer nannten diese Einstellung >paranoid<, doch auch in Europa mehrten sich die Stimmen, dass sich mit fortschreitender Intelligenz der Menschheit, die Wahrscheinlichkeit erhöhen würde, außerirdischen, intelligenten Lebensformen zu begegnen. Mr. Grover jedenfalls hatte für viel Geld aus US-Army Beständen eine Laserpistole, Plastiksprengstoff und diverse Zünder gekauft. Sein eigentliches Problem war, dass Zazo extrem schwierig zu erwischen war. Zazos Auftritte in der Öffentlichkeit wurden immer seltener und er hatte keine Chance, jemals bewaffnet auf ein Looni-Gelände zu gelangen. Briefe, Pakete, Geschenke, Besucher, alles wurde mehrfach gecheckt, bevor es in Zazos Nähe kam. Trotzdem wusste Mr. Grover, dass seine Zeit kommen würde. Er hatte exzellente Beziehungen zu diversen Looni-Abteilungen.

„Jetzt weiß ich die Lösung des Demian-Problems!" Zazo triumphierte: „Schließlich konnte ich aus deiner Hass-Attacke lernen." Es war das erste Mal, das Zazo auf meine Paralysator-Aktion zu sprechen kam. Ich wusste, dass er den Vorfall noch nicht verdaut hatte. „Du trägst mir die Paralysator-Attacke noch nach, stimmt`s?" – „Kann sein." – „Vergib mir. Ich war ein verletztes Tier." – „Ein verletztes Tier? Und ich war der Jäger?" – „Genau." – „Das mag sogar stimmen. Na jedenfalls wird bei Demian der Jäger konsequenter jagen und sich nicht wieder selber abschießen lassen." – „Was hast du vor?" – „Ich werde ihm eine Falle stellen. Er wird, wie du damals, darauf warten, dass ich in seine Schusslinie komme, und das kann nur außerhalb von Looni-Territorien geschehen. Demian hat zwar immer noch gute Kontakte zu einigen Chiefs, aber innerhalb der Looni-

Territorien hat er keine Chance. Unser neues Sicherheitssystem ist perfekt." Zazo machte mich zum Zeugen seiner Demian-Falle. Er beauftragte Spezialisten aus London. „Briten sind bei solchen Dingen am zuverlässigsten", sagte er. Wir besuchten eine Londoner Sicherheitsfirma, die absolut nichts mit den Looni zu tun hatte. Den Chiefs der Looni-Sicherheit traute Zazo nicht. Er gab zwar der Looni-Sicherheitsabteilung offiziell den Auftrag, seinen Vortrag in einer Kongresshalle zu sichern. Doch unsichtbar, hinter den Kulissen, sollte die Londoner Firma präsent sein. Zazo vermutete, dass Demian mit Hilfe seiner alten Kontakte das Looni-Sicherheitssystem überwinden würde, dann aber in den Maschen der Londoner Firma hängen blieb. „Was willst du mit ihm machen, wenn du ihn gefangen hast?" – „Das lass meine Sorge sein." Auf meine besorgte Mine hin ergänzte er: „Keine Sorge, ich werde ihm nichts tun. Ich werde ihn der Polizei übergeben oder so etwas... ." Ich schlug vor, das gleiche Theater zu wählen, in dem ich mit dem Paralysator auf ihn geschossen hatte. Zazo lachte, die Idee gefiel ihm. Ich hätte Sinn fürs Groteske, meinte er. So wurde das Creativ Theatre London, fast auf den Tag genau, vier Jahre später, zum zweiten Mal Schauplatz einer Looni-Kundgebung. Das gleiche Datum wollte Zazo aus Aberglauben nicht wählen.

Mr. Grover bekam einen Anruf aus einer öffentlichen Telefonzelle in San Franzisko. „Unser Freund hält einen neuen Vortrag in London am 29. Mai. Wir können uns zwei Tage vorher sehen, um 22 Uhr Paddington Station, Gleis 2. Mr. Grover hatte in den folgenden Tagen ausgesprochen gute Laune. „Dieser Trottel, das zweite Mal im selben Theater. Doch diesmal kommt er da nicht lebend raus."

Das Thema „GU" ließ Zazo keine Ruhe. „Du würdest tatsächlich wieder für die GU arbeiten? Obwohl du Realist geworden bist?" Er hatte nicht begriffen, was ich unter Realismus verstand. Ich versuchte es ihm klarzumachen: „Realistisch bin ich, was mich selber und meine Umwelt anbetrifft. Ich bin der kleinlichen Welt der Egoismen entschlüpft. Ich habe an der weißen Kalkwand gestanden und gesehen, wie es um Menschen und Dinge steht. Nie wieder werde ich, wie früher, voller Idealismus und Ehrgeiz in etwas hineinstürzen. Schon gar nicht in Schuhe, die mir nicht passen." Zazo nickte, er verstand die Worte, aber nicht ihren Sinn. Voll der Überzeugung, dass es keinen Ausweg aus dem Egoismus gibt, zog er die heftigsten Register, um mich des Eigennutzes zu überführen: „Und wenn ich dir die gesamte Looni Organisation übertragen würde? Du könntest zurück zur GU gehen und 80 Millionen Looni, 40 Milliarden Dollar und ein autark funktionierendes Wirtschaftssystem mitbringen. Die würden dir die Füße küssen. Eine reizvolle Vorstellung, oder? Als GU-Sinnbildner würdest du Looni-Boss sein wollen, oder nicht?" Ich verneinte: „Auch dann nicht." Zazo wurde ärgerlich: „Das sagst du nur, weil du weißt, dass ich dir die Loonis nicht geben würde." – „Ich bin mir nicht sicher, ob du das nicht tun würdest." – „Optimist" – „Realist" Wir lachten, und Zazo, Spezialist für's Extremen, trieb das Spiel auf die Spitze: „Nehmen wir an, ich würde der GU meine Looni nur unter der Bedingung übergeben, dass du Chef der Looni-Abteilung würdest, was wäre dann? Würdest du dann Looni-Boss?" Die Fragestellung war perfide. Mit Formalien wollte ich mich nicht aufhalten, also versuchte ich eine vermittelnde Antwort: „Wenn ich auf diese Art und Weise hundert Millionen Loonis zur geistigen Freiheit verhelfen würde, müsste ich es wohl tun." – „Du meinst, du würdest meine armen Looni der GU einverleiben und sie dann, so bald als möglich, sich selber überlassen. Das Ganze würdest du dann >Freiheit< nennen, obwohl du weißt, dass es den Leuten schlecht bekommt, wenn man sie alleine lässt." Damit waren wir wieder beim alten Thema: Freiheit! Vier Jahre zuvor hatte Zazo die Diskussion um Dostojewskis Großinquisitor und die Angst der Menschen vor Freiheit problemlos zu seinen Gunsten entschieden. Diesmal hatte ich mich genauso wenig auf das Thema vorbereitet, dennoch ich war in der Lage, die Einseitigkeit in Zazo's Argumentation zu entlarven. Ich fragte ihn, ob es nicht reizvoller sei, anderen Selbstständigkeit beizubringen, statt simpel deren Schwächen zu kultivieren. Lakonisch stellte er fest, sein Name sei nicht Sysiphos. Ich gab ihm Recht: „Sysiphos versuchte, sein Problem mit Muskelkraft zu lösen. Dir aber ist soviel Verstand gegeben, wie kaum jemandem sonst. Du könntest es dir leisten interessante Wege zu gehen. Auf die einfachen bist du nicht angewiesen." Zazo sah mich amüsiert an: „du versuchst mich mit Hilfe meines Ehrgeizes zum Idealisten zu machen, nicht ungeschickt." Ich sagte: „Es geht nicht um Ehrgeiz oder Idealismus, sondern um die Möglichkeit, sich selber und seinem Leben gerecht zu werden." Er lachte und sagte, er sei sicher, sich selber und dem Leben bisher absolut gerecht geworden zu sein. Genau das glaubte ich ihm nicht: „Hälst du es nicht für möglich, dass deine Seele mehr will, als nur Genuss, Macht und Sicherheit?" – „Du meinst, meine Seele würde es vorziehen, hinter dem großen Mu-Rätsel herzulaufen?" – „Hinter dem großen Mu-Rätsel und deiner Bestimmung in diesem Leben." Zazo lächelte gelangweilt: „In diesem Leben laufe ich hinter gar nichts mehr her, im nächsten vielleicht. In diesem Leben bin ich genug gelaufen. Jetzt genügen mir Genuss, Macht und Sicherheit." – „Womit du dich in das Leben eines Kaninchens hinabbegibst! Vielleicht wirst du im nächsten Leben direkt als Kaninchen geboren." Er antwortete, dass auch Kaninchen ihren Spaß hätten. Damit war das Thema „Lebensstil" für ihn erledigt.

Am 27. 05. 2034 trafen Demian und sein Vertrauensmann am Lieferanteneingang des Londoner Creativ Theatre ein. Es war der 2nd – Chief des Looni-Centrum-Los Angelos, der entschlossen war, Demian zum neuen Looni-Boss zu schießen. Demian hatte ihn ein Jahr zuvor eingestellt und eindringlich davor gewarnt, jemals eine mind-machine zu benutzen. Die Einschätzung, dass Zazo mit Hilfe der mind-machines Manipulationen vornahm, war ihm zur Gewissheit geworden, obwohl er immer noch nicht herausgefunden hatte, wie das System funktionierte. Er war sicher, Zazos

Tricks irgendwann selber nutzen zu können, genauer gesagt in ein paar Tagen, wenn Zazo unter der Erde lag. Dann würde endlich seine Stunde kommen. Bei der Durchsuchung des Theaters wurden Demian und sein Vollstrecker bald fündig. Im ersten Parkett gab es eine verstaubte Besenkammer, von der aus man einen Blick auf die Bühne hatte. Der 2nd - Chief laserte ein Loch in die Holztür der Besenkammer. Durch dieses Loch würde er, auf den Millimeter genau, ein sehr viel kleineres Loch in Zazos Kopf lasern, seine Eintrittskarte für höhere Aufgaben in Demians Imperium.

Die beiden ahnten nicht, dass ihre Bewegungen und Worte auf Zazos besonderen Wunsch live nach San Franzisko gesendet wurden. Dort saß er vor dem Kamin und wunderte sich. Der 2nd – Chief war ihm völlig unbekannt und Demian sah mit Bart und Glatzkopf merkwürdig aus. Weitaus merkwürdiger aber mutete ihm der Hass an, mit dem Demian ihn vernichten wollte. Dass Demian wegen seiner Entlassung sauer war, war klar. Aber dass er ihn töten wollte, überraschte ihn doch. Warum überraschte ihn das? Früher hatte er prinzipiell mit der Bosheit anderer gerechnet. Hatte ihn das Zen-Sitzen schon nach so kurzer Zeit verweichlicht? Er konnte sich gut daran erinnern, mit welch sportlichem Ehrgeiz er vor wenigen Jahren wie selbstverständlich die bösartigsten Attacken abgewehrt hatte. Kämpfe auf Leben und Tod hatten ihm sogar eine gewisse Freude bereitet. Heute sah er solche Dinge nur noch als notwendig und lästig an. Er würde Demian nicht umbringen, aber ganz sicher würde er ihm eine mind-machine-Behandlung verpassen, die sich gewaschen hatte. Fast ärgerte er sich, Ronda in seine Auseinandersetzung mit Demian eingeweiht zu haben. Nicht dass er befürchtete, Ronda könnte die Falle verraten. Das Problem war nur, das Ronda die lästige Auseinandersetzung mit dem lästigen Demian durch lästige Fragen noch lästiger machen würde. In diesem Moment wusste er nicht, warum er Ronda überhaupt aus Tibet mitgenommen hatte. Konnte ihm dieser naive Heilige irgendwie nützlich sein? War er eine

Chance für seine Persönlichkeitsentwicklung? Die Antwort würde sich im Laufe der nächsten Monate ergeben. Zeit spielte bei ihm keine Rolle mehr.

Ich bemerkte Zazos Irritation. Die Auseinandersetzung mit Demian ging ihm näher, als er es sich selber eingestehen wollte. Mich wollte er nicht mehr dabei haben, wenn es darum ging, Demians Falle zu basteln. Als ich fragte, wie weit die Sache gediehen sei, murmelte er nur: „Geht bald los." Ich versuchte nicht, weiter in ihn zu dringen. Alles hatte seine Zeit, und er brauchte seine.

Währnd Zazo seinen Geschäften nachging, unternahm ich Spaziergänge in die Stadt. Das Haus, in dem Julia und ich gelebt hatten, wurde von einer Arztfamilie bewohnt. Mir wurde bewusst, dass unsere Kinder inzwischen fünf und acht Jahre alt waren. Paul ging sicher schon in die Schule. Ob Julia einen neuen Partner gefunden hatte? Einer spontanen Eingebung folgend, besorgte ich mir übers Internet Julias Kommunummer. Ich sandte ihr eine kurze dreidimensionale Ansprache: „Bin gerade in San Franzisko und denke an euch. Geht es euch gut? Wäre schön euch wieder zu sehen. Meldet euch. Ciao."

Demian wollte mit dem 2nd – Chief gerade das Creative-Theatre verlassen, als Zazos Falle zuschnappte. Zazo machte sich den Spaß, und erschien als dreidimensionale Laserprojektion neben dem Lieferanteneingang. Da die Londoner Firma überall Kamerasensoren installiert hatte, konnte er Demian direkt anschauen. Demian sah ihn und begann sofort zu laufen. Er wusste, es gab nur eine Chance, und die hieß Laufen. Doch die Traktorstrahlen der Londoner Sicherheitsfirma lähmten seine Beine. „Schluss aus, das wars", dachte er und hatte Recht. Wenige Stunden später saß er im Looni-Centre Southampton unter dem Helm einer mind-machine. Den 2nd – Chief des Looni-Centre Los Angelos traf das gleiche Schicksal. Die beiden hatten Glück, Zazo war tatsächlich sanfter geworden.

Ein paar Tage später lud Zazo mich zum Tee ein. Als souveräner Sieger präsentierte er einen devoten Demian. Ich fragte Demian, ob er nach wie vor eifersüchtig auf mich sei und glaubte ihm, als er mir versicherte, niemals auf jemanden eifersüchtig sein zu können, der Zazos Sympathie genießt. Das Ganze sei ein bedauerlicher Irrtum gewesen, erklärte Zazo. Demians Eifersucht sei in Wirklichkeit nur übertriebene Sorge um sein Wohl gewesen. „Stell dir vor, Demian hatte Angst, du könntest noch einmal mit dem Paralysator auf mich schießen", lachte Zazo. Mit ernster Miene fügte er hinzu: „es lag wohl daran, dass seine Nerven wegen Arbeitsüberlastung etwas blank lagen. Ab heute habe ich ihm einen ausgiebigen Urlaub spendiert." Demian lachte, als freute er sich auf den Urlaub. Der Mann tat mir leid. Er war nicht mehr er selber. Ob er jemals die Chance haben würde, wieder zu sich selber zu finden? Konnte man das, was Zazo ihm angetan hatte, rückgängig machen? Zazo ahnte meine Gedanken, denn er wandte sich an Demian und sagte: „Ronda ist übrigens ein überzeugter Verfechter der Freiheit. Wenn es nach ihm ginge, würde jeder Mensch zum Anarchisten erzogen werden. Man stelle sich dieses Chaos vor." Demian lachte zustimmend. Ich gab zu bedenken, dass eine freie Welt mit freien Menschen jedem mehr Chancen bieten würde, sogar machtgierigen Herrschern." Zazo passte es nicht, dass ich ihn verklausuliert angriff. Zynisch erklärte er, Tibet hätte mich zum Wanderprediger gemacht. Er befürchte, ich könnte eines Tages ein Konkurrenzunternehmen zu den Looni aufmachen.

Am nächsten Tag erreichte mich eine Sprachnachricht von Julia: „du siehst gut aus. Ja, uns geht es auch gut. Jean, mein neuer Mann, ist den Kindern ein guter Vater. Wenn du mal in Paris bist, melde dich. Wir könnten uns dann vielleicht treffen." Sie war ganz die alte geblieben.

Erstaunlich schnell vergingen die Wochen in Zazos Haus. Die Abende verbrachten wir meist zusammen. Vor dem Kamin oder in der Sauna diskutierten wir über Gott und die Welt. Es machte Spaß. Während Zazo arbeitete, informierte ich mich im Internet über die Entwicklung der GU und meditierte. Zazos Arbeitspensum war enorm. Er raste mit dem Gleiter in der Welt herum, löste verschiedenste Probleme der Looni-Hauptquartiere, entwickelte neue Ideen und festigte persönliche Kontakte. Manchmal blieb er mehrere Tage weg. Das Bildungszentrum in San Franzisko war sein bevorzugter Aufenthaltsort.

Meine Anwesenheit schien ihm etwas zu geben, denn er forderte mich auf, als Dauergast zu bleiben. Im Haus hatte nicht viel zu tun, denn der Haushalt funktionierte vollautomatisch. Ab und zu bat mich der Hauscomputer um Anweisungen für den Einkauf und die Zubereitung von Speisen. Den Rest erledigten neueste Roboter und intelligenteste Maschinen. Abends kochte ich ab und zu eine nette Spezialität. Kochen machte mir nach wie vor große Freude.

Nach ein paar Wochen spitzten sich die Diskussionen mit Zazo zu. Er suchte mehr und mehr die Konfrontation mit mir. Ich war allerdings nicht bereit, mit ihm um Begriffe und Zweckmäßigkeiten zu streiten. Ihm ging es um die Rechtfertigung seines Tuns. Ja, er suchte meine Anerkennung. Dabei war er noch nicht einmal so ehrlich über aggressive mind-machine-Programmierung reden zu wollen. Nicht dass ich versuchte, das Gespräch auf dieses Thema zu lenken, es kam mir nicht auf Dinglichkeiten an. Ich wollte ihn in der Tiefe seiner Seele erreichen, denn ich ahnte, dass ich ihn auf eine höhere Ebene ziehen konnte. Aber sein kleines Ich kämpfte wie ein Löwe. Er wechselte die Argumentation. „Willst du etwa behaupten, es täte mir besser, wie Eckehard im Steinhaus zu sitzen und allem Weltlichen zu entsagen? Ist es nicht normal, dass die Menschen nach Ansehen und Gewinn streben? Schon vor zweitausendfünfhundert Jahren hat der weise Konfuzius gesagt: >Wem Erfolg und Geld beschieden sind, der steht in Gottes Gunst besonders hoch<. Was ist so schlecht daran, wenn ich erfolgreich bin? Soll ich zum verarmten Moralapostel werden? Wieviele Trottel haben vor lauter Rechtschaffenheit die Freude am Leben verloren und dann der verlorenen Zeit nachgeweint? Wieviele ehrenhafte Stümper haben alle Tugenden beachtet und Unglück über sich, ihre Familien und ihre Anhängerschaft gebracht? Das Leben ist seit Millionen von Jahren ein Kampf. Am besten geht es den Besten."

Ich widersprach ihm nicht. Seine Argumente waren plausibel, doch sie waren nur ein Teil der Wahrheit. Seine besonderen Eigenschaften: Intelligenz, Charisma und Organisationstalent wollte ich nicht schlecht machen. Im Gegenteil, meiner Meinung nach besaß Zazo alle Voraussetzungen, für höchste Erkenntnisse. Was ihn daran hinderte, war seine Einseitigkeit, er reduzierte sich selber auf das Materielle. Behutsam versuchte ich ihm klarzumachen, dass es für ihn nicht darum ging, irgendetwas zu verlieren, sondern hinzuzugewinnen. „Natürlich, in dem Moment, wo das Geistige an Gewicht gewinnt, verliert das Materielle automatisch ein wenig", räumte ich ein. – „Sag ich doch, du willst mich zum vergeistigten Trottel machen, und wenn ich in ein, zwei Jahren Geld und Looni verloren habe, sitzen wir meditierend im Steinhaus, schade nur, dass wir uns dann keinen guten Rotwein und keine Sauna mehr leisten können."

Unser Wortgeplänkel hätte endlos so weiter gehen können. Um die Sache auf den Punkt zu bringen, beschloss ich, auf Konfrontationskurs zu gehen: „Wo Geld und Macht das Wichtigste sind, ist das Böse nicht weit", sagte ich. „Ach du liebe Güte, die alte Leier von Gut und Böse. Der Teufel, der Reichtum und Macht im Tausch gegen die Seele beschert. Damit kannst du niemanden mehr hinterm Ofen hervorlocken." Wir stritten um >gut< und >böse<, und es stellte sich heraus, dass Zazo an ein Universum glaubte, das kein >gut< und kein >böse< kennt. Seiner Meinung nach stand hoch über dem menschlichen >gut< und >böse< die wertneutrale Einheit des Universums.

Tagelang philosophierten wir, und weil die Philosophie eine ausufernde Zunft ist, zitiere ich hier nur das Wesentliche. Zazo meinte: „Angenommen, Gott hat alles erschaffen, angenommen, er ist gut, und angenommen, es gäbe das Böse auf der Erde, dann hätte logischerweise Gott es geschaffen. Wie kann Gott gut sein, wenn er das Böse geschaffen hat? Die entgegenkommendste Erklärung wäre, dass in Gottes Werk das Böse die Antwort der Materie auf den göttlichen Geist ist. Du weißt schon, ohne Licht kein Schatten. Materielle Existenz wäre ein abgespaltener Teil der Einheit und begründete in sich selber Dualitäten. Schöner ausgedrückt: die zeitlich begrenzte Materie wehrt sich gegen den zeitlosen Geist. Wäre dem so, gäbe es jenseits der Materie keinen Dualismus. Keinen Tod, kein Leben, kein gut und kein böse, kein Licht und keinen Schatten. Für uns, Materieträger kann sich gut und böse nur auf etwas beziehen, das materiell ist. Gut ist, was Materie stützt, was ihr nützt. Böse, was sie verletzt. Kant, Spezial-Philosoph in Sachen Moral, hat gesagt, derjenige handelt moralisch gut, dessen Motive Grundsätze allgemeiner Gesetzgebung werden könnten. Ausschlaggebend ist also das Existierende, die Materie. Nun betrachte unter diesem Aspekt die Freiheit. Freiheit kann als positiver Begriff nicht bedeuten, Lebewesen sich selber zu überlassen und dem freien Fall in die Vielfalt des Lebens. Zumindest dann nicht, wenn Existierendes schwach ist. Was schwach ist braucht Stützen, eine starke Hand, jemand der sagt, wo es lang geht. Die meisten Menschen sind schwach. Ich stütze und führe sie und handele deshalb im moralischen Sinne gut. Besser jedenfalls, als jemand, der sie der Orientierungslosigkeit und sich selber überlässt. Das, was Jaques dir vom großen Ich erzählt hat, existiert eine Etage höher. Man kann die gesamte Materie, den gesamten Kosmos von oben betrachten. Dann relativiert sich vieles, vor allem gut und böse. Solch banale Unterscheidungen, wie gut und böse, abhängig von Materie, gibt es im Urgrund des Universums nicht. Die höchste Einheit ist wertneutral, jenseits primitiver menschlicher Moral."

Zazo hatte seine Maske abgelegt. Er hatte sein Weltbild offenbart. Ein Weltbild, das in seinem Innersten keine Werte kannte. Er war überzeugt, dass die Gesetze starker und schwacher Materie die Welt regieren. Seine Argumente hielt er für hieb- und stichfest, gefeit gegen jeden Angriff. Doch er hatte sich getäuscht, ich zerstörte sein Weltbild.

Zazo hatte insofern Recht, als es die Einheit aller Dinge ja wirklich gab. An der weißen Kalkwand in Golam hatte ich sie gesehen. Aber sie sah anders aus, als Zazo dachte. Dualitäten, gut und böse, Licht und Schatten, Leben und Tod verlieren sich dort tatsächlich. Doch sie verlieren sich nicht in der Wertlosigkeit des Nichts. Die Einheit ist vielmehr erfüllt von jenem alles durchdringenden Bewusstsein, das ich als pure Liebe empfunden hatte. Manche nennen es Gott. Manche (wie die Buddhisten) begnügen sich mit den Derivaten. Für mich war es die Urkraft des Schöpfers. Materie selber kann nichts gebären, keine neue Materie, keine Seelen, keine Individualitäten. Solch schöpferische Akte bleiben dem alles durchdringenden Bewusstsein vorbehalten. Gott ist ebenso der Atem unserer Seele wie der Ursprung aller Materie. Das war mir damals in Tibet klar geworden.

Den Weg dorthin versuchte ich Zazo zu erklären: „Vielleicht entsteht das Böse, wo sich Materie für das Wichtigste hält und sich weigert, die Individualität des zeitlosen, alles durchdringenden Bewusstsein anzuerkennen. Solche Materien glauben, egal ob es sich bei ihnen um Menschen handelt oder um Bewohner eines Planeten des Orion-Beteigeuze-Systems, dass nur sie selber ernst zu nehmen seien, weil nur sie selber absolute Individualität verkörpern. Vielleicht hasst der Kern solcher Materien, der eigenen Wichtigkeit verhaftet, schon deshalb das zeitlose, allumfassende Bewusstsein, weil er weiß, dass er selber zeitlich und materiell begrenzt ist. Aber selbst wenn das Böse eine dualistisch-notwendige Antwort der Materie auf den göttlichen Geist ist, verbleibt dort, wo keine Materie ist, das Unteilbare (lateinisch: in-dividens), die Individualität des alles durchdringenden Bewusstseins. Genau das ist die Einheit. Dein großer Blick von oben könnte also sehr wohl Werte und Inhalte haben. Du müsstest nur etwas höher fliegen."

Zazo wude ärgerlich: „Wir sind Materie und wissen, dass wir zeitlich begrenzt sind, du hast Recht! Vielleicht hassen wir sogar, wie du sagst, die zeitvergeudende Idee des Zeitlosen. Vielleicht sind wir schon deshalb böse, weil wir Materie sind. Wenn wir dann unsere knappe Zeit mit dem angeblich allumfassenden Bewusstsein verplempern, verlängern wir dadurch etwa unsere Zeit? Bleiben wir nicht trotzdem Materie? Warum sollte ich höher fliegen, als ich arme Materie denken kann? Du willst mir hoffentlich nicht diesen Schwachsinn von Himmel und Hölle auftischen?"

Nein, mit solchen Kindermärchen wollte ich ihm in der Tat nicht kommen. Aber ich erinnerte ihn an sogenannte „self-fulfilling-prophecies", sich selbst erfüllende Prophezeiungen: „Gedanken formen die Welt. Deine Gedanken formen deine Welt. Solange du überzeugt bist, dass jenseits der Materie die Einheit des wertlosen Nichts ist, wirst du nie erfahren, dass es die Liebe ist, die alles Werden und Vergehen zusammenhält."

Zazo amüsierte sich über den Begriff Liebe. Für ihn waren gut und böse Spielarten materiellen Seins, ähnlich die Liebe – immerhin- eine positive Spielart. Er triumphierte: „Trotz allem Geschwafel hast du keine objektive Erklärung für gut oder böse. Und deine angebliche Liebe dürfte ohne Materie auch nicht mehr als eine Luftnummer sein."

Ich wusste, das wir am Knackpunkt waren. Würde ich ihn jetzt überzeugen, hätte ich das Rennen gewonnen. Sorgfältig sortierte ich meine Gedanken: „Dein Konzept bleibt auf halber Strecke stehen. Hinter dem Dualismus von Tod und Leben, Licht und Schatten, Geist und Materie, Gut und Böse siehst du nur das Nichts. Mehr lässt du nicht zu, nur das Nichts. Würdest du dich öffnen, könntest du mehr erfahren. Sogar die erst in ihren Anfängen befindliche menschliche Wissenschaft hat schon bewiesen, dass Materie und Zeit nur abhängige Größen des Lichts sind. Wo die Atome deines Körpers enden und wo die Atome der übrigen Welt beginnen, ist nur eine belanglose Frage von Materie und Zeit. Und beide, Materie und Zeit, sind abhängig vom Licht. Dieses Licht ist vielleicht Teil des allumfassenden Bewusstseins. Es ist elementarer als jede Materie und jede Zeit. Wenn du über die Einheit nachdenkst, die Einheit, die hinter dem Nichts steht, verlieren unwichtige, abhängige Größen wie Materie und Zeit völlig an Bedeutung. Einheit hat eher mit elementaren Grössen wie Licht zu tun. Der Mensch als zeitabhängige Materie sollte sich die Begrenztheit der eigenen Wichtigkeit klarmachen, das führt ihn zur Wirklichkeit. Auch für dich ein Weg zu Gott, zur Liebe, wie immer du es nennen willst. Die Liebe zu bekämpfen ist böse, sich ihr zuzuwenden ist gut. So einfach ist das. Dir und deinem Körper wird es nicht schaden, wenn du bleibst, wie du bist. Deine Seele wird leiden, denn sie wird zum Sklaven der Materie, unfrei und ohne Chance Liebe zu leben. Komisch was? Aus materiellen Gründen beschränkst du die Freiheit anderer und baust automatisch das Gefängnis deiner eigenen Seele."

Zazo war sichtlich beeindruckt und murmelte: „das unveränderliche Licht, das Zeit und Materie bestimmt, wie Einstein es gesagt hat…" Er wandte sich mir zu und fragte: „und hinter allen Abgrenzungen, Gegensätzen und Abhängigkeiten steckt dieses allumfassende Bewusstsein?" – "Worauf du dich verlassen kannst." – "Und der Sinn der Übung?" Ich erzählte von Frau Dreyers Urlaubstheorie und ergänzte sie spontan: "vielleicht regeneriert Gott seine Zellen in unseren Seelen." Zazo witzelte: "bei so viel kaputten Seelen muss Gott wohl bald ins Krankenhaus. Aber angeblich genügen ja 21 reine Seelen um die Welt zu retten." Ich sah die Unsicherheit in seinen Augen und klopfte ihm einmal mehr auf die Schulter: "Es ist nicht nötig die Dinge ins Lächerliche zu ziehen, so schlimm ist es doch gar nicht." An diesem Abend ging Zazo nachdenklich ins Bett.

Beim Frühstück sprach Zazo über eine Änderung seines Lebensstils: "Im Grunde habe ich nichts zu verlieren. Selbst wenn ich die Looni aufgeben würde könnte ich bis an mein Lebensende in Saus und Braus leben und auf allen Streß und Streit pfeifen. Du hast mir tatsächlich die Augen geöffnet. Die Zeit ist reif zu leben, endlich zu leben für mich und nicht mehr für andere nicht für Macht, Ruhm oder Ehre. Schließlich will ich meiner armen Seele nichts vorenthalten, oder?" Lachend schlug er mir auf die Schulter. Aufmunternd klopfte ich auf seine Schulter zurück.

In den folgenden Tagen vertraute mir Zazo an, dass er seit Jahren historische Studien betreibe. Es ging um 43 Wahrheiten, die er in der sogenannten Bundeslade vermutete. 43 Grundwahrheiten, die Gott vor Urzeiten den Menschen offenbart haben soll. Ich war erstaunt. Zazo und Gott? Das paßte auf den ersten Blick wenig zusammen: "Du hältst es für möglich, dass Gott den Menschen Wahrheiten gegeben hat?" – "Sagen wir, ich glaube an gewisse magische Kräfte. Wenn du willst, kannst du sie göttlich nennen. Jedenfalls birgt die Bundeslade sehr wahrscheinlich hochinteressante kosmische Kräfte. Einige Historiker behaupteten, der deutsche Diktator Adolf Hitler hätte sie in der ägyptischen Wüste ausgegraben. Tatsächlich hat Hitler vor hundert Jahren mit seinem Afrika-Corps einen enormen Aufwand betrieben hat, um in den

Besitz der Bundeslade zu kommen. Nur gefunden hat er sie nicht." Zazo war sicher, dass die Bundeslade lange vor Hitler aus Salomos Tempel ausgegraben worden war. Salomo, der Sohn Davids hatte den Tempel 935 a.C. in Jerusalem gebaut. Vermutlich sei die Bundeslade 597 a.C. in den Katakomben des Tempels vergraben worden. Ein paar hundert Jahre später zerstörten die Römer den Tempel, dabei verschütteten sie die Katakomben, mitsamt der dort verborgenen Bundeslade. Die Templer-Ritter, so meinte Zazo, hatten sich 1127 p.C. speziell wegen der Bundeslade gegründet. Unter dem Vorwand Pilgerer schützen zu wollen, waren sie in den Besitz des zerstörten Tempels Salomos gelangt. 1199 sollen sie in den mühsam freigelegten Katakomben die Bundeslade gefunden haben. Später (1338 p.C.) spalteten sie sich die Templer-Ritter in diverse Freimaurerlogen, weil sie von der katholischen Kirche verfolgt wurden. Bis heute, so Zazo, verstecken Freimaurer die 43 Wahrheiten vor den Machtgierigen der Welt.

Ich fragte Zazo, was er mit den 43 Wahrheiten anfangen würde und bekam einen Vortrag über Macht im Allgemeinen und im Besonderen zu hören. Zazo hielt es für den grössten Vorteil des Global Justice Movement, dass es heutzutage auf der Erde kaum noch politische Machtkämpfe zwischen Staaten gab. Es sei zwar erstaunlich, dass demokratiebeschränkende Parteien immer stärker würden, doch die beiden stärksten Verfechter dieser politischen Richtung, die Markt-Oligarchie-Partei (MOGJP) und die Intelligenz-Partei (Intelligence-GJP) waren uneingeschränkt für das Global Justice System. Zazo meinte jedenfalls, die Zeit sei reif für die 43 Wahrheiten. Nur seien die Hüter der Wahrheiten „degenerierte Säcke, die außer Tradition nicht viel in der Birne haben." Er vertraute mir an, dass er nach jahrelangen Recherchen herausgefunden hatte, dass im letzten Jahrtausend die >arabische Loge< Hüter der Wahrheiten gewesen war. Deren Nachfolger hatte er in London ausfindig gemacht. „Kurz bevor ich sie überraschen konnte, waren sie spurlos verschwunden. Ihr Nachrichtensystem war doch besser, als ich dachte." Seine Recherchen aber waren weitergegangen. Jetzt war er sicher, die Hüter der Wahrheiten in der Schweiz geortet zu haben.

Es irritierte Zazo, als ich ihm versicherte, dass mich die 43 Wahrheiten zwar historisch gesehen interessierten, aber nicht wegen ihres Wahrheitsgehaltes. „Die 43 Sprüche können mit Sicherheit nicht mehr bieten, als das, was wir vor ein paar Tagen diskutiert haben", erklärte ich ihm.

Zazo sah mich mit großen Augen an: „Du weißt nicht, was du sagst! Seit Jahrtausenden ist die Menschheit hinter der Bundeslade her. Hunderttausende sind dafür gestorben. Man schreibt ihr magische Kräfte zu. Stell dir vor, die Urweisheit der Erde...., und mir gelingt es sie ans Tageslicht zu bringen. Sogar die Entstehung der Global Union verblasst vor solchen Urgewalten."

Ich korrigierte ihn: „Ich weiß sehr gut, wovon ich spreche. Und hättest du die Bedeutung meiner Gedanken erfaßt, wüsstest du, dass es höhere Wahrheiten nicht geben kann, als die, über die wir gesprochen haben. Egal, ob es um Geister und Magie, um Außerirdische, die Existenz der Erde, der Sterne oder um unsere Seelen geht, der Ursprung aller Dinge ist derselbe. Genau darüber, über den Ursprung der Dinge und den Zusammenhang aller Kräfte haben wir gesprochen."

Zazo lenkte ein: „ich muss zugeben, dein Argument mit dem Licht war nicht schlecht. Und dass man sich als Materie nicht absolut wichtig nehmen soll, mag in gewisser Weise auch noch Sinn machen. Immerhin hat die Wissenschaft ja tatsächlich bewiesen, dass Materie und Zeit nur abhängige Größen des Lichts sind. Vielleicht existiert dort, wo das Licht entsteht, keine Zeit und keine Materie." – „Und trotzdem entsteht das Licht." – „Ja, erstaunlich. Nur ist damit noch lange nicht gesagt, dass irgendein göttlicher Schöpfer das Licht oder sonst etwas gemacht hat. Mit gleichem Recht würde sich nämlich die Frage stellen, wer den göttlichen Schöpfer geschaffen hat." – „Wenn du es schon mit Logik versuchst, müßtest du wissen, dass die Frage >Wer hat was gemacht?< bei Gott genau aufhört. Das gehört zur Begrifflichkeit Gottes. Ganz abgesehen davon dürfte sich die Definition Gottes schlichter menschlicher Logik entziehen. Und nicht zuletzt kann ich dir versichern, dass die allumfassende Liebe, die ich erfahren habe, mehr als ein kosmischer Zufall ist." Zazo winkte einmal mehr ab. Er schien in diesem Moment von einer gewissen Traurigkeit befallen zu werden. Ich tröstete ihn: „die 43 Wahrheiten sind sicher interessant. Gott hat den Menschen ja schon öfter auf die Sprünge geholfen." Zazos Nicken wurde immer nachdenklicher.

Wenn Zazo es einrichten konnte, praktizierte er zweimal täglich mit mir Zazen. Zunächst saßen wir wie gehabt eine halbe Stunde morgens und eine halbe Stunde abends. Die „reale Welt", wie er es nannte, brachte zu viel Arbeit mit sich. Im Laufe der Zeit saßen wir immer länger. Schließlich waren wir bei zwei Stunden täglich angelangt. Zazo machte sich Sorgen um seinen Bezug zur Looni-Welt: „Wenn ich so weiter mache, behält Demian Recht, und die Looni verwelken wie eine Blume." – „Du hast selber gesagt, dass du damit leben könntest." – „Und dir würde es Spaß machen, die Looni verblühen zu sehen, was?" – „Wären deine Looni ein Rosenstock, würde mich der Gedanke an das nächste Frühjahr trösten." Als ich das sagte, war mir, genauso wie Zazo, klar, dass die Looni-Organisation unwiederbringlich verginge, würde Zazo sie nicht künstlich beatmen. Er hatte nur ein abhängiges Kunstprodukt zustandegebracht und keinen lebendigen Rosenstock. Vielleicht verdeutlichte mein Bild die Schwäche seines Werkes, vielleicht verlor es dadurch auch für ihn an Wert, jedenfalls sinnierte er: „Du hast Recht. Vor ein paar Tagen noch habe ich überlegt, endlich für mich zu leben. Nur was mach ich mit den Looni? Ich kann sie nicht im Stich lassen." – „Entlasse sie in die Freiheit." – „Du liebe Güte, Freiheit! Hast du immer noch nicht begriffen, dass die Leute keine Freiheit wollen?" – „Hättest du sie gegenteilig erzogen, könnten sie sehr wohl Freude an Freiheit haben." Er schüttelte den Kopf und meinte, ich sei weltfremd.

Kritisch wurde meine Auseinandersetzung mit Zazo, als es um die Macht der Magie ging. Drei Monate lang hatte ich vergeblich versucht, seine geistige Verklammerung zu lösen. Dann wurde mir klar, was ihn blockierte. Er war von seinen eigenen außergewöhnlichen Fähigkeiten gefangen. Jemand, der geistig so weit entwickelt ist, wie Zazo, kann vieles, was einfachen Menschen verwehrt ist. Gedanken lesen und in die Zukunft sehen, sind Beispiele solcher Fähigkeiten. Er hatte sich den kosmischen Kräften und Wahrheiten so sehr genähert, dass er Grenzen überwinden konnte, die einfache Menschen beschränkten. Doch er steckte fest, im Käfig der Macht, und er verstärkte den Käfig, indem er seine magischen Fähigkeiten kultivierte. Eines Morgens wusste ich, dass er sich selber als Magier begriff. Er hatte nichts in dieser Richtung erzählt, ich wusste es einfach, durch spontane Eingebung. Seit meiner Zeit in Tibet durchzogen spontane Eingebungen mein Leben wie Sauerstoff.

Meine Frage nach seinen magischen Aktivitäten überraschte ihn: „Wie kommst du darauf?" Ich erklärte, dass meine eigenen magischen Fähigkeiten mir das Wissen zugetragen hätten. „Vielleicht bin ich aber auch durch die Bundeslade darauf gekommen. Du hattest ihr magische Kräften zugesprochen. Ausserdem ist es schon erstaunlich, wie hartnäckig deine Blockade gegen die nächste Bewusstseinsstufe ist." – „Erstaunlich, was?" Zazo wurde kiebig. Einerseits liebte er die Auseinandersetzungen mit mir · immerhin bot ich ihm den seltenen Reiz eines kreativen Gegengewichtes · andererseits hatte er ein paar Tage zuvor geäußert, das Zusammenleben mit mir erinnere ihn fast schon an eine bürgerliche Ehe. Er hätte zuletzt mit seinen Eltern so eng zusammengelebt. In dieser Enge konfrontierte ich ihn nun mit seinen eigenen Schwächen. Klar, dass ihm das stank. Ich verstärkte den Druck: „In der Tat, erstaunlich hartnäckige Blockaden." – „Ja, das zeichnet uns aus." Ich sagte ihm auf den Kopf zu, dass er ein Angsthase sei. Angsthase! Seiner Meinung nach das Dümmste, was ich von mir geben konnte. „Du hast Angst dich zu verlieren, sobald du deine Macht verlierst." Spontan schoß er zurück: „Seit meiner Jugend werde ich automatisch von Tag zu Tag mächtiger. Nichts und niemand könnte daran irgendetwas ändern. Und da kommst du daher und behauptest, ich hätte Angst mich oder meine Macht zu verlieren. Ob das wohl eine ziemlich lächerliche Aussage ist?" Ich musste lachen, denn in dem Moment hatte er mir Recht gegeben. Macht und sich selber konnte er nur in Symbiose sehen. „Was wäre, wenn sich all deine Macht auflöste?" fragte ich. Ungeduldig antwortete er: „Wer weiß, vielleicht würde ich GU-Penner werden, so wie du? Nur scheinst du nicht zu verstehen. Deine Idee ist abwegig. Allein durch Zeitablauf werde ich immer stärker. Vielleicht mache ich schon in ein paar Jahren eurer Global Union Konkurrenz." – „Da kannst du sehen, wie wenig du dir ohne Macht zutraust." – „Wenig?" gefährlich zischte er mich an. Ich wusste, dass er kurz davor war, mich rauszuschmeißen, aber das war mir egal. Ich war frei, frei von Zielen, frei von Begierden, frei von Ängsten. Ob er mich hinauswerfen würde, oder ob ich seine Looni-Macht geschenkt bekäme, es war mir egal. Meine Gelassenheit machte ihn noch grimmiger: „Was ich mir zutraue, mein Freund, das kannst du dir in deinen kühnsten Träumen nicht vorstellen." – „Du verwechselst Selbstbewusstsein mit Mut." – „So, tue ich das? Was würde deiner Meinung nach passieren, wenn zu meinem Mut zu allem Überfluss noch Selbstbewusstsein hinzukäme?" – „Vermutlich hättest du es nicht mehr nötig, dich voll Macht zu saugen." Ärgerlich winkte er ab. Ich ergänzte: „Denk daran, Macht und Magie nützen deiner Seele überhaupt nichts, sie nützen allenfalls deinem vergänglichen kleinen Ich". Grummelnd verließ er den Raum.

An diesem Abend sah ich ihn nicht wieder, auch nicht zum Zazen-Sitzen.

Ein paar Tage später kam er auf das Thema ›Magie‹ zurück: „Du verfügst also auch über magische Kräfte?" – „Wie du weißt." – „Wenn man schon die Chance hat, solche Fähigkeiten auszuleben, wäre es dumm, es nicht zu tun, oder?" – „Es wäre dumm auf dieser Ebene hängenzubleiben." – „Die Ebene ist hoch genug. Den meisten wird dort oben ziemlich schwindelig. Und ehrlich gesagt, mir reicht die Höhe auch, zumindest für dieses Leben." – „Der nächste Schritt ist nur klein. Du könntest ihn problemlos gehen." – „Komm, erklär ihn mir!" Ich fragte ihn, woher seiner Meinung nach die Magie komme. „Vielleicht von deinem Schöpfer, vielleicht auch vom gefallenen Engel." – „Ein Engel, der fällt und König der Magier wird, bleibt trotzdem Teil der Schöpfung. Und ist der Engel der Macht und Magie noch so verlockend, niemals erwächst er zum Schöpfer seiner selbst. Er und sein Tun bleiben abhängig von dem, der ihn geschaffen hat und ihn genauso durchdringt wie alles andere." – „Dann erkläre mir, warum Gott den Engel fallen und ihn böse Spiele treiben läßt." – „Der Engel hat genau wie wir die Freiheit der Wahl. Er lebt in einer Welt der Entscheidungen." · „Du meinst selbst der gefallene Engel kann zurückfinden, zur Liebe oder Gott, oder wie immer du das nennst?" – „Jede Seele hat die Chance, zur Einheit zu finden und erst recht solche, die, wie ein Engel, schon einmal darin gelebt haben. Im übrigen dürfte dein gefallener Engel eher die Summe aller gefallenen Seelen sein, und nicht ein einzelner gefallener Engel." – „Zur Summe der gefallenen Seelen werde ich dann wohl auch gehören, was?" – „Genau! Gefangene der Macht gehören dazu." – „Gefangene der Macht! Ein schöner Begriff!" – „Ja. Übrigens, weißt du, woran man Gefangene der Macht erkennen kann?" – „Nein!" Zazo schien auf die Antwort wirklich gespannt zu sein. „Daran, dass sie nicht wirklich lachen können." – „Du meinst, ich kann nicht wirklich lachen?" – „Du kannst nur auslachen." Zazo stutzte. Er holte einen exzellenten Rotwein aus dem

Keller, 1999er Chateau L`Eglise. Schweigend tranken und genossen wir den erdig fruchtigen Saft. Unvermittelt meinte er: „Wer weiß, vielleicht ist sogar ein kleines Fünkchen Wahrheit in dem, was du sagst."

In den kommenden Wochen beschäftigte sich Zazo mehr und mehr mit der Frage, wie er am klügsten aus dem Geschäftsleben aussteigen konnte. Er hatte keine Lust mehr, sein Leben „permanent mit Arbeit zu verplempern". Das Problem war, dass er keinen Nachfolger hatte, und so, wie er die Looni organisiert hatte, auch keinen finden konnte. Mir war klar, dass er die gesamte Organisation ändern musste. Er musste seine Looni in die Selbstständigkeit führen. Es war schon merkwürdig. Genau das hatte ich schon einmal versucht ihm nahezubringen. Damals war ich Idealist und Sinnbildner der Global Union gewesen. Idealismus trieb mich heute nicht mehr. Mich interessierten Echtheit und Wahrhaftigkeit. Würde Zazo seinen Looni die Fesseln nehmen, wäre seine Handlung wahrhaftig, für ihn und die Looni. Er würde Kontrolle aufgeben und sein Baby würde laufen lernen. Ich schlug ihm vor die mind-machines umzuprogrammieren. „Ein Freiheits-Trainings-Programm wäre nicht schlecht." Mit schmerzverzerrtem Grinsen sah er mich an. Er wollte sein Lebenswerk nicht opfern.

Mit einer gewissen Gnadenlosigkeit drang ich weiter in ihn: „Selbst wenn Manipulationen heutzutage in TV und Internet gang und gäbe sind, wäre es eine wahrhaftige Befreiungsaktion, die dir nur nutzen kann." Zum ersten Mal hatte ich ihn offen auf mind-machine Manipulationen angesprochen. Problemlos hätte er mich abblocken können. Er wusste, dass ich nichts beweisen konnte. Er wusste allerdings nicht, wann ich aufgeben würde, ... wann ich den Versuch beenden würde, ihn zu bekehren. Vielleicht befürchtete er, für immer in der Macht-Falle stecken zu bleiben. Vielleicht ahnte er, dass ich gehen würde, wenn er jetzt nicht ehrlich wäre. Er bestritt jedenfalls nichts. „Okay, da du ohnehin über magische Fähigkeiten verfügst, hat Leugnen keinen Zweck. Sagen wir mal, es gäbe durchaus die Möglichkeit, die Looni mit Hilfe der mind-machines in Richtung Freiheit zu manipulieren. Aber, du meine Güte, Ronda, was würde Freiheit für sie bedeuten? Sag nichts! Ich weiß es schon! Ihre Chance, sich selbst im allumfassenden Bewusstsein zu finden." Wir mußten lachen.

Ich versuchte, ihm Brücken zu bauen: „Wenn deine neue mind-machine-Programmierung die Leute befreien würde, könnten sich die Looni selber verwalten. Du hättest weniger Arbeit und dein Werk würde fortbestehen. Niemand bräuchte von irgendwelchen mind-machine Manipulationen zu erfahren."

Zazo winkte ab: „Schau dir den normalen freien Menschen an. In der Regel gehört er zu den Commu-Junkies und verplempert seine wertvolle Freiheit vor der Computer-Glotze. Natürlich gibt es auch andere Süchtige. Sport-Junkies oder Job-Junkies. Zu Letzteren gehöre ich wohl, wobei meine Arbeitssucht wenigstens noch etwas einbringt. (Er meinte Macht und Geld) Oder die young generation, Balzsüchtige, ständig auf der Suche nach Partnern. Was bleibt an kreativem Potential? Nicht viel! Im Großen und Ganzen hat die Menschheit damit wenig im Sinn. Wie viele, glaubst du, würden sich darum reißen, eine freie, selbstverwaltete Looni-Organisation aufzubauen?"

Er hatte Recht. Weitaus mehr Überzeugungsarbeit als die, die ich in den letzten Wochen Tag für Tag bei Zazo geleistet hatte, müsste aufgewendet werden, um den Leuten Sinn für Freiheit und eigene Kreativität zu vermitteln. Jeden einzelnen müßte man individuell motivieren. Eine Sysiphos-Arbeit, die ich im Kleinen als Sinngeber in Paris geleistet hatte. Ich wußte noch genau, wie wenige bereit waren, Bequemlichkeiten gegen Aktivitäten einzutauschen. Wer wollte schon, wie Zazo, seinen eigenen Horizont ständig erweitern? Wer hatte soviel Power? Wem war die eigene Entwicklung wichtiger als Ablenkung? Wer setzte sich hin und meditierte, statt sich von der Computer-Glotze Spannung und Unterhaltung ins Wohnzimmer holen zu lassen?

Zazo und ich machten einen Deal: wir schrieben beide. Er das neue Programm für die mind-machines und ich ein Buch über meinen Weg zur Wahrheit. Sobald mein Buch fertig wäre, würde er das Programm durchlaufen lassen. Jeder Looni würde mein Buch geschenkt bekommen. Es wäre an mir, es so zu schreiben, dass möglichst viele die Lust verspüren, ihr Leben aktiv zu gestalten und Kreatives zu schaffen.

Jetzt, wo mein Buch fertig ist, mag darin Ideen finden, wer will. Wem die Idee der globalen Gerechtigkeit gefällt, unterstütze die GU oder die GJPs seines Landes (einige Web-Adressen finden sich hier im Buch). Wer seiner Seele Raum geben will, möge zweimal am Tag in Stille sitzen. Wer glaubt, hinter wilden Mu-Kühen herlaufen zu müssen, der lasse sich nicht abhalten. Wer sich von der Computer-Glotze berieseln lassen will, der soll das tun. Wer hinter Geld, Macht und Führern herlaufen will, der soll sich damit vergnügen. Jeder ist seiner Seele Schmied. Das ist die Freiheit, die wir haben.

www.ingramcontent.com/pod-product-compliance
Lightning Source LLC
Chambersburg PA
CBHW081129170426
43197CB00017B/2795